U0943790

项目资助：
四川省科技厅软科学项目（18RKX0682）
成都市科技局软科学项目（2017-RK00-0047-ZF）

Zhongguo Hangye Ganchao Zhouqi yu Chengdu Xianjin Zhizaoye Chuangxin Fazhan Yanjiu

中国行业赶超周期与成都先进制造业创新发展研究

李贵卿　著

中国·成都

图书在版编目(CIP)数据

中国行业赶超周期与成都先进制造业创新发展研究/李贵卿著.—成都:西南财经大学出版社,2020.5
ISBN 978-7-5504-4324-2

Ⅰ.①中… Ⅱ.①李… Ⅲ.①工业经济—经济发展—经济周期—研究—中国②制造工业—工业发展—研究—成都 Ⅳ.①F424②426.4

中国版本图书馆 CIP 数据核字(2020)第 008330 号

中国行业赶超周期与成都先进制造业创新发展研究
李贵卿 著

责任编辑	王利
封面设计	张姗姗
责任印制	朱曼丽
出版发行	西南财经大学出版社(四川省成都市光华村街 55 号)
网　　址	http://www.bookcj.com
电子邮件	bookcj@foxmail.com
邮政编码	610074
电　　话	028-87353785
照　　排	四川胜翔数码印务设计有限公司
印　　刷	郫县犀浦印刷厂
成品尺寸	170mm×240mm
印　　张	15.25
字　　数	282 千字
版　　次	2020 年 5 月第 1 版
印　　次	2020 年 5 月第 1 次印刷
书　　号	ISBN 978-7-5504-4324-2
定　　价	88.00 元

前言

在成都市大力建设“中国制造2025”示范城市的背景下，本书展开了中国主要行业赶超周期现象分析与成都先进制造业创新发展研究。首先研究了经济赶超的理论与实践，基于赶超周期理论研究了冰箱、手机、高铁、社交媒体等行业的赶超周期；接着研究了成都先进制造业发展的知识创新驱动机制与创新模式，以及先进制造业的发展策略，进而研究了成都先进制造业人才创造力和工匠精神培育策略、先进制造业人才的学习力以及先进制造业人才管理变革和激励策略；然后以成都爱乐达航空制造公司为例，剖析了成都先进制造业的创新发展路径；最后再以川大智胜公司为例，研究了成都信息产业的创新发展实践。通过理论阐述结合行业赶超周期实证分析，为成都先进制造业的创新发展指明了路径。

本书研究内容：

上篇中国行业赶超周期和超越式追赶研究。第一章描述了70年来的中国经济发展成就，叙述了70年间中国成为工业发展门类齐全、全球第一制造大国，通过优化产业结构、自主创新、促进两化融合，提高了科技产出，跻身世界第二经济大国的过程。第二章研究了赶超理论与企业赶超策略，首先综述了经济赶超理论，主要包括比较优势理论、后发优势理论、国家追赶路径。其次研究了企业实现赶超创新发展的路径，包括：第一，“弯道超车”战略；第二，不同技术门类的跟随式赶超、跨越式赶超、创造式赶超；第三，从贸易专门化到技术专门化；第四，企业实现路径创造的赶超发展策略；第五，后发企业技术与市场的追赶模型；第六，林毅夫的GIFF原理与持续结构转型等。第三章研究了超越式追赶的理论与实践，包括：第一，创新追赶的商业模式和技术共演路径模型；第二，获取—消化—提高的多元学习模式；第三，在全球价值链中实现赶超；第四，建立产品开发平台实现赶超。第四章研究了赶超周期与行业领袖更替，包括：第一，定义赶超周期，即行业领袖持续更替的循环过程；第二，区分标准的赶超周期和非标准的赶超周期的差异；第三，赶超周期与企业机会窗口策略，主要包括对技术、需求、制度/政策三类机会窗口的运用；第四，赶超周期中行业领导更替的影响因素；第五，赶超过程中的知识创新驱动机制；第六，知识追赶与路径创造。第五章研究了冰箱行业赶超周期——以海尔为例。研究认为海尔经历了模仿性创新、创新性模仿、改进型创新、后二次创新阶段。第六章研究了手机行业赶超周期——以华为为例。研究认为华为经历了引进技术、模仿创新、自主创新、创新引领等阶段。第七章研究了高铁行业赶超周期——以中车为例。研究认为，中车集团利用各种机会窗口，经历了市场空间、技术体制、制度转型等阶段，从后发企业变成全球领袖。第八章研究了国内社交网络应用行业赶超创新，主要研究了人人网、新浪微博、腾讯微信三种社交网络应用行业领袖的发展过程。从上篇的研究可以看出，根据赶超周期理论，冰箱、手机、高铁等先进制造业企业的赶超周期属于标准的赶超周期，而社交媒体行业的赶超周期属于非标准的赶超周期。

下篇成都先进制造业创新与人才管理变革研究。第九章分析了成都建设"中国制造2025"示范城市的举措，包括先进制造成本优势的来源；国家对技术创新主体的培育；四川省落实智能制造的支持举措；成都市为落实"中国制造2025"，在创新能力、质量效益、两化融合、绿色发展等方面制定的重要目标；成都市已取得的成就。第十章研究了成都市先进制造企业知识创新驱动机制，包括成都先进制造企业发展的人力资本因素、投资因素、技术因素、政策因素、产业集聚效应等影响因素；成都市可以实施的创新模式，如共生创新、平台创新、合作创新、开放创新等模式。第十一章研究了成都先进制造业赶超创新发展策略，包括定位成都发展重点；成都市先进制造业发展规划；成都先进制造企业创新路径，即政府引导和企业自主发展共演机制；成都市先进制造企业发展策略，必须要"工业2.0补课"，做好自动化；"工业3.0普及"，做好数字化；"工业4.0示范"，打牢基础。第十二章研究了成都先进制造业人才的创造力与工匠精神培育机制，主要分析先进制造业人才的创造力特征，以及先进制造业人才的工匠精神培育。第十三章研究了成都先进制造业的学习力和人才管理变革，认为先进制造业人才学习力的评价指标包括共同愿景、畅通的信息渠道、知识共享与互动；对先进制造企业人才的激励策略：行为榜样激励、关怀表扬激励、动机兴趣激励等。第十四章研究了成都先进制造业赶超创新——以爱乐达航空为例，包括：爱乐达的技术优势、经营管理优势、客户合作优势；分析认为爱乐达经历了模仿创新、合作创新、自主创新阶段。第十五章研究了成都信息产业赶超创新——以川大智胜为例，认为川大智胜利用各种机会窗口，以航空与空管业务为基础，以虚拟现实和增强现实为支撑，以人工智能业务打造公司核心竞争力。从下篇的研究结论来看，成都先进制造业发展目前处于赶超周期的进入阶段和上升阶段，还需要通过创新发展实现超越式追赶，力争在有优势的行业率先超越现有行业领袖。

本书研究依据：

基于赶超理论和行业赶超周期理论，标准的赶超周期是进入→上升→超越→落后，如冰箱、手机、高铁等行业的赶超周期属于标准赶超周期；而社交媒体行业的赶超周期属于非标准的赶超周期，即流产→持续→共存→返回。周期各阶段要抓住机会窗口，实现技术创新和市场赶超等目标。

本书主要结论：

成都先进制造企业目前基本处于赶超周期的进入和上升阶段，因此应积极响应政府引导，抓住政策机会窗口，利用互联网蓬勃发展机遇，通过实施平台创新、合作创新、开放创新、自主创新等策略，大大提升成都先进制造业的核心竞争力。

本书措施建议：

成都先进制造业发展过程中，需要“工业 2.0 补课、工业 3.0 普及、工业 4.0 示范”三管齐下。目前成都先进制造业发展普遍处在进入和上升阶段，超越在位企业的成都先进制造企业比较少，因此必须利用好政策、技术、市场等机会窗口，走好 OEM（代工生产）→ODM（自行设计）→OBM（自主品牌）过程，在此过程中实现技术超越，赢得市场份额。

与此同时，培育先进制造业人才的学习力、创造力、工匠精神尤为关键。先进制造业人才必须具备“尚巧”的创新精神、“求精”的工作态度、“道技合一”的人生境界。

本书研究应用前景：

（1）理论方面。第一，基于赶超周期理论，研究中国各行业的赶超周期，引导中国各行业遵循行业赶超创新发展规律。在“进入该行业→业绩逐步上升→赶超现任领导→现任领导衰退→下任领导业绩逐渐上升”的周期中，是否进入该行业，需要企业家对各行业进行准确的进入判断；在业绩逐步上升阶段，必须充分通过技术创新、知识学习与积累来形成技术优势，进而产生市场份额盈利能力；要想赶超现任领导，必须充分利用好技术、市场、流通媒介、公共政策等机会窗口；对于在位领导者而言，为了不被后发企业赶超，也必须避免“在位者陷阱”，克服“创新者困境”，超越“追赶者悖论”，才能形成企业自身优势，保持核心竞争力。

（2）实践方面。在建设“中国制造 2025”示范城市的过程中，首先需要合理规划适合成都发展的先进制造行业，然后制定不断更新的“创新能力、质量效益、两化融合、绿色发展”目标，采用“政府规划→企业投入→社会共享→人才培育”等模式，走好 OEM→ODM→OBM 过程，在此过程中通过技术创新、产品创新、知识累积来形成成都制造业核心竞争优势。人才是实现成都先进制造业创新发展的核心要素，培育人才的创造力和工匠精神，形成科学的人才激励机制，提升人才的学习力，才能最大限度地实现企业与员工的双赢发展，也才能实现成都制造业的创新超越。

本书得到四川省科技厅软科学项目（18RKX0682）和成都市科技局软科学项目（2017-RK00-0047-ZF）的支持。本书第一章、第二章、第三章、第四章、第九章由李贵卿老师撰写；第五章由王华老师撰写；第六章由刘宇老师撰写；第七章由杨帆老师撰写；第八章由杨艳丽老师撰写；第十章、第十一章、第十五章由研究生徐嘉伟撰写；第十二章、第十三章、第十四章由研究生夏慧君撰写。感谢团队成员付出的创新性劳动，感谢成都信息工程大学管理学院给予的支持，感谢所有参考资料的作者——他们的研究给予了我们很多启发。本书中引用文献标注若有遗漏，还望作者海涵。感谢西南财经大学出版社在出版过程中给予的帮助。

由于笔者自身水平的局限，本书肯定还有很多不足之处，请广大读者和相关企业批评指正。

李贵卿

于成都信息工程大学管理学院

2020 年 1 月 20 日

目　录

上篇　中国行业赶超周期和超越式追赶研究

下篇　成都先进制造业创新与人才管理变革研究

上篇

中国行业赶超周期和超越式追赶研究

第一章　新中国经济发展成就

根据国家统计局发布的《新中国成立 70 周年经济社会发展成就系列报告》，新中国成立 70 年来，我国经济规模不断扩大，综合国力与日俱增，对世界经济增长的贡献大幅提升，国际地位和影响力显著增强。

新中国从一穷二白到成为世界第二大经济体，综合国力和国际影响力实现了历史性跨越。从 1952 年我国国内生产总值仅为 679 亿元、人均国内生产总值仅为 119 元，到 2018 年我国经济总量达到 900 309 亿元，对世界经济增长的年均贡献率为 18%左右，人均国内生产总值达到 9 509 美元，已高于中等收入国家平均水平。

一、工业发展门类齐全

目前，中国工业体系逐步完善，多项工业产品产量居世界第一。新中国成立之初我国工业部门十分简单，只有采矿业、纺织业和简单加工业，大量工业产品依赖进口。目前，我国已拥有联合国产业分类中全部工业门类。我国已拥有 41 个工业大类、207 个工业中类、666 个工业小类，形成了独立完整的现代工业体系，是全世界唯一拥有联合国产业分类中全部工业门类的国家。全门类的产业配套为工业升级奠定了坚实基础，航空航天、电子通信、医疗仪器、新能源、新材料等高技术产业蓬勃发展，高铁、核电等重大装备竞争力居世界前列。我国工业增加值从 1952 年的 120 亿元增加到 2018 年的 30 多万亿元，按不变价计算增长约 971 倍，年均增长 11%。我国成功走出了一条中国特色的新型工业化发展道路，走过了发达国家几百年的工业化历程，创造了人类发展史上的奇迹。

目前，我国 200 多种工业品产量居世界第一。2018 年，我国原煤产量为 36. 8 亿吨，比 1949 年增长 114 倍；钢材产量 11. 1 亿吨，比 1949 年增长 8 503 倍；水泥产量 22. 1 亿吨，比 1949 年增长 3 344 倍。电子信息产业应运而生，实现快速发展。2018 年，移动通信手持机和微型计算机设备产量分别达到

18.0 亿部和 3.1 亿台。

二、全球第一制造大国

根据世界银行数据，2010 年我国制造业增加值超过美国，成为全球制造业第一大国。2018 年，我国制造业增加值占全世界的份额达到 28%以上，成为驱动全球工业增长的重要引擎。在世界 500 多种主要工业产品当中，中国有 220 多种工业产品的产量居全球第一。

“中国制造”的国际竞争力和影响力逐渐增强。目前，我国是世界上唯一拥有联合国产业分类目录中所有工业门类的国家。2018 年，高技术制造业增加值占规模以上工业增加值的比重为 13.9%。

进入 21 世纪特别是党的十八大召开以来，我国大力发展高技术产业和先进制造业，积极推动战略性新兴产业，新动能加快孕育发展，工业经济不断向中高端迈进。移动通信、语音识别、第三代核电“华龙一号”、掘进装备等跻身世界前列，集成电路制造、C919 大型客机、高档数控机床、大型船舶制造装备等加快追赶国际先进水平，龙门五轴机床、8 万吨模锻压力机等装备填补多项国内空白。工业互联网已经被广泛应用于石油、石化、钢铁、家电、服装、机械、能源等行业，国内具有一定行业和区域影响力的工业互联网平台总数超过了 50 家，重点平台连接的设备数量平均达到了 59 万台。

三、产业结构逐渐优化

我国产业结构持续优化。1952 年，农业增加值占 GDP 比重为 50.5%，农业吸纳了 83.5%的就业人口。到 2018 年，第一、二、三产业增加值比重分别为 7.2%、40.7%、52.1%；就业比重分别为 26.1%、27.6%、46.3%，其中第三产业增加值比重和就业比重分别比 1952 年上升 23.5%和 37.2%。

我国科技创新也促进了产业结构优化。我国经济正处于增速换挡、结构优化、提质增效的关键期，高技术制造业呈现出持续向好的发展态势，成为带动工业转型发展的重要力量。2017 年，规模以上高技术制造业实现主营业务收入 15.9 万亿元，比 2012 年增长 55.8%。高技术制造业的较快发展得益于研发投入的不断增加。2017 年，高技术制造业研发经费为 3 183 亿元，比 2012 年增加 83.6%，年均增速 12.9%，比同期工业年均增速高 2.1%；研发经费投入强度（占 GDP 比重）为 2.0%，是工业投入平均水平的 1.9 倍。

四、自主创新异军突起

党的十八大召开以来，在创新驱动战略的指引下，作为创新主体的规模以上工业企业不断加大科技投入力度，科技创新水平显著提高。随着国家经济实力的增强，制造业自主创新能力显著增强，一些技术已经从过去的“跟跑”到“并跑”甚至向“领跑”迈进。2017 年，我国规模以上工业有效发明专利数 93.4 万件，比 2004 年增长 29.8 倍。世界知识产权组织发布的报告显示，2017 年，中国成为第二大国际专利申请国；部分产品技术已达到国际先进水平；发电设备、输变电设备、轨道交通设备和通信设备产业方面已经处于国际领先地位；“神威·太湖之光”超级计算机多次蝉联全球超算 500 强榜首；载人航天和探月工程取得重要成果，北斗导航进入组网新时代。

科技创新助力发展新动能。随着“互联网+”深入推进，基于移动互联、物联网的新产品、新业态、新模式蓬勃发展，成为我国改造提升传统产业、培育经济发展新动能的有力支撑。大数据、云计算应用不断深化，以 5G 为代表的新一代信息技术走向实用，催生出一大批大数据企业、独角兽企业、瞪羚企业。电子政务、信息惠民、共享经济、平台经济迅速兴起，大大提高了政府治理水平，民众获得感增强。科技创新引领新动能发展，开辟了经济增长的新天地。

五、大力发展两化融合

党的十八大以来，我国工业化和信息化深度融合进一步加快，智能制造发展取得了积极成效。2018 年，我国数字经济的规模达到了 31.3 万亿元，居全球第二位。

70 年来，我国建成了全球规模最大的信息通信网络。我国人口约占世界总人口的 1/5，4G 基站数量占到全球 4G 基站数量的一半以上，平均每个人享受的信息基础设施水平远远高于世界平均水平。我国光缆长度超过了 4 500 万千米，电话用户总规模达到了 17 亿户，互联网宽带接入用户达到 4.4 亿户，网民数量 8.54 亿。同时，实施通信“村村通”工程、电信普遍服务试点等政策，让边远地区的老百姓也一样共享信息通信技术发展的成果。2014 年以来，我国积极推进宽带中国建设和网络提速降费，固定和移动宽带平均下载速率均提升了近 7 倍，固定网络和手机上网流量资费水平降幅均超过了 90%，切实增强了人民群众的获得感。

六、科技产出量质齐升

根据《新中国 70 年科技创新发展报告》，我国科技产出大幅度提升。

科学论文成果丰硕。2018 年，国外三大论文检索工具书《科学引文索引

（SCI）》《工程索引（EI）》和《科技会议录索引（CPCI）》分别收录我国科研论文41.8万篇、26.6万篇和5.9万篇，数量分别位居世界第二位、第一位、第二位。论文质量大幅提升。根据基本科学指标数据库（ESI）论文被引用情况，2018年我国科学论文被引用次数排名世界第二位。

专利发明数量大幅提升。2018年，我国专利申请数和授权数分别为432.3万件和244.8万件，分别是1991年的86倍和98倍。专利质量得到同步提升。以最能体现创新水平的发明专利为例，2018年，发明专利申请数达154.2万件，占专利申请数比重为35.7%，比1991年提高12.9%；平均每亿元研发经费产生境内发明专利申请70件，比1991年多19件，专利产出效益明显提高。

知识产权产出取得长足进步。经过多年的深耕厚植，我国已成为世界知识产权产出大国。截至2018年底，我国发明专利申请量已连续8年居世界首位；当年通过《专利合作条约（PCT）》提交的国际专利申请量居世界第二位。2018年，我国商标注册申请量达737.1万件，已连续多年稳居世界首位；我国申请人提交马德里体系商标申请量排名世界第三；全年著作权登记量突破345.7万件，作品、计算机软件著作权登记量分别达到235.2万件和110.5万件。

第二章　赶超理论与企业赶超策略

一、经济赶超理论

赶超理论是研究发展中国家如何才能在经济发展中不断缩小与发达国家差距的理论。赶超理论有四个基本假设：第一，一国的技术和知识水平与经济发展水平之间存在密切的关系；第二，一国的经济增长率受到一国技术和知识水平的正面影响；第三，一个经济处于低水平的国家，可以通过模仿、学习先进的技术知识，提高其经济增长率；第四，一国利用“技术差距”的能力，取决于该国动员资源进行社会、制度和经济结构变革的能力。赶超理论认为经济过程是两种力量相互作用的均衡过程，这两种力量分别是：第一，创新，即知识的生产和使用，它致力于增加国与国之间的技术和经济差距；第二，模仿或扩散，即对外来知识的获取和使用，它力图减少国与国之间的技术和经济差距，达到追赶的目的。

（一）比较优势理论

比较优势理论认为，国际贸易的基础是生产技术的相对差别而非绝对差别，以及由此产生的相对成本的差别。每个国家都应根据“两利相权取其重，两弊相权取其轻”的原则，集中生产并出口其具有“比较优势”的产品，进口其具有“比较劣势”的产品。在两国之间，劳动生产率的差距并不是在任何产品上都相等。每个国家都应集中生产并出口自身具有比较优势的产品，进口自身具有比较劣势的产品。双方均可节省劳动力，获得专业化分工提高劳动生产率的好处。20 世纪 80 年代，克鲁格曼和赫尔普曼引入规模经济来分析比较优势，发展了一个基于自由进入和平均成本定价的垄断竞争模型，认为产品多样性的数目由规模报酬和市场规模之间的相互作用内生决定。20 世纪 90 年代，梯伯特进一步总结并集中论述了递增性内部规模收益作为比较优势的源泉。格罗斯曼和赫尔普曼从研究与开发的角度推进了比较优势理论，他们发展了一个产品创新与国际贸易的多国动态一般均衡模型，据此来研究通过研发产生的比较优势和世界贸易的跨期演进。格罗斯曼和赫尔普曼的动态分析不仅推进了比较优势的动态分析，而且方法上也有较大创新。他们的模型很明确地处理了对私人投资研发的激励和研发活动的资源要求。杨小凯和博兰从专业化与分工的角度拓展了对内生比较优势的分析。他们认为内生比较优势会随着分工水平的提高而提高。他们在一个交易成本和分工演进相互作用的理论框架中分析内生比较优势，将专业化和分工置于分析的核心。

（二）后发优势理论

后发优势是后发国家在推动工业化方面的特殊有利条件，是与其经济的相对落后性共生的，是来自于落后本身的优势。这一条件在先发国家是不存在的。所谓“后发优势”，也常常被称为“落后得益”“落后的优势”“落后的有利性”等。格申克龙对19世纪德国、意大利、俄国等欧洲较为落后国家的工业化过程进行了分析，并指出：“一个工业化时期经济相对落后的国家，其工业化进程和特征在许多方面表现出与先进国家（如美国）的显著不同。”他把这些差异归纳为八个对比类型：①本地型或者引进型；②被迫型或者自主型；③生产资料中心型或者消费资料中心型；④通货膨胀型或者通货稳定型；⑤数量变化型或者结构变化型；⑥连续型或者非连续型；⑦农业发展型或者农业停滞型；⑧经济动机型或者政治动机型。在这八个对比类型中，每一项对比类型相互之间的组合形态都是由各国的落后程度来决定的。美国社会学家M. 列维从现代化的角度将后发优势理论具体化。列维认为后发优势有五点内容：①后发国家对现代化的认识要比先发国家在自己开始现代化时对现代化的认识丰富得多；②后发国家可以大量采用和借鉴先发国家成熟的计划、技术、设备以及与其相适应的组织结构；③后发国家可以跳越先发国家的一些必经发展阶段，特别是在技术方面；④由于先发国家的发展水平已达到较高阶段，可使后发国家对自己的现代化前景有一定的预测；⑤先发国家可以在资本和技术上对后发国家提供帮助。列维尤其提到资本积累问题，认为先发式现代化过程是一个逐步进化的过程，因而对资本的需求也是逐步增强的。后发式现代化因在很短的时间内迅速启动现代化，对资本的需求就会突然大量增加，因此后发国家需要特殊的资本积累形式。实行这种资本积累，也必然要有政府的介入。

（三）国家追赶的路径

追赶论的出现要追溯到经济学家格申克龙（Gerschenkron，1962），他强调了后发国家实现工业化的优势：后发工业化国家只有在足够成熟、拥有适于有效生产的资本货物之后，才能利用科技的力量。发展经济学中也有类似的论点，强调要有能帮助贫穷国家逃避贫穷陷阱的“强大助推力”（例如 Nelson，

1956）。近年来，一些学者，包括 Perez 和 Soete（1988）在内，提出了在不尽相同的背景下进行跨越式发展的观点。例如，Perez（1988）指出，就新的科技经济范式而言，每个国家都是“初学者”，这为后发国家提供了一扇机会之窗，可使之迈入更先进的科技领域。这意味着某些后发国家也许能越过对以前的技术体系进行大量投资，并赶上发达国家（Hobday，1995b）。其中，Lee 和 Lim（2001）讨论了科技发展中的几种追赶模式，见表 2-1。

表 2-1　追赶与跨越模式

A 部分： 产业追赶模式	路径跟随式追赶 （先发者的路径） 阶段跳跃式追赶 （跨越Ⅰ） 路径创造式追赶 （跨越Ⅱ）	A 阶段→B 阶段→C 阶段→D 阶段 A 阶段→B 阶段→C 阶段→D 阶段 A 阶段→C 阶段→D 阶段 A 阶段→B 阶段→C′阶段→D′阶段
B 部分： 经济转型 与外向型增长模式	利用外资 （压缩式增长Ⅰ） 出口导向型增长的各阶段 （压缩式增长Ⅱ）	ODA→商业贷款→FDI →资本市场/PEF （将上述四个阶段合为一体） OEM→ODM→OBM （将上述三个阶段合为一体）

注释：

C 和 C′代表替代技术，而 D′是 C′之后的下一阶段技术。

ODA：海外发展援助（overseas development aid）；PEF：私募股权基金（private equity fund）。

资料来源：KEUN LEE. *Economic Catch-up and Technological Leapfrogging*: *The Path to Development and Macroeconomic Stability in Korea* [M]. Edward Elgar Publishing, 2016.

在表 2-1 中，我们可以看到，第一种是“路径跟随式”追赶，即后发者采取与先行者相同的路径。第二种模式是“阶段跳跃式”追赶，即后发经济体或企业在一定程度上跟随先行者的路径，但又跳过了其中的某些阶段。第三种模式是“路径创造式”追赶，即后发者探索自己的技术发展路径。当后发者跟随先行者的技术路径之后又转向一个新的路径时，就可能发生这种类型的追赶。在这三种模式中，第一种是较传统的模式，后两种则包含了某些跨越的成分。当然，这三种模式并不一定是互相排斥的，也可以有混合模式。例如：后发国家最初跟随先发国家的路径，到了一定时期，可以跳过这条路径上的某个或某些阶段。

二、企业实现赶超创新发展的路径研究

李根（Keun Lee，2013）在 *Schumpeterian Analysis of Economic Catch-up*：

Knowledge, Path-creation and the Middle Income Trap 一文中，认为赶超企业更加追求市场份额的提升和研发投入；赶超企业起初在专利数量、质量、创意和多样化方面都不如发达国家的企业；赶超企业一般在短循环周期技术上获得更多专利；短周期技术的固定资产投入会影响企业的盈利能力，实现超越。他提出了基于知识理论的赶超理论，认为企业有以下途径实现赶超发展：

（一）迂回的“弯道超车”战略

总的来说，发展中国家通常选择短周期技术产业加以投资以求得发展：实现本地化知识创造和技术创新，在专利数量和质量方面逐渐实现赶超，度过低劳动成本和低附加值的阶段，平衡贸易和技术的关系，积累经济实力，通过迂回的“弯道超车”战略，逐渐在短周期技术和长周期技术领域占有一席之地，进入高技术和高创意部门，最终实现跨越式发展。

（二）不同的技术门类采取不同的赶超战略

路径跟随式赶超战略（a path-following catch-up），即后发企业跟随先驱企业的发展路径。如韩国模拟时代的电子消费品、个人电脑、机床等行业以及中国在 20 世纪 90 年代进行的 OEM（贴牌生产）和 FDI（外商直接投资），都是路径跟随战略的体现。

阶段跨越式赶超战略（a stage-skipping catch-up），即后发企业跟随先驱企业模式发展，但是跨越了其中的某些阶段，节约了时间，实现了跨越式发展。如韩国现代汽车的发动机、三星电子的 D-RAM（动态随机存储器）以及中国生产的数字电话交换机等。

路径创造式赶超战略（a path-creating catch-up），即后发企业开发不同于先驱企业的技术路径，实现赶超发展。如韩国的 CDMA（多码分址）移动电话和数字电视（Lee & Lim，2001；Mu & Lee，2005）。对于路径创造式赶超战略来说，有时需要迂回策略或者跨越某些阶段，其目的是缩短技术循环周期，特别是在技术更新换代的时候，避免过分依赖现有的主导技术。在这个阶段，关键的是通过缩短技术周期，进入高技术和高创意产业，通过自主研发进入更原创的技术领域，占据本部门的技术领导地位。

（三）从贸易专门化到技术专门化

对于发展中国家来说，贸易专门化只能处于低收入阶段，只有技术专门化才能进入中等收入阶段。为了跨越中等收入陷阱，必须进入技术高附加值的领域，或者进入新兴产业，才能承载较高的工资率（收入水平）。由于技术不断更新换代，新的技术领域将层出不穷，后发企业有很多机会发现新的赶超机遇。

把握新的机遇，通过实现技术的专门化从而实现赶超，可以减少对现有技术的依赖，减少进入壁垒，发现更多新技术机会，并通过本地化知识创造，拥有更高的盈利能力，获得更好的增长前景。

三、企业实现路径创造的赶超发展的路径选择

后发企业如何冲破藩篱，进入高附加值的短循环技术周期？在长循环技术部门生产或出口的低端产品或低附加值的产品，如何进入现有的较短循环技术部门？现有的短循环周期技术又如何实现跨越式发展？企业如何逐步提升技术创新能力？我们认为可以通过以下途径实现（参见图 2-1）。

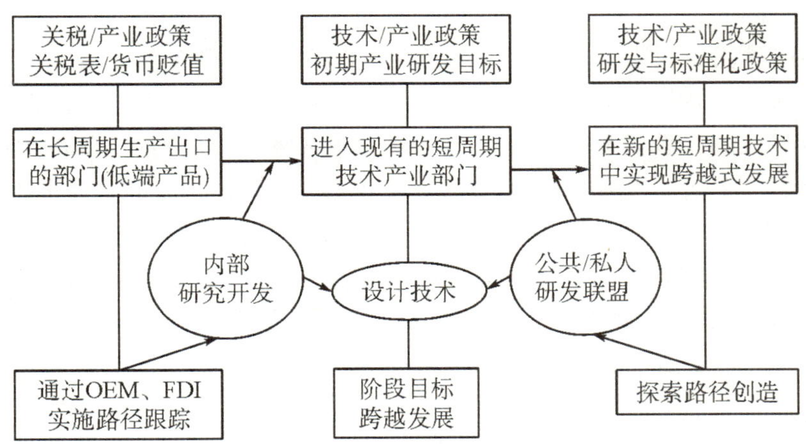

图 2-1 企业实现路径创造的赶超发展的路径选择

资料来源：KEUN LEE. *Schumpeterian Analysis of Economic Catch - up: Knowledge, Path-creation and the Middle Income Trap* [M]. London: Cambridge University Press, 2013.

（一）通过许可经营/技术转让/外商直接投资等方式建立企业吸收能力

企业充分研究国家的贸易和产业政策，包括关税和货币贬值情况，在贸易专门化和技术专门化之间，取得经济效益的积累。对于长周期生产和出口的低端产品，在通过 OEM、FDI 和装配等方式积累资本的同时，通过企业自主研发和技术设计，逐渐进入当前短循环技术部门；对于初期产业，也要利用技术整合和产业政策制定研发目标，逐渐进入当前短循环技术部门。如韩国现代公司开始为美国福特公司 OEM（贴牌生产）和装配，最终实现现代汽车自主拥有发动机的设计研发能力。

（二）通过多样化模式获得研发设计能力

对于初步进入短循环技术部门的企业，要制定跨越式发展的目标，通过公

共部门和私人部门的研发联盟，不断实现跨越式发展，进入新的短循环技术领域。如：与国外研发专业公司共同开发；通过设立海外研发职位获得国外专业知识；学习通过公共部门和私人部门的合作研发联盟，不断升级合作进入新的技术行业，有利于促进企业进入高技术和高创意部门。

（三）通过多样化模式实现企业跨越式发展

逐渐完善技术政策，包括企业研发和专利标准化政策，在新的短循环技术部门实现跨越式发展后，逐渐创造条件探索路径创造策略，最终走向高端产品自主发展的道路。通过选择替代性技术标准和公司研发机构联盟，逐渐形成技术标准和跨国研发联盟，成为行业技术领军企业，企业自身创造行业标准并引领尖端技术。

在赶超发展过程中，韩国和中国台湾地区的经验值得借鉴。但是中国是发展中大国，中国的发展必将走出一条与“华盛顿共识”完全不同的道路，“北京共识”已经给我们指明了方向：中国通过艰苦努力、主动创新和大胆实践，摸索出一个适合本国国情的发展模式。它不仅关注经济发展，同样注重社会变化，也涉及政治、生活质量和全球力量平衡等诸多方面，体现了一种寻求公正与高质量增长的发展思路。“北京共识”的根本在于在实现经济增长的同时，保持独立自主。中国必须走具有中国特色的发展道路，才能实现赶超创新发展，才能真正实现经济、社会和文化的崛起。

四、技术与市场追赶模型

后发企业的追赶条件是什么？在“技术能力”和“市场份额”方面如何平衡追赶？技术追赶和市场追赶这两种追赶并不相同但彼此相关。举例来讲，后发企业可以依靠进口技术和廉价劳动力提高市场份额，而无须提升技术能力。在这种情况下，这两种追赶是分离的。但是，如果技术能力不随之提高，就很难实现市场份额的长期可持续增长。如果这些企业的技术能力确有提升，那么它们会发现：购买更高市场份额所需的技术越来越困难而且成本越来越高。在这种情况下，这两种追赶是彼此相关的。市场竞争有很多决定因素，如制造效率、营销、物流等，而技术能力是其中最重要的因素之一。与此同时，如果企业在市场竞争中取得成功，就能赚取研发投资所需的额外资金。

要衡量并比较技术能力水平并不容易。没有一种单一、好用的量化测量手段，即使专利也不是实现这种目的的好工具。因此，通常采用的测量手段是定性测量。一个粗略的标准是区别以下三个阶段：重复模仿、创造性模仿和创新（L. Kim，1997a）。另一个标准是区别以下几个阶段：装配、低技术部件开发、高科技部件开发、产品设计和产品概念创建。根据图2-2中介绍的模型，一个公司的技术能力，是可用研发资源以及研发努力（或者技术努力）不断迭代的结果。除其他事项外，可用研发资源由内部和可利用的外部知识库组成，还包括财政资源。

企业研发工作的水平取决于研发工作取得成功的可能性。在这里，成功应该以目标产品的实际开发概率以及待开发产品的预期市场适销性（竞争力）来定义。换句话说，我们要把产品的物理开发与其在市场上取得的成功分离开来，就像区分发明与创新一样。这种分离是必要的，因为即使开发的是目标产品，也不能保证产品在市场上取得成功。

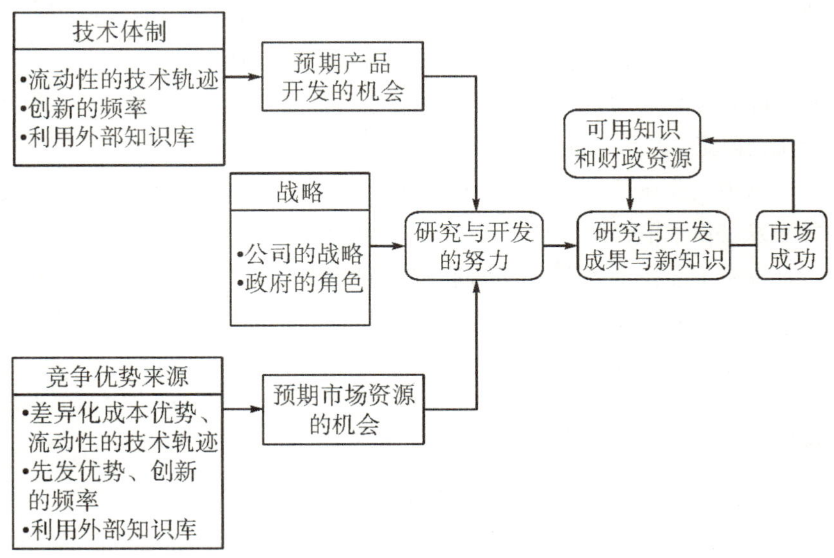

图2-2　技术与市场追赶模型

资料来源：KEUN LEE. *Economic Catch-up and Technological Leapfrogging：The Path to Development and Macroeconomic Stability in Korea* [M]. London：Edward Elgar Publishing，2016.

一般来说，当企业对更多研发投入与更多研发成果（产品开发）之间的关联持确定态度时，就会投入更多研发资源。技术制度是产品预期开发机会的决定因素，而像成本优势、产品差异和先发优势这些因素，则是待开发产品预期竞争力的决定因素。最后，我们考虑企业战略的重要性以及政府的作用，因为这些因素也可能会影响产品开发和取得市场成功的机会，并且会直接影响企业的研发投入水平。

技术体制可由如下几项的组合来定义：技术机会、创新的专属性、技术进步的累积性、知识库的属性。我们的推测是，就追赶而言，并非所有这些因素都具有相关性。例如，就追赶公司的研发活动而言，大多数情况下，追赶型公司努力模仿现有技术，因此创新的专属性这一项就不太重要。

因此，我们将技术进步的累积性看成实现追赶的重要决定因素之一，并且添加了一个新因素——技术轨迹的可预测性，将其作为与追赶有关的技术制度的一个重要考量因素。我们还考虑了外部知识库的获取程度（技术转让），因为它也会影响后发企业的研发机会。那么，我们可以这么说，在给定的时间内创新的发生率越高，后发企业必须进行的研发工作量就越大。而且，技术轨迹越流畅，那么后发企业确定研发目标的难度就越大。当预测技术的未来发展方向的难度增加时，这个时候可以说技术轨迹的流动性更高。虽然这不是流动性的唯一或最重要的决定因素，但是流动性通常与一个行业的存在时间有关。一般来说，新兴产业的技术轨迹更具有流动性。这种情况符合如下程式化事实：在早期，产品创新往往多于流程创新，产品创新往往更多地意味着未来产品开发的范围更广。

我们认为企业在评估了产品开发以及取得市场成功的预期机会后，会决定他们的研发工作水平，即为研发项目配备的财务、人力和物力资源。在做这个决定时，按照不同技术制度选择不同的组织形式是个问题。

一旦某个行业后发企业的研发成果（以及新的研发资源水平）被认为与其现有研发能力水平（知识和财政资源）相关，那么新研发成果就与该公司在制造、营销和物流等方面的能力组合起来，成为价值链中的一部分，为市场测试创造一个新的名目。当然，市场成功取得的利润是未来研发的投资来源，未来研发是公司研发能力的一个构成要素（见图 2-2“市场成功”与“可用知识和财政资源”之间的连接线）。正如波特提出的钻石模型(Porter, 1990)，行业竞争优势的决定因素，包括因素条件、需求条件、相关和辅助行业的条件以及企业的战略和竞争对手。

五、林毅夫的 GIFF 原理与持续结构转型

林毅夫（2012）利用比较优势和后发优势的概念，提出甄别一国潜在比较优势的方法，那就是观察那些有着类似禀赋结构但具有更高国民收入并且在近几十年快速增长的国家中的那些日益成熟的贸易产业和服务业。

首先，一个国家不可能数十年如一日地对动态增长的贸易产业进行补贴并维持其快速增长。拥有相同禀赋结构的国家常常具有类似的比较优势，如果那些拥有更低工资和相似禀赋的国家的政府可以帮助私营企业克服协调性和外部性问题以促使其进入这些行业，那么这些后发国家就可以通过工资上的优势战

胜现有企业。其次，对于那些资源密集型产业如采矿、农业和渔业，一个国家可以参照其他与之具有类似资源禀赋的高收入国家并学习它们成功的秘诀。例如，一个资源稀缺、劳动力丰富的发展中国家要发现那些具有潜在比较优势的制造业，可以通过分析那些具有更高收入、更快增长的国家中有活力的贸易产业来达到目的。

林毅夫（2012）提出的 GIFF 框架，建立在针对产业和技术升级的有效战略指南基础上：

第一步：选择正确的目标。一个发展中国家的政府可以在那些有着相似禀赋结构且人均收入大约高于本国 100%的快速增长国家内识别出一系列动态增长的贸易产品及服务，并且它们在该国已经生产了大约 20 年。为设置产业升级和多样化的目标，后发国家可以考虑那些在进口产品中经济规模不大、所需投资不多的简单劳动密集型制成品。如果大多数产业处于或者接近国际前沿，而且产业升级和多样化越发依赖于本土创新，而不是简单地复制国外的成功案例，那么在这种情况下，支持产业升级和多样化的政策将类似于发达国家的产业政策，并且具有更高的失败风险。

第二步：消除约束。政府可以优先发展那些已有国内私营企业自发进入的产业，并去发现是什么阻碍了其产品质量的升级和经营规模的扩大，以及限制其他私营企业进入该领域以形成集群的阻碍。融资和获得土地的机会似乎特别受到小企业的关注，而大企业往往会将劳动法规和熟练工人的可获得性视为它们经营活动的主要约束。

第三步：吸引全球投资者。在那些没有任何国内公司存在的产业中，政策制定者应该致力于从那些正在被其效仿的国家那里吸引外商直接投资或组织“孵化”新公司的项目。政府通过吸引外国企业来迅速开启一个新的行业是十分有价值的，这样做可以在国内企业中产生大量的溢出效应，为它们提供一个学习、进入新行业以及在其中发展的机会。当亚洲本体的企业对那些国家想发展的产业没有任何了解时，政府常常会吸引外商直接投资或鼓励成立合资企业。中国内地吸引了来自中国香港地区、中国台湾地区、韩国和日本的直接投资。

第四步：壮大自我发展的规模。增长甄别与因势利导的第四步是以支持成功自我发现的私营企业扩大规模的方式来对它们进行奖励。随着技术的迅速变化，一些商机在 10 年或 15 年前可能还不存在，也不会出现在基于第一步中的标准识别出的具有潜在比较优势的行业清单上。此外，每个国家都有一些其参照国所没有的独特禀赋和比较优势，如果国内私营企业已经发现了新产业的巨大商业潜力，那么即使这些产业在第一步中没有被甄别出来，政策制定者也应该找出并消除那些影响企业技术升级或阻碍其他企业进入的壁垒。

第五步：工业园的力量与奇迹。经济发展中的一个大问题是如何解决硬件基础设施和软件基础设施的不足，这常常是发展中国家生产力增长的一个主要障碍。设计精致的基础设施有助于实现规模经济，降低贸易成本，因此是专业化以及有效的产品、服务生产和消费的核心。工业园区和出口加工区具有鼓励产业集群的优点，在中国的内陆省份已经利用工业园区以合理的价格为企业提供“即插即用”式的场所，制造业的企业可以一次性雇佣几千名员工扩大生产。政府也可以建立工业园区培育那些根据增长甄别与因势利导标准识别的新产业，例如中国台湾的新竹科学工业园区，它的设计用途是满足地区工业迅速发展的需求，防止未经授权的企业建立、阻止任何可能导致公共灾难的不当使用农用土地的行为，并更好地利用公共基础设施的投资（道路、供水、排污、电网和电信系统）。

第六步：向正确的产业提供优先的激励。对于那些在第一步中甄别出的产业内的先驱企业或国外投资者，政府通过对其在投资过程中产生的非竞争性公共知识进行补偿，也可以为它们提供一定的激励。在发达国家，先驱企业将被授予专利权，以确保在一定时期内它们是其成功创新的唯一受益者，但在发展中国家，专利权可能并不适用，这是因为某个在这里是“全新”的产业在其他国家却早已存在多年。对先驱企业提供一段时间的补贴，即就新产业可行性方面的信息外部性对先驱企业进行一段时间的经济奖励，可以收到同样的效果。有限的政府支持，不管是经济上的还是时间上的，均应足以弥补先驱企业产生的信息外部性，以确保它们能够获得正常利润。政府激励也有多种形式，例如在有限的几年内给予公司所得税优惠、为共同投资提供信贷，或者优先使用外汇储备以引进关键设备等。

持续的经济增长是减少贫困以及向高收入水平发展的基础，现在也被认为是由持续的技术创新、产业升级和多样化所导致的不断的结构变迁。市场机制是生产要素定价以及为资源有效配置提供正确的价格信号和适宜的激励体制所必不可少的。现代经济增长是一个持续的技术创新、产业升级和产业多样化以及基础设施和制度安排改善的过程，它构成了商业开发和财富创造环境。

成功的发展中国家，其政府往往有意或无意地选中那些与其禀赋结构类似、发展水平相近的高增长国家的成熟行业。政府促进产业升级和多样化的政策必须定位在具有潜在比较优势的产业上。这样，一旦克服了协调性和外部性的问题，而且新的产业被顺利建立，那么它们就可以迅速形成国内与国际市场竞争力。

第三章　超越式追赶的理论与实践

虽然企业的发展必须有一个追赶过程，但是中国企业不能永远处于追赶的状态，必须采取措施实现超越式追赶，变成行业领导，具有超强的核心竞争力，才能发展本国经济，实现真正超越。在促进中国企业超越式追赶的研究中，主要有创新追赶的共演路径模型、追赶的多元学习模式、嵌入全球价值链、建立产品开发平台等方式。

一、创新追赶共演路径模型

曾萍、刘洋、应瑛（2015）在发表于《研究与发展管理》上的文章《转型经济背景下后发企业创新追赶路径研究综述——技术创新抑或商业模式创新?》中研究了后发企业创新追赶的路径，他们认为创新追赶出现了3个方面的范式转移：

第一，研究情景的转移：从新兴工业化国家到转型经济国家。早期追赶研究主要集中在新兴工业化国家，其制度情景不同于转型经济。转型经济体处于从以前的强调权力关系和官僚控制的计划经济，不同程度地通过自由化、稳定化和鼓励私有企业等市场机制的增强而向市场经济转变过程中。转型经济作为新型经济体的一个类型，往往在社会、技术、组织、政策法规以及市场等方面都有自己独有的特征。

第二，研究内容的转移：从模仿学习到协同创新。从研究内容来看，现有关于后发企业追赶模式的文献重点关注技术追赶，并主要识别出两个共同特征：渐进式的技术能力积累和阶段式非线性的追赶路径。追赶模型有：基于OEM-OBM-ODM的逆向产品生命曲线模型；技术追赶的利用、吸收、改进模型；建立关系（Linkage）、杠杆化利用（Leverage）和学习（Learning）的3L模型；路径跟随、跳跃和创造模型等。然而，就通过技术创新这一路径进行追赶来说，这些研究过多地强调了技术能力和市场能力的积累，却忽视了现有企业创新管理实践已经由关注技术能力和市场能力逐渐转向创新能力追赶这一重大转移。

第三，研究聚焦的转移：从研发相关创新到非研发相关创新。学者认为现存的追赶文献更多地强调研发相关创新（R&D-related innovation），而忽视了非研发相关创新（non-R&D-related innovation），特别是商业模式创新这一可行的追赶方式。事实上，一些后发企业已经开始通过商业模式二次创新、成本创新、重构价值主张、价值创新以及价值获取等活动组成的系统，来克服自身在技术能力和市场能力方面的缺陷，甚至尝试获取破坏式创新或者不连续创新的价值，进而实现追赶。

曾萍等（2015）对转型经济背景下后发企业创新追赶之路进行了探索。例如，在转型经济的独特市场环境（如市场分割性）和制度环境（如制度复杂性）条件下，后发企业面临着多种二元矛盾。处理好转型经济背景的二元平衡（如市场与政府、国有和民营、本地与超本地网络潜入、探索式国际化与利用式国际化等）能够使得后发企业实现创新追赶。企业可以通过改进和/或重构客户价值主张、价值创造过程、价值获取过程等商业模式创新实现创新追赶；企业还可以通过开展节约型创新这种独特的创新活动，和/或利用后发优势改进产品，甚至利用破坏性创新等技术创新过程实现创新追赶；企业还可以通过商业模式和技术创新共演的方式，最终实现创新追赶。转型经济独特的市场和制度环境，为后发企业实现创新追赶提供了大量机会，尽管后发企业仍然面临着技术和市场等方面的劣势，但是这些企业通过独特的技术创新行为和逐步改进商业模式的方式来实现赶超已经有一定的实践经验。具体来说，一方面，与早期的吉利汽车相类似，大量传统制造业企业构建了研发网络，通过节约型创新或者利用式创新实现了创新追赶；另一方面，与阿里巴巴相类似，大量不那么依赖技术的企业则通过改进现有领先企业的商业模式，形成更适应转型经济背景的客户价值主张、价值创造和价值获取活动，进而迎头赶上，成功实现了超越。特别值得注意的是，当这些企业实现创新追赶达到一定追赶目标后，开始大力推动“人单合一”的商业模式创新，而阿里巴巴则在驱逐 eBay 之后，开始大力研发大数据技术，等等。在一些新兴产业，例如打车软件 APP 行业，由于应用了新兴技术，后发企业和领先企业站在了同一起跑线上。具体如图 3-1 所示。

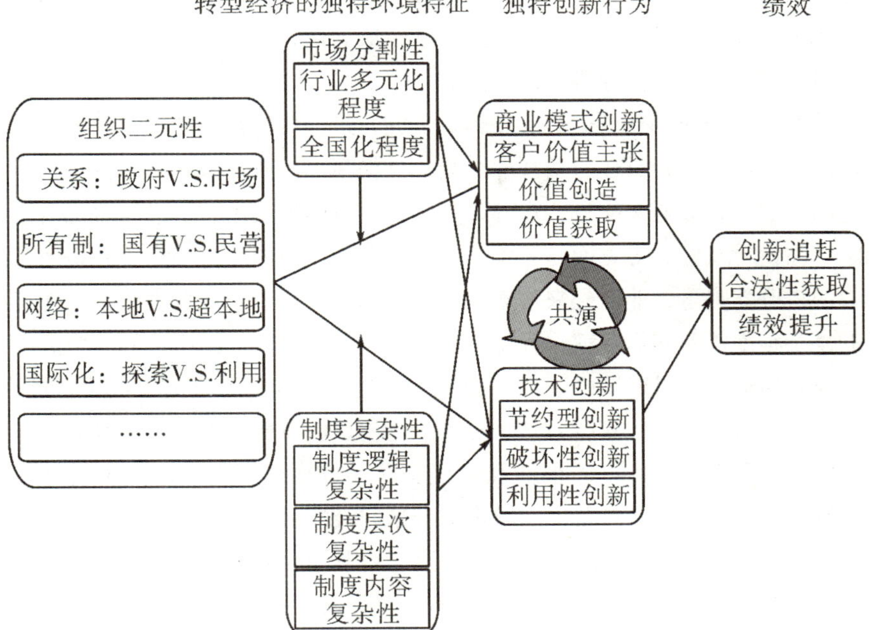

图 3-1　创新追赶路径模型

资料来源：曾萍，刘洋，应瑛. 转型经济背景下后发企业创新追赶路径研究综述——技术创新抑或商业模式创新？[J]. 研究与发展管理，2015，27（3）：1-7.

二、追赶的多元学习模式

毛蕴诗、黄程亮（2017）在发表于《吉林大学社会科学学报》上的文章《创新追赶情景下技术学习推动产品升级的机制研究——以宝钢汽车板升级为例》中深入研究了中国后发企业追赶的学习模式。

（一）获取—消化—提高的学习模式

后发企业是指面临技术劣势和市场劣势并试图与国际领先公司竞争的企业。追赶是指新型经济体的后发企业改进技术和市场能力，提升高价值增值活动的过程。这一过程包括通过改进战略、结构、技术、系统、组织过程等重新定位自身以应对独特的环境。

目前学术界关于技术追赶的研究主要针对新兴经济体后发企业，而追赶实质上就是企业内部改进技术和市场能力，提升价值增值的活动。早期的研究较多关注技术能力和市场能力追赶。但随着发达经济体对前沿技术输出的限制以及技术复杂性的不断提高，新兴经济体后发企业通过外部获取前沿技术的难度越来越大。在此背景下，创新能力追赶逐渐成为研究的重心，主要围绕追赶方式、机会窗口、追赶路径等方面展开。

针对后发企业创新能力追赶路径的研究，最经典的是发展中国家的创新能力追赶三阶段模型，具体包括获取、消化、提高三个阶段。其内在机理为：发展中国家后发企业通过交流合作等多种形式引进国外技术，引进技术之后逐步积累产品设计及经营等方面的经验。同时，激烈的国内外市场竞争和企业员工能力的提升促进了企业对外来技术的消化，进而提高了企业技术水平。随着技术的复杂程度以及知识分散化程度的不断提高，拓展研发网络边界成为后发企业实现创新追赶不可或缺的条件。后发企业进行技术学习分为形成生产能力、形成投资能力、形成创新能力三个阶段，也就是创新能力是技术学习能力在高级阶段的一种表现形式。毛蕴诗和黄程亮（2017）在研究宝钢汽车板升级过程中创新追赶情景下通过技术学习推动产品升级的机制时认为，宝钢汽车板的升级演化过程经历了三个阶段：第一阶段，企业主要采取模仿式创新，体现为借鉴式学习；第二阶段，企业主要通过二次创新实现升级，体现为播种式学习；第三阶段，企业主要通过自主创新实现突破，体现为独奏式学习。

（二）双元性学习

彭新敏、郑素丽、吴晓波、吴东（2017）在发表于《管理世界》上的文章《后发企业如何从追赶到前沿？——双元性学习的视角》中认为：中国企业正在从追赶到超越追赶，甚至走到创新前沿，面临从“追赶者”到“领导者”转型的挑战。双元性学习组合了探索与利用两种不同学习的优势，因而成为后发企业突破超越追赶困境的关键机制。他们通过对海天集团 1994—2015 年技术追赶过程的纵向案例分析，发现后发企业由追赶到超越追赶再到创新前沿转型的过程中，双元性学习由“分隔型双元”向“过渡型双元”再向“自洽型双元”演化，同时技术体制多样性提供的技术方向、市场空间多层次性提供的需求支撑以及企业能力累积性提供了平台基础，共同驱动了这一演进过程。

经过改革开放 40 多年的发展，中国后发企业已经积累了一定的知识基础与创新能力，出现了诸如华为、海尔等成功追赶的代表性企业。这些后发企业不仅在产业内具有较高的市场份额，而且开始以创新的产品和流程在全球市场上与领先跨国公司进行竞争，进入超越追赶阶段（Beyond catch-up）。少部分企业如华为正在趋近国际技术前沿，开始面临“正在本行业逐步攻入无人区，处于无人领航、无既定规则、无人跟随的局面”。在这一新的发展阶段，后发企业既有可能实现从“追赶者”到“领导者”的转型跨越，也有可能落入“追赶陷阱”从而重复“追赶→落后→追赶”的循环。那么，后发企业应该采取怎样的技术学习和创新策略，才能构筑起创新能力进而成为行业领导者呢？在超越追赶阶段，后发企业面对的技术不确定性越来越大，外源技术的可得性难度越来越高，同时企业的战略和学习模式可能会随着环境的变化而动态演化。

现有技术追赶的焦点主要集中在如何进入、模仿和追赶上，对后发企业进入超越追赶阶段后如何更进一步引领技术前沿，已有的文献并没有给出明确的回答；彭新敏、郑素丽、吴晓波、吴东（2017）认为是双元性学习的结果。对后发企业技术追赶的研究都不同程度地强调了学习的重要性。如韩国许多学者认为通过选择性地学习而累积的技术能力，是韩国企业能够实现从模仿到创新的关键原因；吴晓波等（2006）认为，追赶过程中的技术范式转变期是后发企业赶超领先者的难得的“学习窗口”，企业需要在对现有知识和能力进行开发与探索新知识和新技能之间取得平衡，即构建起双元性学习；有的研究甚至直接指出了双元性学习对于后发企业具有特殊意义，基于二次创新动态追赶过程，后发企业组织学习会相应地由间断式平衡向双元型平衡演化。

结构双元理论认为，企业通过高度差异化又松散耦合的不同子单元分别开展探索和利用，在整体上可获得极大的竞争优势。随着战略联盟等企业网络的兴起，学者们围绕着双元性构建方式产生了争论：双元究竟应通过组织内部还是外部合作来实现？从外部获取知识有助于企业重构已有知识库，因此企业可以通过外部化的活动如外包或联盟来构建双元性。企业在进行技术搜索时需要考虑两种平衡：一种是内部和外部技术搜寻的平衡；另一种是探索和利用的平衡。其中，组织边界分为组织内部和组织外部两个类别，组织内部指企业独立新建部门或事业部等方式，组织外部包括战略联盟、并购等方式。技术边界针对企业自身而言，即其所搜寻的技术是已有的技术还是新颖的技术。如果其搜寻的技术对企业来说是新颖的，则为探索；如果企业搜寻的技术是在企业已有技术范围内的，则为利用。双元性学习的构建与演化过程如下：

（1）基于联盟的分隔型双元，指企业通过内部自建事业部和外部联盟的跨边界组合来同时实现探索和利用。企业既可以通过内部利用和联盟探索的组合构建双元，也可以通过联盟利用和内部探索的组合构建双元。

（2）基于并购的过渡型双元，指企业通过内部自建事业部和外部并购的跨边界组合来同时实现探索和利用。之所以称之为过渡性双元，是因为对处于技术追赶动态过程中的后发企业而言，在新旧技术范式交替的特殊时期，还存在一种过渡型学习。后发企业在完成对引进技术的消化与吸收，并形成一定技术发展能力的同时，却又不得不在发达国家新的技术进步或新技术范式出现面前再次落后，发生危机。过渡型学习则是为了适应重大环境变化而探索战略性转变和系统重构的可能，把分析理解外部环境中与己相关的重大事件和信息作为首要任务，为未来的发展进行多维探索。

（3）组织内部主导的自洽型双元，指企业通过在组织内部自建不同事业部以同时实现探索和利用。

总之，在“分隔型双元”模式中，企业通过分离不同的任务单元来完成成熟技术追赶中利用与探索的双重任务；在“过渡型双元”模式中，后发企业通过跨界的探索和利用的组合进入新兴技术产品市场；当后发企业进入竞争的前沿时，基于内在创新能力的“自洽型双元”成为企业创新的主要模式，由此形成了双元性学习模式持续的动态演化。

三、在全球价值链中实现赶超

吕越、陈帅、盛斌（2018）在发表于《管理世界》上的论文《嵌入全球价值链会导致中国制造的“低端锁定”吗?》中认为，中国应该在全球价值链中实现追赶与超越。

（一）发展中国家制造业超越“低端锁定”

实体经济是我国发展的根基，“中国制造”一度成为全球化中为人熟知的标签，然而与世界先进制造业强国相比，中国制造仍然面临大而不强、质量良莠不齐、核心技术缺失的尴尬境地，甚至存在被全球价值链分工体系中处于强势地位的发达国家锁定在低端的风险。如苹果手机案例，虽然中国承接苹果公司的加工组装环节并纳入全球价值链生产网络，但实际获得的增加值收益仅占产品总价值的2.3%。由于核心技术缺失，美国等发达国家更屡次以侵犯专利为由限制“中国制造”进军其本土市场。目前美国已利用“337条款”累计对中国发起调查案件516起，占美国“337条款”案件总数的比例高达54.78%，“中国制造”陷入全球价值链“低端锁定”的风险中。

嵌入全球价值链生产网络所带来的“低端锁定”风险，与垂直专业化生产分工存在密切关联，通过将生产制造环节外包给劳动力充裕、生产成本低廉的发展中国家和欠发达地区，发达国家研发能力获得显著提升，是垂直专业化分工的显著受益者。仅有少部分文献认为发展中经济体参与垂直专业化分工生产提升了企业的研发创新能力，但为数不多的创新也并非来源于自主创新，而是由于流程的改善。

吕越等（2018）解释了发展中国家陷入“低端锁定”困局的原因：第一，嵌入全球价值链的企业能以低成本获得高质量和高技术的进口中间投入，导致企业丧失了自主研发创新的动力，形成对价值链的过度依赖而陷入“低端锁定”。第二，本土企业自身吸收能力较弱，导致全球价值链的技术外溢效应无法被充分吸收。一个国家的人力资本积累水平与进口贸易的技术外溢效应存在正相关关系。当本国技术水平比较落后，无法达到技术吸收的有效门槛值时，那么企业可能无法实现对外溢技术的吸收和转化，从而形成“低端锁定”。第三，发达国家对发展中国家在价值链升级阶段中的“俘获效应”也是导致“低端锁定”的原因。当发展中国家还处于价值嵌入初期，发达国家通过价值链进行技术和知识输出以满足其对发展中国家关于加工组装、生产制造能力精细化、标准化要求，间接起到了对发展中国家技术外溢的效果。然而，发展中国家出口主要以低劳动成本优势的技术成熟型或劳动密集型产品为主，这样的模式很容易导致发展中国家被主导的国际大购买商和跨国公司“俘获”。尤其是发展中国家的企业处在由低端环节向高端环节攀升的过程中时，极有可能遭到国际大买家和跨国公司的双重狙击和控制，最终被锁定在低附加值、微利化的加工制造环节。

从全球价值链（GVC）与中国制造业研发创新来看，全球价值链对发展中国家本土企业的研发创新效应，是当前全球化深度调整中的热点。第一，GVC 具有规模效应，GVC 有利于贸易企业融入全球生产网络，扩大市场规模，形成规模经济；第二，GVC 具有外溢效应，全球价值链生产网络使本土企业更容易接触国际专利，并通过进口贸易或供应链网络的形式实现技术溢出，促使本土企业研发创新活动开展；第三，GVC 具有竞争效应。竞争效应是指企业主动提升自身研发能力，以规避来自价值链中技术水平相近企业的竞争，巩固自身垄断地位的行为，这种研发活动被称为“逃避竞争”的研发创新。

近年来，越来越多的文献表明，GVC 对发展中经济体的技术升级并没有带来预期的积极效果，即发展中经济体的制造企业嵌入 GVC 可能导致其在价值链竞争中陷入“低端锁定”。作为全球价值链中的较薄弱环节，发展中经济体产品的质量较低，模仿和“山寨”活动盛行，企业对于产品自有专利的维护意识和创新产品研发创新能力都比较薄弱，使发展中国家无法实现价值链攀升。其原因有以下三点：

第一，对 GVC 过度依赖，一方面，GVC 生产模式将导致制造业企业进入低附加值环节。在国际分工模式下，中国制造业以加工贸易为主的出口贸易扩张模式以本地区廉价的土地、劳动力、环境成本以及税收优惠作为投入，依赖于从 GVC 中获得高质量进口投入品，这导致本土产业向低端劳动密集型迁移，阻碍了产业的升级进程。另一方面，对于 GVC 的深度依赖可能造成产品市场过度竞争，最终形成“替代”效应。由于来自国外的投入品进口竞争，可能迫使企业选择降低或放弃对中间投入品自主研发创新的投入，阻碍本国企业的自主研发行为。中间品进口贸易与企业自主研发存在显著的“替代”关系，是因为进口投入品的使用降低了企业的生产成本，促使企业进一步使用进口投入品以代替原本价格相对较高的本国投入，从而形成对 GVC 投入品的进口依赖。

第二，技术溢出的吸收能力较弱。外溢技术能否转化为本国创新能力，主要取决于企业对于溢出技术的学习能力和吸收能力。此处的能力是指在当时的条件下有效地实践知识和技术的能力，它决定了一个发展中国家能否以及如何融入全球价值链。有学者研究认为，人力资本作为吸收能力的代理变量，进口国吸收能力越强，来自进口产品和技术的溢出对本国技术效率和技术水平的影响也越显著。东道国吸收能力至少需要达到一个最低门槛水平才能吸收和应用跨国公司的先进技术，技术溢出才会对东道国有显著影响。这种能力建设存在着很高的风险，因为只有那些能够生产出可接受的最低质量水平产品的国家才能融入全球价值链。

第三，发达国家的“捕获效应”。发展中国家出口主要以具有低成本优势的技术成熟型或劳动密集型产品为主，这样的模式很容易被主导的国际大购买商和跨国公司“捕获”，尤其是发展中国家的企业处在由低端环节向高端环节攀升的过程中时，可能遭到发达国家的国际大买家或跨国公司的双重狙击和控制，进而被锁定在低附加值、微利化的价值链低端生产制造环节。这种“捕获效应”将导致价值链升级路径被发达国家利用技术和市场势力封锁，企业依靠自身能力很难突破低端锁定。跨国公司利用垄断地位造成价值链的不对称性，与当地企业建立俘获型或层级型的价值链治理结构，使国内企业形成大量专用性资产，挤压自主研发的资金资源，产生技术依赖。企业在价值链中的“捕获效应”取决于技术的行业特征和产业特征，而关键在于欠发达地区的技术行业或产业到技术前沿（最发达国家技术）的距离。与前沿技术水平的差距越大，那么该行业或产业在价值链中越容易受到来自发达国家或地区的技术冲击，从而造成对研发活动的负面影响。

吕越等（2018）运用 2000—2006 年的《中国知识产权数据库》《工业企业》《海关数据》《世界投入产出数据库》的合并数据，考察制造业企业参与全球价值链是否影响以及如何影响我国的自主研发创新效应，并且从技术外溢的过度依赖、企业的吸引能力以及发达国家的“捕获效应”等角度进一步探究了导致参与价值链没有产生预期技术升级的原因。

无论是从企业自主研发意愿还是从研发强度来看，首先，全球价值链对企业研发创新具有显著的抑制作用，对于外资企业、加工贸易企业以及高技术产业来说尤其突出。其次，通过影响机制的分析来看，参与 GVC 的正向促进机制不足以抵消过度依赖于进口高质量高技术的中间投入而产生的替代效应。企业越依赖于 GVC 生产链，越愿意从价值链中直接进口高技术高质量的中间投入以代替原有的低质量低技术的本国投入，从而导致其丧失研发创新的动力。再次，本土企业吸收能力不足，也阻碍了企业将 GVC 溢出技术转化为自身研发创新能力的渠道，表现为无法通过 GVC 网络生产促进本土企业的创新能力提升。研究发现，现阶段我国大部分企业尚处于无法充分发挥吸收能力的门槛值左侧，即仍然处于人力资本水平偏低的区间内，从而影响了全球价值链的技术外溢效应。再次，考察我国制造业与发达国家的技术距离，发现那些 GVC 参与程度较深的企业，当企业与发达国家先进技术的距离较近时，发达国家感受到竞争威胁，会展开对发展中国家技术升级的“捕获行为”。最后，通过扩展性分析，在考虑加入 WTO 后的冲击后，价值链嵌入对制造业企业的研发意愿和强度的抑制作用依旧显著成立。

（二）嵌入全球价值链

李跟强、潘文卿（2016）在发表于《管理世界》上的文章《国内价值链如何嵌入全球价值链：增加值的视角》中研究了中国的企业嵌入全球价值链的策略。

在对外开放出口导向的发展战略下，中国积极融入全球生产网络，特别是 2001 年加入 WTO 后，中国更加积极主动地融入全球价值链。然而以产品内分工、生产过程“碎片化”为特征的垂直专业化（Vertical Specialization）使嵌入全球价值链的生产者只能在产品生产的某一环节或某些环节参与国际分工。一国在全球价值链上如何在全球采购中间产品进行垂直专业化生产，又如何完成参与环节的价值创造后供应下一生产环节，如何根据自身要素禀赋创造将生产过程整合到全球价值链中去，这不仅涉及参与国际分工的贸易利益，更关乎能否在国际竞争和合作中实现技术升级和地位提升。

在经济全球化和区域经济一体化的双重背景下，国际分工和区域协作并存，国外价值链在国内区域间延伸，中间产品在一国内不同区域之间的流转也使国内区域间价值链整合到全球价值链之中。一国内部区域对国内外、区域间中间产品的偏好反映出该区域在嵌入全球价值链过程中形成的价值联系和经济依赖。中国各区域经济发展水平和对外开放程度不尽相同，在全球价值链背景下考察各区域如何将国内价值链和国外价值链统一整合到全球价值链体系之中，有助于厘清各区域在参与垂直专业化国际分工中扮演的不同角色，也为各区域逐渐向价值链高端攀升、提升在价值链中的获利能力提供实践参考。根据李跟强和潘文卿（2016）的研究，国内价值链嵌入全球价值链的实践结果如下：

（1）国内价值链嵌入全球价值链的模式。中国各区域嵌入全球价值链的程度在1997—2002年有升有降，而在2002—2007年则显著加深。1997年、2002年和2007年各区域的平均垂直专业化指数分别是25.00%、25.93%和32.74%，1997—2002年变化较小，而在2002—2007年有显著上升，说明中国加入WTO后更多地使用区域外的中间产品参与国际分工，整体嵌入全球价值链的程度显著加深。1997—2002年，京津区域、北部沿海区域、东部沿海区域、南部沿海区域和西北区域的垂直专业化指数有所上升，东北区域、中部区域和西南区域都在下降；而2002—2007年在中国整体积极融入全球价值链的背景下，中国内部各个区域也都在积极参与国际分工，通过使用区域外的产品嵌入全球价值链之中。

（2）调增供给偏好。增加值供给偏好方面，中国各区域在嵌入全球价值链的过程中呈现如下特点：第一，沿海区域在增加值供给上具有国外偏好，内陆区域在增加值供给上具有国内偏好。第二，内部区域增加值供给的邻近“向极性”明显，增加值供给的区域非均等性突出。第三，2002—2007年大部分区域增加值供给的国内联系都在不断加强。在中国各区域积极融入全球价值链的背景下，国内外经济联系的日益加深并未进一步强化增加值供给的国外偏好，相反，除东部沿海区域和西北区域外，国内其他区域在2002—2007年对国内区域的增加值供给比例都显著增加，国内各区域间的增加值联系不断加强，增加值层面的区域经济一体化程度提高。

四、建立产品开发平台实现赶超

为了适应基于互联网的共享经济背景下的全面提升行业技术研发能力，路风（2018）在发表于《管理世界》上的《论产品开发平台》一文中深入研究了产品开发平台的构造和作用，以及产品、技术和能力的共演机制，对提升我国技术和知识产权创新能力有良好的借鉴作用。

产品开发平台的概念建立在产品、技术知识和组织三个要素基础上。对于技术变化，必须从产品—活动的耦合、产品与使用或生产这些产品的直接人类活动互相支持的组合等方面充分理解产品、知识和组织如何对技术变化发生作用。

产品开发平台指的就是在现代工业组织中执行技术研发职能的这种耦合系统，以产品序列作为工作对象，以不断开发产品作为目标和方向，并以产品开发过程作为协调机制的知识和技术活动系统，即多样化产品所共享的设计、元件或技术的集合。产品开发平台是一个包含了其工作对象（产品序列）、工作主体（专业研发人员）和工作支持系统（设备和经验知识）的有组织的活动系统。

（一）产品开发平台的构造

第一，有形的技术支持系统，包括环境设施（如办公室、厂房等）、工具（如计算机系统等）、工程试验、制造和检测设备等。在实践中，识别一个企业是否进行产品开发的主要标准，就是看它是否具备并有效运行必要的试验手段。成功的产品开发同样需要制造能力（包括设备和技能）的支持，不仅是因为理解制造过程对形成可行的产品设计十分重要，而且也因为产品开发过程本身就包括了原型机制造环节。

第二，无形的技术支持系统，其主要组成部分是积累起来的经验知识，以及能够使这些经验知识发挥作用的组织系统。成功的产品开发需要运用大量的经验知识并贯穿于产品开发全过程——包括产品设计、试验、原型机制造、工艺设计等所有的环节。由于经验知识如此宝贵，技术研发组织会通过各种手段将其保存起来，表现为对经验知识进行编码化。编码化有两种形式：一是利用经过试验验证的知识编码标准、规范、手册、软件程序、指南、案例等，用以指导工作；二是建立数据库，即把在产品开发过程中获得的经验数据系统性地储存起来，以便重新获取、使用。如果把有形技术支持系统看成“硬件”，无形技术支持系统就是使硬件系统能够执行功能的“软件”。

第三，外部技术支持系统。需要这个系统的理由是因为任何企业的产品开发都会或多或少地依靠从材料、设备到元件的外部供应。较为复杂的产品包括众多的元件和子系统并涉及多种技术领域，即使一个企业有能力开发所有这些元件，全部自行提供也必将导致管理任务过分复杂和成本过高。外部技术支持系统的条件往往受到民族、国家边界的影响，尽管经济全球化趋势或多或少地降低了这种影响。在实践中，中国企业经常把产品开发过程中遇到的一些困难归咎于“中国的工业基础薄弱”，事实上，这个“工业基础”就是企业外部技术支持系统的基础条件。同样，一个国家大学系统的规模和质量也影响到企业外部技术支持系统的条件。外部技术支持系统是一个具有长期稳定关系的网络。虽然构成这个网络的组织位于焦点企业的边界之外，但这种供应组织的活动不但可服务于焦点企业的产品开发活动，而且是焦点企业所乐意协调的。

第四，专业的研发团队。研发团队是组织特定的，反映了它所嵌入的组织如企业和研发机构的特征、独特的历史轨迹以及团队成员在共同工作经验中形成的特定交流机制。有价值的工程师当然具有产品开发经验，但这种经验是研发团队共同工作的经验，并不仅仅是个人的经验。每个工程师都被嵌入一个所从事的专业、所供职的组织或所组成的团队的特定技术传统之中，而这种“技术共同体”是工程师“对象世界”的主要来源。尽管每个工程师都会在工作中积累其特殊的个体经验，但团队的共享知识始终是能够完成产品开发任务的核心知识。因此，一个经验丰富、才华横溢的工程师如果离开使他获得成就的团队和支持系统，他就很可能会变成一个毫无建树的人。不仅研发团队是组织特定的，而且有形的支持系统也会随着时间的推移而越来越成为组织特定的。以在特定的条件下开发出特定的产品为目标，研发团队所设计和使用的研发工具（如设计程序、软件）和试验手段（台架、仪器）必须满足并反映出他们的特定目标、特定方法以及对待解决额外难题的特定理解，即使是从市场上购买的通用设备、仪器，往往也需要插入由许多专用设备所组成的特定技术支持系统才能发挥作用，所以也会具有这种特定性。

（二）产品开发平台——产品、技术和能力共同演进的机制

建立产品开发平台是为了从可操作的层次上研讨技术能力的成长机制，技术能力产生于产品序列与企业学习系统和知识的互动和共同演进中。由于产品序列、学习系统和知识系统实际上是交织在一起的，所以这样的抽象令人感到学习和知识积累的过程难以捉摸。

产品开发平台同时就是工业组织的学习系统和知识系统，它随产品开发活动的演进就是技术能力发展的机制。技术学习只有发生在产品层次上才是最有效的——这点对于后发国家或追赶国家的技术学习有着特殊的政策和战略含义：如果不能从依赖外国设计进行生产（亚产品层次的学习）过渡到自主产品开发（产品层次的学习），后进国家的企业就不可能获得技术能力。由于后发国家的经济发展只能从获取和吸收先进国家的现有技术开始，所以曾经产生过一种惯性思维，即认为只有处于技术前沿的先进国家才可能创新，而落后国家只能接受先进国家的技术。实际上，这种思维模式的理论基础是创新的直线模型，它把创新过程看成一个由研究（科学）到开发（技术），再到生产，最后到营销等环节组成的单向流。因此，既然创新是一个从高深的基础研究到产生新技术，再从技术生成产品的过程，那么在考虑技术的国际扩散时，“当

然”就只存在从先进国家到后进国家的单一流向。

Kline 和 Rosenberg（1986）认为决定创新的基本力量不仅包括科技进步带来的机会，而且还包括市场需求条件。由于创新的成功并不仅仅凭借技术性能，而且受制于用户偏好和成本约束，在创新过程中占据中心地位的是产品设计，其动力来自对技术和市场的把握。发动创新过程的设计分为两种：一种是发明性设计，即以新的手段获得原有技术所不能实现的功能；一种是分析性设计，包括对现存元件或设计的分析改进，以实现新的性能或以更低的成本实现原有的性能。产品开发要求一个工业组织具有或发展出足以提出并完成一个产品设计的知识、经验和技能——需要多个领域而不是单个领域的胜任能力。这个过程也是技术实践与科学研究发生互动的层次，是最容易引起组织的知识构成发生变化的层次。从技术需求方面看，产品开发几乎是唯一需要考虑市场需求和成本约束的技术活动层次，是把各个领域技术约束综合起来并与技术的应用关联环境进行匹配的基本环节。产品设计之所以在创新中占据中心地位，就是因为使产品获得市场成功的所有要素（包括技术性能、成本等）都需要由设计来平衡。从组织上来讲，由于产品开发平台是需求预期、产品设计、技术实践、科学研究等各种活动全面互动的唯一层次，所以建立产品开发平台是生成技术能力的充分必要条件。

（三）产品开发平台的作用

第一，产品开发平台是技术创新的动力传导机制。技术学习从亚产品层次跃升到产品层次的动力从来都不是技术性的，而是来自追求竞争优势、克服生存危机或实现更高抱负的动机，其性质是战略性和组织性的。因此，虽然后进者的发展都需要从学习外国技术开始，但在产品层次上进行的技术学习要比在亚产品层次产生更强的创新能力和更高抱负水平，必然导致这种路径的学习强度要远高于后者。当企业处于亚产品层次的学习路径时，学习者的视野被限制在与先进者的技术差距上，很容易忽略技术的应用关联环境。此外，在技术来源上越来越依赖于已有的供应者，其结果是越来越被锁定在外国的技术轨道上。相反，当在产品层次上进行技术学习时，即使存在着技术差距，学习者也不得不更加注意市场需求的特点：即使需要外部技术条件，学习者也会更加积极地寻求外部知识来源。总之，在必须解决产品层次问题（不仅包括技术共享问题，而且包括可销售性问题）的压力下，创新链条的所有环节都会落入学习者的视野。一旦产品开发平台建立起来，它本身就成为抱负水平的源泉，原因是企业的战略选择范围（决定进入什么市场或占据产业链的什么位置），产品开发平台的发展所导致的技术能力成长必然会不断提高战略决策层的抱负水平。例如，华为当初开发程控交换机的动机是为了拥有自己的产品，而吉利自主开发的动机是为了进入汽车工业进行“谋生”。但产品开发能力的增强导致竞争力的提升和战略选择空间的扩大，产品开发平台把决策层的抱负水平贯穿于整个组织的传导机制。产品开发平台作为一个技术活动系统，就是把创新意图转化为全体人员个人行动的传导机制。

第二，产品开发平台是保持技术知识连续性成长的维护机制。由于企业的事实证明，无论发生在什么工业领域，废弃自主产品开发平台——使技术学习从产品层次下降到亚产品层次的行为，其结果都是一样的，即不仅没有掌握用于产品开发的先进技术，而且连原有的技术能力也丧失殆尽。由新产品所体现的技术是一个复合体，即利用某些自然现象达到某种目的的原则，包含了若干为实现这种原则而执行各种特定功能的单元和子系统（支持系统）；当产品具有一定的复杂程度时，这些单元和子系统就会涉及众多不同的科学和技术领域。在进行产品开发时，工业组织必须动员一切技术资源（包括可获得的外部资源）来实现产品概念所体现的原则。产品开发平台还是吸收外部科学技术知识的有效机制，在产品层次上进行技术学习的组织具有吸收外部知识的更强动力。是否存在产品开发平台还决定了企业是否具有吸收外部知识的能力。如果没有产品开发平台，企业既没有动机也没有能力去吸收外部知识。

第三，产品开发平台是研发活动的协调机制。在科技进步速度越来越快和市场竞争越来越激烈的现代工业条件下，工业企业需要不断扩展自身技术知识的深度和广度，从而成为多技术的企业。在复杂的局面下，企业面临的主要挑战是对多种技术的动态演进——特别是那些被认为起关键作用的“核心技术”。产品开发平台就是工业组织协调知识生产活动的机制。现代工业产品需要多种技术的复杂性，给予企业的技术发展以很强的约束，使企业只能围绕着它们已有的知识基础进行搜寻和实验。产品开发平台的协调作用还体现在，它为技术研发活动提供了特定的关联环境，同时还是企业协调技术研发和制造、营销活动之间互动关系的协调机制。

第四章　赶超周期与行业领袖更替

行业领导更替往往伴随着技术的更新换代、伴随着后发企业对在位企业的追赶与超越，因此不仅有利于国民经济快速发展，为社会创造更多的就业岗位，也有利于为客户提供更加质优价廉的产品和服务，有利于推动技术的升级换代，更有利于企业赢得持续的竞争能力，促进发展中国家跨越“中等收入陷阱”。Lee 和 Malerba（2016）和 Lee et al.（2016）用“赶超周期”（Catch-up cycles）来描述行业领袖持续更替的循环过程，也就是一个企业从进入该行业→业绩逐步上升→赶超现任领导→现任领导衰退→下届领导业绩逐渐上升的周期。如手机的行业领导更替，从美国到欧洲，然后从欧洲到韩国和部分又返回美国的现象（Giachetti、Marchi，2016）；以及半导体行业从美国到日本，再从日本到韩国的现象（Shin，2016）。对于发达经济体来说，新技术的出现（伴随着政府的干预和市场需求的冲击）能促进行业领导更替（Tushman、Anderson，1986；Christensen，1997）；Perez、Soete（1988）认为不持续的颠覆性技术给后发企业打开了“机会窗口”，有利于超越在位领先企业。王明夫（2004）认为行业领导具有如下特点：大产业定位、市场份额大、业界地位高，处于主导影响力的企业；垄断地拥有大量产业资源如人力资源、技术专利、原材料供应、客户，有的公司甚至达到了在市场份额上的完全垄断；主导产业价值链，统筹产业上下游分工体系，对上下游产业和社会民生有着一定影响；领导产业秩序和产业升级换代，共同维护行业效益。

一、赶超周期理论

（一）赶超周期的基本内涵

“赶超周期”（Catch-up cycles）指行业领袖持续更替的循环过程，也就是一个企业从进入该行业→业绩逐步上升→赶超现任领导→现任领导衰退→下任领导业绩逐渐上升的周期（Lee、Malerba，2016）。行业出现领导更替的持续赶超周期往往是因为在位企业没有能够保持它们在技术、生产、市场等领域的优势，从而被后发企业追赶，后发企业获得行业领导地位后，又被新进企业取代的过程。在进入阶段，后发企业开始生产并克服对于在位企业而言的初始进入者劣势；在逐渐追赶阶段，在市场份额和生产率方面逐渐追赶；在超越阶段，通过“初始采用和跟随创新”或者在组织、产品、过程和市场等方面实现突破性创新；在落后阶段，也是完整赶超周期的最后阶段，行业新领导挑战企业出现，在位领先企业逐渐落后。

Vernon（1966）研究了企业持续追赶和超越的决定性因素理论框架，也就是产品生命周期理论，但这个框架专注于生产先进的新兴国家。这个框架解释追赶出现的初始条件（Fagerberg et al.，2010），如宏观变量（劳动力成本和汇率）、企业能力（Bell、Pavitt，1993；Lall，2001）和国家创新系统（Freeman，1987；Nelson，1993）。这些研究能综合解释追赶现象，但是无法解释多个产业部门的行业领导从一个国家到另一个国家持续更替的决定性因素。产品生命周期（product life cycle），指产品的市场寿命，一种产品进入市场后，它的销售量和利润都会随时间推移而改变，经历一个导入→成长→成熟→衰退的过程（R. Vemon，1966）。产品生命周期曲线描述该类产品的产量、成本、销售额、利润等变化趋势，而不涉及生产该产品的具体企业产品的具体特征。产品生命周期理论与赶超周期理论存在如表 4-1 所示的区别。

表 4-1　产品生命周期与赶超周期的区别

从贸易专门化到技术专门化		
发展阶段	低收入和中低收入阶段	中高收入到高收入阶段
专门化类型	贸易专业化	技术专业化
资源专门化	从资源禀赋中获得竞争优势	从吸收能力、学习设计能力、研发能力等中获得竞争优势
部门类型	劳动密集型、资源产业	短周期技术、新兴技术
理论背景	产品生命周期理论（继承） 进入/逐渐追赶阶段	追赶周期理论（跨越） 超越阶段/逆转

（二）标准的赶超周期和非标准的赶超周期

Lee 和 Malerba（2016）引入了一个标准的赶超周期（进入→上升→超越→落后）：在“进入”阶段，后发企业试图新进入一个行业，需要克服企业自身弱点，利用宏观因素，如低要素成本；在“上升”追赶阶段，后发企业基于成本的优势，通过投资、学习，逐步积累能力，实现市场份额逐步追赶；在“超越”阶段，后发企业基于各种“机会窗口”的开放机遇，有效应对这些窗口以实现超越，通常也与在位企业市场份额的衰落有关；在“落后”阶段，由于新的后发企业进入该领域，已实现超越的企业再次被新进后发企业赶超；这个阶段也是新一轮的开始。

在这个标准的循环周期中，也可能出现四个非标准的周期变化阶段（流产→持续→共存→返回）：

第一阶段，“流产”于追赶阶段。后发企业进入该行业后，一些制约因素会阻止后发企业稳步前进，最终流产于追赶过程中。比如，一方面，无法成功学习或无法形成高附加价值的升级产品；另一方面，在采用新技术或打开新市场的关键时刻缺乏有效的支持联结系统。比如爱尔兰的软件行业企业，没有能够成功追赶在位的美国企业（Mani，2013）。

第二阶段，“持续”于领导地位。有些在位企业在行业领导地位上持续时间很久，因为领导企业能够积极应对新技术或新的投资需求条件，能够适应急剧变化的市场环境。例如韩国的内存芯片行业和日本的照相机行业（Shin，2016；Kang 和 Song，2016）。

第三阶段，“新旧行业领导共存”阶段。在这个阶段，后发企业已经达到领导地位，但在位企业仍然能够保持领导地位。例如葡萄酒行业，美国、澳大利亚、南非、智利的后发企业分享了法国和意大利在位企业的领导地位（Morrison and Rabellotti，2016）。

第四阶段（循环回到第一阶段），“回到旧的行业领导”阶段。在这个阶段，在位企业失去行业领导地位，重新沦为行业的“追赶”角色。比如意大利的葡萄酒行业和美国的电子游戏行业。

如果以时间为横轴，以企业在全球市场的份额为纵轴，可以看出行业领导企业随着时间的推移在全球市场份额中的变化趋势，如图 4-1 所示。

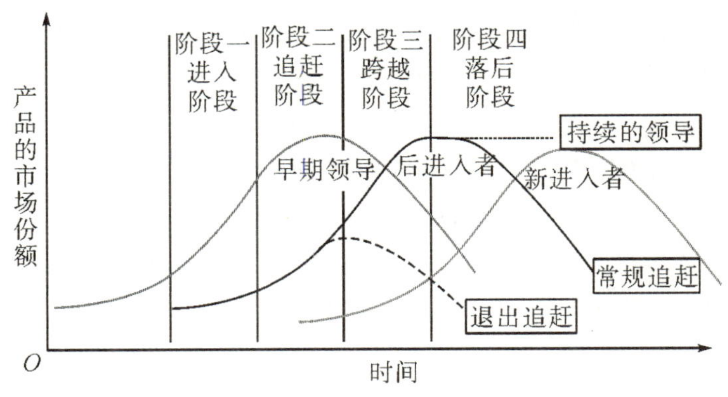

图 4-1　赶超周期示意图

（三）赶超周期与持续的行业领导更替

出现突破性技术并配合把握多种机会窗口是导致行业领导更替的主要原因。Schumpeter 认为，创新性破坏通常会导致企业和不同国家经济体间的行业领导更替。Malerba（2004）研究了持续的赶超周期和行业领导更替并建立了理论框架。该框架由知识和技术、需求条件、活动者和网络、管理体制及体系以及它们的交互作用构成。这些交互作用产生各种结果：创新活动、市场绩效、市场增长、产业结构和动力机制等。由于新兴经济体在手机、造船、汽车和钢铁行业涌现了大量新企业成为行业领导，Lee 和 Lim（2001）、Amann 和 Cantwell（2012）集中于特定企业崛起展开研究，而 Malerba 和 Nelson（2012）则关注特定行业的领导更替现象。Amsden（2001）关注新兴经济体的经济追赶，研究了植根于公司层面的新兴经济体的崛起行为，Lee（2013）从国家、产业、企业三个层面分析了发达国家和新兴经济体（后发者）的经济追赶原因，研究了行业领导更替的企业微观行为分析和特定行业的特征。Christensen（1997）聚焦于发达国家经济体内部高技术产业中企业层面的行业领导更替研究，分析了美国硬盘驱动器行业 40 年内的四次行业领导更替现象，用案例研究的方法，从企业层面研究行业在位领导企业逐步被后发企业超越的现象。

以往的研究认为新技术的出现（伴随着政府的干预和市场需求的冲击）能促进行业领导更替（Tushman 和 Anderson，1986；Christensen，1997）；Perez 和 Soete（1988）认为不持续的突破性技术给后发企业打开了“机会窗口”，促进其实现企业赶超。但 Landini et al.（2016）① 发展了一个理论模型，一方面，他们质疑技术驱动的机会窗口规模可能是不断变化的，技术不连续的幅度与随之导致的中断也受到现有市场和功能的影响；另一方面，他们认为行业领导更替不仅取决于技术机会窗口的规模，而且受到在位企业和后发企业对于机会窗口响应策略的影响。他们的研究聚焦于后工业化时期技术变革的根本动力，集中于行业领导更替过程中，后发企业如何赶超在位企业的国际市场份额，通过创新和技术变革，最终变成新的行业领导的过程。Lee 和 Ki（2016）分析了第二次世界大战后世界钢铁行业的行业领导更替和后发企业追赶情形。该研究主要根据新熊彼特学派（Neo-Schumpeterian）部门创新体系（SSI）理论和成功追赶领导企业的后发企业机会窗口——这些机会窗口包括一代又一代的新技术、商业周期和需求变化、政府法规及其他干预措施。

---

① LANDNINI F, LEE K, MALERBA F. *A history-friendly model of the suclessive changes in industrial leadership and the catch-up by latercomers* [J]. Research Policy, 2017, (46) 2: 431-446.

（四）赶超周期与企业机会窗口响应策略

Perez 和 Soete（1988）指出，行业部门随时间变化而进化，变化的增量有些建立在以前特点和功能上，而其他根本性的变化则来源于技术的不连续性，这种不连续的机制变化源于“机会窗口”，主要包括技术、需求、制度/政策三个机会窗口。新的技术经济范式使得后发企业能够追赶并超越在位企业。

“技术窗口”，指一代又一代的新技术不断涌现，甚至出现突破性技术，后发企业快速运用新技术后，超越在位企业；技术窗口正是韩国的消费类电子产品生产企业在数字时代超越模拟时代的日本企业的原因（Lee et al., 2005）。

“需求窗口”，指一种新型需求，也即当地需求的主要变动或商业周期，主要增加消费者在后发国家进入消费需求巨大的市场（如中国和印度）；当公司遇到经济衰退的商业周期时，后发企业可以利用低于正常商业周期时的成本优势实现赶超（Mathews, 2005），这也是需求变化的一个重要因素。

“制度/公共政策窗口”，指通过公共政策干预或机构条件的剧烈变化实现追赶。比如韩国和中国台湾地区的高科技（Lee、Lim, 2001；Mathews, 2002）、中国的电信行业（Lee et al., 2012）、印度的制药行业（Guennif、Ramani, 2012）。

后发国家的公司可能利用这些机会窗口实现赶超，市场业绩的表现取决于它们的学习过程、能力水平、组织管理与发展策略。当不同类型和层次的网络教育和大学系统、金融机构、公共政策等共同发挥作用时，许多新兴（后发）国家的行业便成功地分享了这些机会。但是也有许多领导企业没有抓住新的机会窗口，掉入“在位陷阱”（Chandy、Tellis, 2000）。在位企业的公司领导往往比较自满，对于当前成功津津乐道。他们不关注新技术、颠覆性创新、新的需求类型、新的市场增长，错失继续保持领先优势的机会。行业领导更替发生于在位企业的错误，或者对新机会窗口的不适应，这会对在位企业产生负面影响。总之，一个产业部门系统的进化可能同时打开几个机会窗口，后发企业和在位企业的响应策略导致行业领导更替。目前国内尚缺乏系统的追赶周期和企业各阶段机会窗口响应策略研究。

二、产业和企业的赶超研究

（一）熊彼特的创新理论

熊彼特认为，所谓“创新”，就是“建立一种新的生产函数”，即把一种从来没有过的关于生产要素和生产条件的“新组合”引入生产体系。熊彼特的“创新”或“新组合”包括五种：新产品、新的生产方法、新的市场、新的原材料、新的组织方式。熊彼特认为，企业家的创新是一个独立的内生因素，是造成现代市场经济体系呈现周期性波动的根本动因。

（二）比较优势理论

比较优势理论认为，国际贸易的基础是生产技术的相对差别以及由此产生的相对成本的差别。20 世纪 80 年代，克鲁格曼和赫尔普曼引入规模经济来分析比较优势，发展了一个基于自由进入和平均成本定价的垄断竞争模型，认为产品多样性的数目由规模报酬和市场规模之间的相互作用内生决定。林毅夫使用比较优势理论提出甄别一国潜在比较优势的方法：观察那些有着类似禀赋结构但具有更高国民收入并且在近几十年来快速增长的国家中那些日益成熟的贸易产业和服务业；林毅夫（2012）提出了 GIFF 框架，建立了针对产业和技术升级的有效战略：选择正确的目标、消除约束、吸引全球投资者、壮大自我发展的规模、建立有力的工业园、向正确的产业提供优先的激励。

（三）经济赶超理论

Lee 和 Lim（2001）以及 Lee（2013）研究韩国和中国台湾地区的企业赶超发展时，提出了基于知识管理的经济赶超理论，认为赶超企业遵循以下规律将有利于实现企业赶超：第一，发展短循环周期的技术有利于实现企业赶超；第二，企业要追求销售份额的增长，提升企业绩效，进行资金积累和研发投入，有利于企业实现“弯道”式超车和跨越式发展。第三，提高企业自主创新能力，利用私人/公共研发联盟提高企业专利使用率。具体的赶超战略有：

第一，迂回的“弯道超车”战略。总的来说，发展中国家应选择短周期技术产业投资：实现本地化知识创造和技术创新，在专利数量和质量方面逐渐实现赶超，度过低劳动成本和低附加值的阶段，平衡贸易和技术的关系，积累经济实力，通过迂回的“弯道超车”战略，逐渐在短周期技术和长周期技术领域占有一席之地，进入高技术和高创意部门，最终实现跨越式发展。

第二，对不同的技术门类采取不同的赶超战略。赶超过程有三种路径：路径跟随式赶超，即后发企业跟随先驱企业的发展路径；阶段跨越式赶超，即后发企业跟随先驱企业模式发展，但是跨越了其中的某些阶段，节约了时间，实现跨越式发展；路径创造式赶超，即后发企业开发不同于先驱企业的技术路径，实现赶超发展（Lee、Lim，2001；Mu、Lee，2005）。

第三，从贸易专门化到技术专门化。对于发展中国家来说，贸易专门化只能处于低收入阶段，只有技术专门化才能进入中等收入阶段。为了跨越中等收入陷阱，必须进入技术高附加值的领域，或者进入新兴产业，才能承载较高的工资率（收入水平）。具体方法有：通过许可经营/技术转让/外商直接投资等方式学习和建立企业吸收能力；多样化模式学习研发设计能力，通过多样化学习实现企业跨越式发展，成为行业技术领军企业，企业自身创造行业标准并引领尖端技术。

（四）知识创新对经济赶超的影响

短周期技术 VS 长周期技术。技术知识涉及不同程度的特定性、默会性、复杂性，并且在不同技术领域可以有很大的差异。根据 Jung 和 Lee（2010）的理论，当行业涉及较多默会知识时，后发企业在赶超在位企业时会遇到更多的困难，因为后发企业需要更多的时间和经验来吸收默会知识。Lee（2013）根据韩国和中国台湾地区的经验，认为经济体在短周期技术领域更容易取得成功。

高独创性技术 VS 低独创性技术。Jaffe 和 Trajtenberg（2002）关注专利的原创性和通用性，他们使用后向引用的数量测量专利的原创性，如果一个专利引用了更大领域的已有专利，则认为该专利的原创性越高；他们通过检查前向引用的次数（一个专利被引用的次数）来测量专利的通用性，若一个专利被后续专利引用在更广领域，则认为该专利有更加广泛的影响，则其通用性很高。Lee（2013）采用独创性的度量来分析国家层面的经济赶超效果，发现采用原创性更高的技术有利于发后企业实现赶超。

依靠外国知识 VS 本地化知识创造。技术创新意味着制造新知识，并进一步挖掘利用已有的知识储备。后发国家（企业）的知识资源薄弱，不得不依赖于外国知识存量，有时需要经历漫长的过程才能学习、吸收外国的知识存量。Hu 和 Jaffe（2003）研究了知识转移的几个渠道：从进口商品中学习知识、从外国获取技术许可、向进行直接投资（FDI）的国家学习、借助出口的机会学习等。在企业层面的专利自我引用（自引）可以作为国家层面本土化知识创造的一个重要变量，可以体现企业的创新能力。技术越是领先的公司往往具有较高的自引比率，专利自引率也和企业效益相关变量有一定的相关性。

（五）中国企业的赶超理论与实践

吴晓波等（2013）研究中国电子商务企业在过去 10 余年间的发展，提出了“二次商业模式创新和技术创新的共演模型”。江诗松等（2011）分析了吉利汽车的“转型经济制度环境和后发企业能力追赶”的共演模型，研究吉利企业在制度环境、政治战略、竞争战略、学习过程、技术能力、市场能力等方面不同发展阶段的模式；张洪石、陈劲（2005）研究认为，要想保持长期竞争优势，企业必须在进行渐进性创新的基础上组织突破性产品创新，他们设计了二元性组织（能使大型领导企业同时进行渐进性和突破性变革的组织模式）。中国许多学者也从组织、战略、技术/市场、制度、资源和动态能力等方面，对后发企业实现成功追赶的各种模式进行了探讨。

三、赶超周期中行业领导更替的影响因素

（一）行业领导的基本内涵

Mowery 和 Nelson（1999）认为，“行业领导”指在本行业中国际市场上领先于竞争对手，在产品或工艺的技术以及生产或营销实践和策略上领先于竞争对手。行业领导在一个国家特定行业取得了主导地位，在全球市场的份额领先，并实现了卓越的技术、生产和销售。“追赶”是在全球范围内缩小在位领导企业和后发追赶企业之间市场份额差距的过程，不同的公司和国家的行为活动都会影响本国企业学习和企业能力建设过程。由于生产实践中的企业组织、管理和制度追赶难以复制，必须遵循不同的技术路线和产品发展轨迹才能超越（Malerba、Nelson，2011；Lee，2013）。如移动电话（Giachetti、Marchi，2016），1998 年从美国的 Motorola 变成芬兰的 Nokia，2012 年从芬兰的 Nokia 变成韩国的 Samsung；半导体存储器（Shin，2016），1982 年从美国变成日本，1993 年从日本变成韩国，1993 年到现在保持不变，等等。

（二）行业领导更替的影响因素

Capone et al.（2013）和 Landini et al.（2016）① 运用企业的技术和需求条件，建立了企业层面的动态竞争模型：一个企业发展最重要的是所在行业的市场空间和技术空间。市场空间是消费者对产品偏好的特征总和。人们对产品的偏好，并不只沿着一个维度，而是整体的感知质量，市场需求是垂直分散的，而消费者也有异构的最低质量阈值，如果产品不符合这些最低要求，他们不会考虑购买。市场空间与技术空间之间的联结形成了公司活动，企业搜寻技术空间来提高生产与开发产品中使用的技术，以增加不同消费者的效用。一般来说，企业是异构的，因为企业采用不同的技术为不同的消费者服务。Lee 和 Ki（2016）研究了第二次世界大战后世界钢铁行业的后发企业追赶和行业领导更替过程，他们根据新熊彼特部门创新体系理论和实现赶超的后发企业机会窗口响应策略，总结了世界钢铁行业一代又一代的新技术、商业周期和需求变化、政府法规及其他干预措施。日本利用新技术机会窗口，采用路径创造模式实现追赶（美国），而韩国浦项制铁在经济低迷时采用路径跟随模式低成本扩大其

① CAPONE G, MALEBA F, ORSENIGO L. *Are Switching Costs always effective? The moderating role of technological and demand regimes* [J]. Long Range Planning, 2013, 46 (4-5): 348-368.

基础设施投资和更新技术，最终实现超越。行业领导更替的主要影响因素有：

（1）地域。根据赶超周期理论，国家和产业部门的创新系统对企业层面有以下效应：①“信息效应”，有利于企业搜寻在特定国家的组织和机构中的角色定位（Mazzoleni、Nelson，2007）；②“互补/锁定效应”，企业与国家相关部门系统对新技术认知的相互影响（Malerba，2004）；③“学习效应”，与国家支持的创新系统和公司层面的吸收能力和能力积累相关（Lundvall，1992）。因此，赶超周期与具体国家和地域有着密切的关联，各国有着差异化的策略。

（2）技术空间。技术空间包含的一个重要变量就是技术，企业在特定的技术领域中寻找新的技术，在每个特定的时期，企业可以只使用特定的一个技术和开发一个产品。根据 Malerba 和 Orsenigo（2002）的假设，公司在特定的技术领域只能拥有有限的信息，企业事前并不知道潜在技术的价值和地位，公司随机搜索一个技术空间，如果企业找到一个比它们目前价值更高的技术，它们会积极采用并切换到新技术领域。

（3）市场活动。即使企业倾向于服务国内市场，一般企业也会既服务于国内市场，又服务于国际市场。服务于本国市场可以看成国家支持本国本土产品的需求，因此比服务于国际市场有一定的优势。Shin 和 Lee（2013）认为在后发经济体国家，后发优势与关税和对进口货物的非关税壁垒有关，也可认为是政府和公共部门支持。由于语言和文化的差异，因此许多产品在国内市场往往比国际市场占有更大的市场空间。例如三星在韩国的市场份额，比其在美国、日本、欧洲等地的份额高很多。

（4）价格、利润、产业动态。公司会根据市场规律制定产品价格并获取最高利润，企业进入或者退出该行业主要是根据自身的业绩表现。新进入者通过搜索技术空间发现可用的技术和专利，通过技术采用和产品扩散进入它们能服务的市场。

（5）创新活动。创新活动有利于企业进入新的市场。公司创新活动包括搜索技术领域的先进技术，通过创新申请专利，从而获得国际市场中的高额利润，并通过技术跟踪、“弯道超车”、路径创造等方式，超越在位企业，实现行业领导更替。

（6）不连续性。产业演化伴随着技术的不连续性，如果产业面临颠覆性新技术，后发企业就容易获得机会，提升技术水平和市场份额。新技术的出现，也容易使在位企业不适应新的技术范式，从而被后发企业超越。

（7）雇员学习。一个企业天生具有不同的能力，随着不断学习和能力积累，企业收益递增，长期达到饱和，由于企业在给定的范式下发展，创新潜力的收益递减，导致对新技术的采用变得不敏感。同时，许多企业也从与其他企业、组织和机构的相互学习中受益。

四、赶超过程中的知识创新驱动因素

（一）知识创新驱动机制

Lee（2013）从熊彼特企业理论视角研究了经济赶超的知识创新驱动机制，他认为知识是经济赶超的关键力量。经济赶超问题的一个显著特征是强调创新和技术能力乃是实现赶超的关键因素。创新在西方是经济进步的主要来源，对非西方的后发者而言，也是实现赶超的重要因素（Amsden，2001）。Jaffe et al.（1993）指出，技术创新可以看成通过挖掘现有知识存量以产生新知识，但后发企业往往是从发达经济体引入知识来促进本地企业的学习能力。因此，促进本地接触外国知识和制度，不断学习和创新是后发国家成功的关键。在企业层面，企业学习知识和 R&D，这些因素被熊彼特企业理论认为是企业间异质性的来源。Jensen et al.（2007）定义的学习模式：一种是科学—技术—创新（Science-Technology-Innovation，STI）模式，另一种是实践—应用—交互（Doing-Using-Interacting，DUI）模式。DUI 学习模式是把企业看成一个学习组织，即一个能够不断适应环境变化的组织。STI 模式涉及显性知识，DUI 学习模式则涉及隐性知识。Cantner et al.（2009）研究了德国汽车产业生命周期与知识、创造性破坏的关系，该研究认为不同形式的知识是驱动产业生命周期发展的动力机制，区分三个阶段知识：进入前的知识获取（先入者的经验）、进入后的知识获取（后进者的经验）、知识获取过程中的创新活动（创新的经验），研究了这三种知识获取对创新活动的影响；这三种活动能显著减少公司的退出风险，专利创新活动可以弥补进入前知识的不足。Ki 和 Lee（2016）运用演化经济学的仿真模拟方法，研究了当突破性技术出现时，基于知识创新的行业领导更替的边界条件，发现当突破性技术出现时，受知识系统自我强化过程（A self-reinforcing process of Knowledge System）的影响，当新旧技术最初的生产力差距很大时，在位企业很快就会采用新技术，很难导致在位企业将领导地位让位于追赶企业；而当新旧技术生产率相差不到70%时，易导致行业领导更替；而在位企业自身从事研发比新技术来自外部更容易捍卫自身领导地位；知识系统的外部性，导致员工通过干中学（LBD）在这些公司中采用相同的技术。干中学不仅提高了公司员工技术生产力，也提高了整个产业的技术水平。

（二）知识与产业层面的追赶

技术体制被认为是技术机会、创新的独占性、技术进步的累积性和知识库

特性的组合。影响产业层面的知识因素很多：技术机会，指投资于创新活动的资金能成功促进创新的可能性；技术创新的累积性，指现今的技术创新对已有创新的依赖程度；技术创新的独占性，指防止模仿、保护创新成果、从创新活动中获取利润的可能性；知识库的特性（原创性）：技术知识涉及不同程度的特定性、默会性、复杂性和独立性，知识的原创性比其他特性对经济赶超的难易程度影响更大；相对技术周期（知识的过时速度），是指知识的一个重要特性是会随着的推移而过时，技术周期时间通常由索引专利与被索引专利的时间差来衡量（Park、Lee，2006），技术周期时间越短，实现赶超的可能性就越大；获取外部知识流的能力，与后发企业赶超的可能性和速度、技术能力水平正相关；知识的初始库存，专利申请可以看成知识库存的情况，必须确定每个技术产业部门与发达国家的知识差距，差距越大，赶超越困难；技术轨迹的不确定性（流动性），是指企业在行业中都会遇到不同程度的技术不确定性，技术轨迹的不确定性与技术赶超相关联，每年专利数量的变化量越大，企业赶超就会遇到更大的困难；使用专利来衡量技术体制，尽管作为创新的最终结果，专利数据具有其局限性，但作为替代指标很有意义，因为专利活动在不同专利类别中体现的差异同样适用于所有国家。

（三）知识与企业层面的追赶

知识和企业间的异质性是熊彼特企业理论的核心。Winter（2006）强调企业的异质性来源于知识和不完善的学习，企业的知识库、技术多样性、技术的周期、原创性、专利质量等有利于后发企业提升绩效（市场增长、盈利能力和公司价值）。Penrose（1995）认为，企业的功能是“获取和组织人力和其他资源，以向市场提供商品和服务来盈利”；基于企业资源观的文献倾向于从其他方面研究影响公司业绩和增长的因素，包括社会（网络和连接）、物力、人力（员工）、管理、研发（独立进行研发的能力）以及品牌资本。然而后发企业和领先企业知识库存在差异。Park 和 Lee（2006）提出赶超容易在更短周期技术的行业发生，而发达国家的专利往往集中在较长周期的行业中。成功赶超的企业往往专注于更短周期的技术：赶超企业的竞争力取决于其快速进入新的细分市场、制造水平高的卓越工程、使用最佳综合设计、最先进入市场的能力，因此短周期技术非常关键。比较追赶企业和领先企业之间的专利自引率：自引率代表独占性的能力，以保护自己的创新成果不被他人复制，从而保护自己的垄断和创新利润。知识库的原创性和跨部门集中度也很重要：知识经济时代“有创意和原创性”与公司的绩效指标密切相关。

（四）知识追赶与路径创造：从 OEM 到 OBM

Lee et al.（2016）研究了中小企业追赶与路径创造的模式，分析了企业通过从 OEM（代工生产）到 ODM（自行设计）再到实现 OBM（自主品牌）的过程。后发企业在 OEM 阶段，要有效学习并建立设计能力；如果目标技术是全新技术，企业要获取外部资源并加以学习；如果目标技术需要以前的技术基础，企业应建立和应用隐性知识。由于在位企业拥有该领域技术和专利，后发企业往往受制于专利技术壁垒，为了克服这个障碍，企业必须通过路径创造实现追赶。路径创造的方法是：新产品和新技术的组合，或大量技术差异化并以新的方式利用现有技术；升级为高附加价值的产品；抓住机会首先在本地企业实现超越，然后再稳固国际市场。这种学习分为四个阶段：学习技能、学习技术流程、学习设计技术、学习新产品开发。

图 4-2 是后发中小企业从 OEM 向 OBM 转变的路径图。它假定了五个阶段，并用典型的 S 形曲折线加以描绘。这五个阶段包括进入、渐进追赶、路径创造/危机、快速追赶和赶超之后。

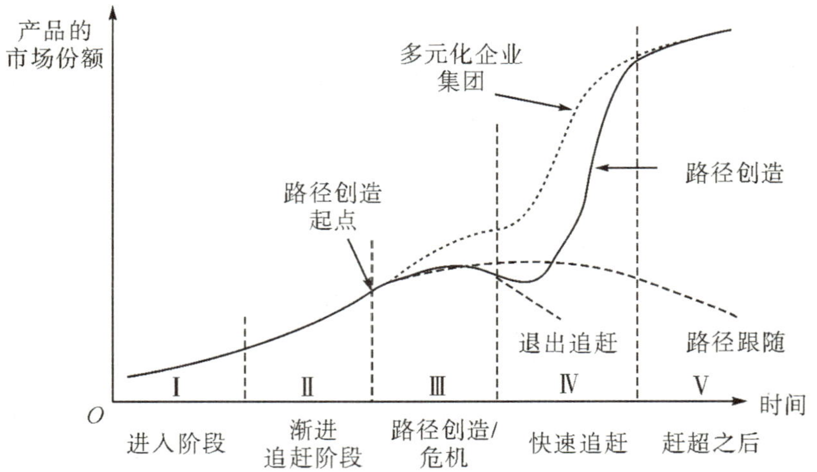

图 4-2　由 OEM 向 OBM 转型的动态路径追赶的阶段动力学

第一阶段是进入。中小企业通过参加低附加值活动或成为一家或多家企业的 OEM 供应商开始创业。创业者通常有在外企或进口产品公司做销售或售后服务的经验。

第二阶段是在学习力和生产力提高的基础上渐进追赶。在经历了“干中学”（生产）之后，新的成本优势显而易见，且能加以利用。因为成本低，这些中小企业坚持接外单，并通过提高生产力逐渐增加市场份额。这一举措可看成是沿着预设的路径进行追赶的努力，简言之，就是“路径跟随”。随后，成功的企业通过设计几种此前生产的产品，向 OEM 转型。资本货物企业可能也会转向中附加值环节，尤其是更精密复杂的零部件和原料的生产。

当中小企业尝试创新，如开发自有产品并用自有品牌销售时，就进入了第三阶段。独立营销是很困难的，有几种风险，其中包括在位企业的反击，比如突然中断供应商关系、知识产权诉讼、发起价格战和倾销。另外，第三阶段还会因增长放缓而延长，这可能会导致销量减少，甚至会引发危机。总的来说，相对于经营结构多元化、分公司之间交叉补贴的大企业，中小企业的业绩更易出现动荡（参见图 4-2 中多元化大企业的销售曲线）。如果企业彻底失败，这一追赶尝试过程将夭折。后发企业选择不冒风险并决定依赖于一家或多家 MNC 买方公司也是有可能的。这些后发企业最终可能会因下一梯队进入者的崛起而缓慢衰退。

如果后发企业成功战胜了向 OBM 转型时的各种风险，并成功推出了新产品，销量就会沿着一条陡峭的曲线向上攀升。这一动向预示着在销量和市场份额上开始进入快速追赶阶段。图 4-2 中显示第四阶段是一条陡峭的曲线。在这一阶段，中小企业巩固了全球生产、营销和研发体系，企业也因此而最终拥有国际营销渠道和生产工厂。一旦企业拥有了全球网络，那么全球价值链管理带来的更大的灵活性就能让其市场份额增长速度更快、利润率更高。显然，此时的后发中小企业变成了小型跨国公司。

最后一个阶段是赶超之后。在这一阶段，新晋的 OBM 企业关心的焦点是维持目前的地位并抵御可能的挑战。

表 4-2　主要研究结果概要

渡过 OBM 河流之前	
初始条件	晚入、资源贫乏
先决条件	学习和设计能力建设
获取先决条件	(A) 如果目标技术是新技术，企业应该从外部资源学习 (B) 如果目标技术需要大量的前期知识基础，企业应该通过公司内部的试错过程，积累并应用隐性知识
勇渡 OBM 之河	
战略	通过重新组合现有产品/技术或用新的方式利用现有技术以实现显著的技术差异化，创造新路径
初期优势	OEM 阶段的生产技术（消费类产品）或独家分包（资本货物）
业务范围	在技术（所有抽样企业）、产品和地理层面的专业化经营，往往针对利基市场
升级模式	升级为同一产业内的高附加值产品

表4-2(续)

挑战	品牌力量薄弱、缺少营销专业知识、在位企业的诉讼
营销策略	赊销，利用网络或电视购物，增聘本地营销专家，最初以新兴国家市场为目标
渡过 OMB 河流之后	
战略	巩固全球体系，实现成本管理的灵活性，改善营销或实施定制营销
营业范围	专业化经营
风险	成本更低或采取模仿战略的新入者崛起
可持续的定位	在一个狭窄领域内企业特有的专有知识

五、中国企业赶超和行业领导更替的理论与实践

（一）关于中国企业成功赶超的影响因素研究

洪勇、杨晨晗（2016）动态分析了国内外技术追赶的研究，发现早期技术追赶侧重于宏观层面的经济追赶，后来重点关注中观和微观层面的产业与企业能力追赶问题；赶超方式主要研究专利、绩效、技术差距和 FDI 等方式。研究脉络：1991—2006 年，“赶超”与“增长”“创新”“技术体制”“吸收能力”“技术扩散”“贸易”“韩国”等密切联系；2007—2011 年，“赶超”逐渐与“技术”“学习”“创新能力”“创新体系”“机构/政策”等密切联系；2012—2014 年，“赶超”与“发展中国家”“专利”“标准”以及“中国”密切相关，由此基本可以看出赶超理论研究的发展历程。李贵卿等（2016）研究了中国企业实现追赶的经验和未来中国赶超创新的出路。江诗松等（2015）研究了中国后发企业赶超过程中，所有权形式的多样性对后发企业创造能力发展的影响，认为企业所有权不同，则企业的战略目标、竞争战略、知识创造、组织文化都存在显著差异。柳卸林、李艳华（2009）研究了后发企业技术获取的影响因素：自主研发能力（研发强度、员工技能水平）、外部知识来源、外部知识互动能力（培训合作、市场性交易、研发合作）、企业特征（企业规模、企业年龄）等因素都会影响企业技术能力。谢永平等（2014）研究认为知识权力向核心企业集中的程度有利于核心企业技术网络稳定。张彤斌、高铁梅（2014）研究认为，各地区高新技术产业中研发投入、实物资本和劳动对产出增长的贡献显著；知识溢出效应增强了产出的带动效应和研发的溢出效应。实现中华民族的伟大复兴以及实施“中国制造 2025”的过程，不仅要赶

超日韩，而且要赶超欧美，因此赶超问题在中国将是一个较长时间的实践过程，只是赶超的对象在不断发生变化而已。

（二）中国行业领导管理策略研究

张米尔、田丹（2008）研究表明，中国企业必须将第三方技术与自主开发的技术进行产品系统集成，突破技术壁垒，雇佣专业人才、建设基础设施、形成新的产品平台，才能跨越“追赶陷阱”。范佳凤、林健（2005）认为，同发达国家很多行业领导获得超过平均利润的利润相比，中国不少民营企业的行业领导却陷入微利状态，因此进入朝阳产业、提高创新能力以及降低商务成本是民营企业摆脱微利困境的途径。林善浪、林玉妹（2012）研究了上海产业转型升级的关键是从以产业规模扩张为导向转变为以产业领导培养为导向。上海培育产业领导企业的路径要经过三个阶段：第一阶段是大规模制造、大规模分销阶段，通常依靠大规模兼并重组来完成；第二阶段是塑造本土市场品牌，打造本土市场领导者；第三阶段是布局全球市场，成为全球产业领袖。

六、赶超周期视角下行业领导更替的企业知识创新驱动机制模型建构

（一）行业领导更替中应对赶超周期“技术窗口”的知识创新驱动技术追赶因素

追赶周期的第一个机会是新技术的出现或颠覆性创新。Lee 和 Joo（2009）运用美国专利数据研究了三星电子对索尼公司的技术追赶。21 世纪初，三星电子在专利的数量、知识库的普遍性和原创性、技术周期和专用性以及公司价值和品牌方面超越了索尼；他们从新熊彼特学派（Neo-Schumpeterian）的观点出发，部门创新体系（SSI）使企业进入短周期技术领域，使追赶企业具有更高的技术能力；他们赞同 Perez 和 Soete（1988）的观点，认为追赶公司抓住快速开放的技术机会窗口，进入新的细分市场，生产高质量的产品，是实现追赶的关键。当新技术或颠覆性创新出现的时候，在位企业可能被锁定于现有占主导地位的技术。这种现象被称为“在位陷阱”（Chandy 和 Tellis，2000），即在位企业倾向于坚持使用已有技术，因为与该技术相关的功能和投资有关，也就是企业现有技术已经产生了沉没成本。例如当数字技术出现时，日本仍然使用模拟技术，而韩国作为追赶角色直接采用了数字技术，从而使韩国三星电子超越了日本索尼公司（Lee et al.，2005）。在位企业继续使用已有技术，往往忽略了新技术和颠覆性创新给市场带来的巨大冲击（Christensen，1997），当然与新技术需要匹配的能力与现任行业领导所具备的能力积累有关。知识是企业决定性的投入要素，知识与企业间的异质性是熊彼特企业理论的核心。Lee

（2013）用知识库、技术多样性、技术的周期、原创性、专利质量比较美国和韩国企业在知识相关方面的差异，进而比较这些差异对它们的企业绩效的影响（增长、盈利能力和公司价值），这些因素包括：技术周期、赶超企业与领先企业之间的专利引用的自引率、产业创新系统和企业创新系统、知识的原创性、企业产品跨部门的集中度等。

（二）行业领导更替中应对赶超周期“需求窗口”的知识创新驱动市场竞争因素

追赶周期的第二个机会是用户和消费者需求发生变化。这个窗口提供机会创造新的需求，在位企业不愿意进入新的需求市场，因为它们拥有现在成功的市场和客户。如果新需求增长迅速，将为后发企业实现赶超提供很大的可能性。这个窗口可能一是快速增长的国内需求；二是对主要出口国家或当地的跨国公司产品不满意（价格高、种类少）；三是商业周期和市场需求的突然变化，商业周期直接影响到公司的战略选择；Lee 和 Mathews（2012）认为，商业周期作为机会窗口，可能是为后发企业在某些行业进行大量投资创造条件。商业周期繁荣时期能为在位企业收获利润，扩大生产和市场，但衰退时期则起到净化作用，这种情形让处于弱势的竞争者破产，从而给更强的在位企业释放资源。Mathews（2005）认为，商业周期的繁荣时期是在位企业的机会窗口，而商业周期的衰退时期是后发企业挑战者的机会窗口。由于不同商业周期投资和生产的动态不匹配，以及动态的市场需求，迫使在位企业和后发企业在时机和能力方面做出战略选择。Lee 和 Lim（2001）以及 Lee et al.（2016）分别用成本优势、差异化、先动优势、细分市场等分析了市场竞争因素。

（三）行业领导更替中应对赶超周期的“国家政策/当地环境”驱动因素

追赶周期的第三个机会窗口是公共政策/制度变革。政府可能通过支持研发项目来干预和影响企业的学习过程和能力积累；或者通过提供补贴、减少税收、支持出口、制定法律和公共政策支持企业。在这种情形下，政府创造了一个不对称的竞争环境，导致在位企业（通常是外国企业）在其他国家的国内市场处于不利地位（税收、入境限制、市场限制）。这种不对称可能为后发企业创造优势来抵消起初在竞争方面的成本劣势。这些干预措施可能不符合公平竞争原则，但是对于支持本土企业来说是必要的，活跃的政府政策对于追赶企业来说是非常重要的（Malerba、Nelson，2012）。比如中国的电信设备行业（Mu、Lee，2005）。许多机会窗口可能在同一行业同时打开，比如印度在 IT 服务行业取得成功就得益于新技术的出现和国内监管政策改革（Lee et al.，2014）；Giachetti 和 Marchi（2016）认为在数字 GSM 技术方面，欧洲的诺基亚超越美国的摩托罗拉，得益于新需求的出现，以及欧盟推出新数字 GSM 标准政策支持的机会窗口。Kim et al.（2013）研究了中国软件行业基于产业部门创新体系实现追赶，本土企业追赶过程中政府规划支持政策和对国内市场的保护，起到了关键作用；产业部门创新体系（SSI）支持对于不同行业的效果有差异，网络游戏行业渐进式创新比颠覆性创新更重要，后发企业通过模仿全球行业领导企业的产品获得了游戏开发能力；而应用软件行业主要通过并购获得第三方技术，然后进行局部差异化开发新产品实现追赶；Lee et al.（2016）研究了中国的 FDI 政策、市场开发政策、当地需求、地方与中央的冲突、标准政策等对企业赶超的影响，因此政策和制度要素非常关键。

（四）行业领导更替中企业家把握赶超周期的“机会窗口”和规避“危机关头”的特质要素

在企业赶超过程中，有技术窗口、需求窗口、制度/公共政策窗口。然而这三个机会窗口对于企业家来说，也伴随着三个危机关头。战略管理过程中，分析外部环境时，一定要同时寻找机会与威胁；分析内部环境时，一定要同时分析优势和劣势。如何克服与机会并存的威胁，取决于企业家的信念、态度、目标、潜意识和习惯。这四类危机关头是：第一类，当突破性技术范式出现的时候，在位企业是采用新技术，还是继续使用已投资成功的旧技术？需要投资多少经费用于研发？选择什么时机进入新技术领域？这对于企业家来说是危机关头。第二类，当市场条件发生变化时，企业家采取什么竞争战略？先动优势？差异化？成本优势？共享模式？路径跟随式赶超可能存在“成本优势”，阶段式跨越赶超需要“差异化”策略，要实现路径创造式赶超则必须拥有“先动优势”，因为先动企业比后动企业可以获得更多的有形资产和无形资产，对资源的优先获取有利于扩大市场份额；但是同样也存在“后动优势”，可以避免先动者锁定了的错误技术和营销战略，可以战胜在位企业惯性，这会给企业家带来很大的挑战。第三类，当公共政策/管理制度等发生变化时，企业家如何取得政府的信任、支持和合作，从而为企业建立良好的外部环境，促进企业的生存和发展？这对于企业家来说也是关键问题之一。第四类，新经济来临时，在互联网上兴起了全新的商业模式，消费者可以通过合作的方式来和他人共同享有产品和服务而无须持有产品与服务的所有权。此时，企业家如何应对消费者之间分享、交换、借贷、租赁等共享经济行为，并为消费者提供优质的产品和服务？这对于企业家来说，更是巨大的挑战。由此可见企业家精神在行业领导更替中发挥着重要的作用。

（五）行业领导更替中赶超周期各阶段知识吸收和员工创新学习能力要素

Cohen 和 Levinthal（1990）提出吸收能力，即让公司发现新的外部信息，加以模仿并在商业实践中加以使用的能力。Zahra 和 George（2002）提出吸收能力涉及若干不同的过程，相对于新知识的简单吸收，它实际上包含搜寻、获取、吸收和利用等多个相对独立的活动。吸收能力是一系列组织的惯性过程，是可以创造动态的组织能力，他们认为公司在市场上要有两种不同的吸收能力，即潜在吸收能力和实际吸收能力，这两种能力既有区别，又有互补性；一个公司对外部知识的接触程度会影响公司潜在能力的发展，而将潜在吸收能力变成实际吸收能力，需要引入社会整合机制，也就是与员工相关的因素。Todorova 和 Durisin（2007）分析了吸收能力的动态特征，对于相关知识的发现和获取，以及将相关知识运用到商业中的能力，“吸收”和“转化”是两个相互独立的过程，吸收过程中权力关系和社会机制起着重要的联结机制。总之，吸收能力与员工学习以及获取能力的过程（研究、获取、模仿等）有关，通过一个传统的过程（结构、过程、制度以及规范），需要创新的组织和机构对吸收能力发生重要作用。Su et al.（2013）研究了知识创造能力、吸收能力和产品创新的关系，该研究运用了 212 个中国企业样本，发现员工个人独特性具有积极作用，知识创造能力和吸收能力对产品创新有协同效应；当面临高的技术动荡过程时，员工个体效应和协同效应对知识创造能力具有促进作用，因此在企业实现追赶的过程中，必须高度重视知识员工个人的独特作用。

第五章 冰箱行业赶超周期研究——以海尔为例

冰箱是保持恒定低温的一种制冷设备，也是一种使食物或其他物品保持恒定低温冷态的民用产品。箱体内有压缩机、制冰机（用以结冰的柜或箱）、带有制冷装置的储藏箱。1910 年世界上第一台压缩式制冷家用冰箱在美国问世。1925 年瑞典丽都公司开发了家用吸收式冰箱。1927 年美国通用电气公司研制出全封闭式冰箱。1930 年采用不同加热方式的空气冷却连续扩散吸收式冰箱被投放市场。1931 年研制成功新型制冷剂氟利昂-12，20 世纪 50 年代后半期开始生产家用电冰箱。中国从 20 世纪 50 年代开始生产冰箱。

一、冰箱行业的产业特征

（一）冰箱行业已处于产业生命周期的成熟期

我国冰箱行业仅用了发达国家冰箱产业化进程的一半时间，就完成了从以单门冰箱为标志的产业初级阶段向以保鲜、静音、节能、变频、纳米等高技术支撑的高档冰箱产品为标志的产业成熟阶段的过渡，现在我国冰箱产品的生产工艺和技术水平已和国际水平基本实现了同步，产业扩张期基本结束。就行业整体而言，应该说我国冰箱行业目前已经处在了产业生命周期的成熟期，冰箱市场也出现了与之相对应的特征，主要表现为严重的生产过剩（2002 年库存积压占产量的 26.83%）、极低的盈利水平（行业平均利润率仅为 4%左右）、放慢的增长速度（增长率由 1995 年的 20%下降至 2002 年的 5.4%）、激烈的寡头竞争（前四名品牌的市场份额之和约为 65%）、价格水平稳步下降（平均价格降幅在 8%左右）等几个方面。

（二）冰箱行业是我国市场化程度最高的行业之一

冰箱行业是最早尝试市场化运作的行业。从 20 世纪 80 年代中后期开始，冰箱企业率先摆脱了计划经济体制下的商业运作模式，在营销领域大胆探索，最终涌现出了一大批优秀的冰箱企业和一批年富力强的营销、管理人才，他们既了解中国的国情，又能灵活运用营销理论，在他们的努力和实干下，冰箱行业已成为我国市场化程度最高的行业之一。

（三）冰箱行业处在国际分工体系的有利位置

冰箱业在西方国家已经有上百年的产业化发展历史，其产业模式和产品组合结构都已相当成熟。从 20 世纪 80 年代中后期开始，欧美主要国家纷纷将产业重点放在了 IT、通信、生物等新兴工业领域，冰箱行业开始成为夕阳产业。随后，世界冰箱生产体系开始了大范围的产业梯度转移，重心逐渐由欧美国家移向了经济迅速发展的亚洲国家，其中中国、韩国、新加坡、印度尼西亚等国家成为这次产业梯度转移的受益者，而以美国为代表的发达国家的冰箱生产规模则大幅压缩。在国际冰箱产业的梯度转移过程中，由于我国有着劳动力价格低廉、技术工人较多、市场空间广阔等诸多其他国家难以比拟的资源禀赋优势，因而我国在国际冰箱产业分工体系中逐渐占据了较有利的位置，仅仅经过十余年的发展，就已成为全世界几个主要的冰箱生产基地之一，且出口比例逐年增大。

（四）冰箱企业的技术水平已处在世界制冷业的前端

从目前在中国市场销售的洋冰箱来看，可以毫不讳言地说，中国冰箱的技术水平已经处在世界制冷业的前端。在国产冰箱中，已应用了一些尖端边缘技术，如美菱的纳米材料冰箱、海尔的银色变频冰箱、科龙的生态保鲜冰箱等。中国企业对这些技术的应用，在世界冰箱业中是走在前面的。相反，一些洋品牌对中国消费者的预期消费估计不足，有些仍然在用国内冰箱业早已淘汰的机械温控技术。另外在节能等方面也落在国内冰箱企业的后面。如在国内冰箱进行的第一次冰箱产品节能认证活动中，首批通过认证的 9 家企业的 103 种型号的冰箱和冷柜产品中，洋品牌仅占其中的 10 种型号，还不到总量的 10%。值得中国人欣慰的是，中国冰箱不仅在国内市场而且在国际市场上也具有很强的竞争力。在美国，海尔冰箱占到美国小容积冰箱 25%的市场份额。在欧洲，海尔全频太空王冰箱的日耗电量仅 0.48 度，几乎只有欧洲 A 级冰箱能耗标准的一半。

二、冰箱行业的技术发展

（一）冰箱的技术演进历程

真正的冰箱发明于 20 世纪 20 年代。1918 年，美国的卡尔维纳公司设计出第一台冰箱。1920 年，纽约布鲁克林一家平板印刷厂的一位名叫威利斯·H. 卡里尔的工程师，设计出一种能控制温度和湿度的系统。存放毛皮的窖主和牛奶公司经理根据需要进一步改进了机械冰箱技术。大约在第一次世界大战期间，出现了一些体积更小的家用冰箱，这是一种噪声大、易泄漏的新式冰箱，实际上它只是在旧式“冰盒”壳内安装上电机和传动皮带，这使它的外貌看起来像一种试验品。1923 年，当弗雷基代尔还是美国通用汽车公司的分厂的时候，它引进了一种新的机械冰箱组件，并组装成冰箱。弗雷基代尔冰箱的设计是把储存易腐烂食品的“冰盒”和制冷机械部分装进一个特制的柜子。这种装置安静、方便，且结构紧凑。至此，一种新的冰箱式样随着到处可见的商标诞生了。

历经百年的发展，市场上早已涌现出众多的冰箱品牌和生产商，它们不断地通过技术升级带来功能革新，不断掀起冰箱市场上一波又一波的更新换代。表 5-1 总结了冰箱的重大功能革新时间表，表 5-2 总结了相应的革命性技术的发展。

表 5-1　冰箱的功能革新时间表

时间	冰箱历史及重大功能革新
1920 年	世界上第一台压缩式制冷家用冰箱在美国问世
1925 年	瑞典丽都公司开发了家用吸收式冰箱，西门子冰箱面世
1927 年	美国通用电气公司研制出全封闭式冰箱
1930 年	采用不同加热方式的空气冷却连续扩散吸收式冰箱投放市场
1971 年	西门子生产第一台发泡蒸发系统冰箱，预示人工除霜时代来临
1981 年	西门子生产第一台双循环系统电子温控冰箱
1984 年	三菱推出旋转式冰箱压缩机技术
1989 年	西门子推出零度生物保鲜技术
1992 年	海尔推出 MSV 无霜技术冰箱
1998 年	新飞推出省电 50%的绿色节能冰箱；伊莱克斯推出“新静界”静音冰箱；美菱推出除菌保鲜冰箱；三菱首次采用模糊逻辑控制技术
2000 年	伊莱克斯推出“自选冰箱”，根据消费者要求自由搭配零部件；日本夏普、东芝等厂商推出“循环脱臭装置”、急冻功能冰箱
2001 年	西门子推出 E 智电脑温控及食品管理系统冰箱；爱立信与伊莱克斯合作展出了一款智能化网络冰箱
2003 年	车载冰箱诞生
2004 年	海信推出矢量变频系列冰箱；日本三菱电气公司推出了维生素冰箱；博世推出 Cool media 多媒体冰箱；海尔推出变频冰箱

表5-1(续)

时间	冰箱历史及重大功能革新
2005 年	LG 推出了艺术冰箱概念；环保制冷剂 R1270/RE170/R1311 等陆续替代传统制冷剂
2007 年	三菱推出了有可动式储物架的大型冰箱“Wclass”系列
2008 年	伊莱克斯推出酒柜式冰箱
2009 年	西门子推出智能真空零度保鲜冰箱
2010 年	海尔推出物联网冰箱
2011 年	夏普推出“e-COOL 系统”，实现人工智能节能
2012 年	海尔推出风冷无霜技术，极速冷冻保证冰箱内蔬果新鲜不结霜；三星推出加湿保鲜技术，复合制冷方式配合微粒子雾化加湿
2013—2014 年	对开门、大容量、多开门、电脑温控冰箱（海尔）；门中门设计，独立快速访问空间（LG、三星）
2015 年	大容量、十字对开门冰箱；除菌；干湿分储（海尔）；智能化，手机 APP 远程控制（长虹、海尔、海信、LG）
2016 年	新一级能耗冰箱、精控干湿分储技术、“全空间、全分储”的全开抽屉式冰箱、智能恒温技术（海尔）、智能+平台互联网冰箱（海尔）
2017 年	干湿分储互联网冰箱、三开门云智能冰箱（海尔）；零度维他保鲜、独立三循环系统（博世）；智能 WiFi 互联、内置摄像头冰箱（三星）

表 5-2　冰箱代表性技术及其实现目标一览表

技术革新	代表性技术（厂商）	实现目标
电机技术	1. 线性压缩机技术（LG、三星、惠而浦） 2. 压缩机电机扭矩控制技术（日立） 3. 双压缩机技术（博世、西门子） 4. 直流变频技术（三洋、三菱）	节能、静音、可控性
制冷技术	1. 使用 R134a、152a 制冷剂替代 R12（国产冰箱） 2. 使用 R600a 制冷剂代替 R12（国产冰箱）采用斯特林冷冻机（夏普） 3. 采用热声驱动器（浙江大学）	含少量氟或不含氟、环保、高效

表5-2(续)

技术革新	代表性技术（厂商）	实现目标
抗菌保鲜技术	1. 发光二极管保鲜技术（三菱、松下） 2. 正负簇离子（Plasma Cluster Ion）技术（夏普） 3. 除臭光触媒（ZERO SHEET）（实验室） 4. 银离子技术（LG、三星、松下） 5. “瞬时冷冻”功能（三菱） 6. 活性炭、竹炭除臭技术（美的）	除菌（抑制细菌）、除臭、维持食物口感、健康
制造工艺	1. 采用多气囊室结构、门一体发泡技术 2. 门封采用PVC加丁腈橡胶 3. 门框采用太空舱式三层气囊设计 4. 采用新的装饰材料和表面处理技术 5. 陶瓷及陶瓷复合材料使用于关键零部件	密封节能、环保、美观静音、降低成本、提高质量
人性化功能	1. 人工智能温控技术（博世、海尔） 2. 光温补偿和快冷风扇技术（博世） 3. 电动轻触门设计（东芝） 4. 冰箱门自由左右开关（夏普） 5. 超强冷流技术（海尔） 6. 夜间光照系统、LED温度显示（三星） 7. 抽屉式、防渗漏搁物架、自由组合存储（LG） 8. 可收放酒架、不用弯腰（海尔） 9. 车载冰箱（海尔） 10. 酒窖、酒柜式冰箱（阿里斯顿、伊莱克斯） 11. 智能+平台互联、云智能(海尔、三星等)	快捷省时、方便易用、智能节能、人机关系和谐
未来化	物联网冰箱、娱乐冰箱（海尔） 透明模块化冰箱（概念冰箱） 蜂窝概念冰箱 墙体式冰箱 陶瓷冰箱 冰箱饭盒	网络化、智能化、个性化

资料来源：根据刘浏、科技创新及公开资料整理。

（二）冰箱的关键技术（窗口技术）

从前面表5-1和表5-2总结的冰箱的技术进展来看，整个冰箱的技术发展史主要体现为节能、环保以及人性化、智能化的设计等几个方面。

1. 节能技术

据统计，家用冰箱用电量在我国城市居民生活用电量中的比重曾一度接近50%，现今也稳定在20%左右，加之世界和我国能源需求和开发的状况，最大限度地节能就成了必然。我国也制定了新的关于冰箱能耗的国家标准《家用电冰箱耗电量限定值及能源效率等级》（GB12021.2—2003）。此标准的出台，将会强制性地要求在冰箱上进行技术改进和创新，以更加节能。当前业内已经而且仍然在从冰箱制冷系统的各个环节采取措施来达此目的。

家用电器节能降耗技术是我国重点科技研究项目，而且商务部也已经正式确定，我国的节能技术和替代传统的 CFCs 的技术，要赶超世界发达国家技术水平。人们在购买冰箱的时候，最关心的莫过于冰箱的实际耗电量，这也是冰箱生产企业最关心的主要参数。随着科技被不断应用于生产制造行业，现在的耗电量已经逐年递减。美国能源部每三年就会颁布一次冰箱实际耗电量限定值。据调查了解，美国 1990 年的实际耗电量限定值比 1987 年的实际耗电量限定值低 20%左右，而 1993 年颁布的实际耗电量限定值比 1990 年的实际耗电量限定值低 30%左右，1996 年颁布的实际耗电量限定值在之前的基础上，又大大下降了 30%左右。

为了保证家用冰箱的质量，也为了和世界接轨，以及扩大我国家用冰箱的出口贸易，我国也制定了相应的国家标准《家用电冰箱耗电量限定值及能耗等级》，对冰箱的实际耗电量也提出了新的标准，新的标准已经和西方发达国家冰箱耗电量技术标准基本一致。

在未来的时间里，随着科学技术的不断应用，我国制冷企业的产品将会朝着智能化方向发展，比如变频和模糊逻辑控制技术、计算机温控和自动化霜系统、箱外限温控温以及记忆和提示自动保护系统等。此外，随着国家对制冷企业所制定的新标准——《家用电冰箱耗电量限定值及能耗等级》的颁布，对于制冷企业来说，冰箱的节能降耗技术，将成为各个生产厂家技术攻关上的重点工作。

2. 环保技术

随着当今世界对环保的日益重视，人们越来越明白环境保护的重要性。众所周知，冰箱运行中所排放的氟利昂以及氯氟烃等有害气体，不仅会损坏臭氧层，也会对大气环境产生污染。

我国各个冰箱生产厂家，为了适应环保需要，也开始顺应世界发展潮流，根据自身经济技术评估来选择适合自身的替代品，采用无氯氟烃技术。我国冰箱行业主要有两种替代方式，具体来说，海尔公司和科龙公司等采用异丁烷（HC-600a）来替代传统的 CFC-12，用环戊烷（C5H10）来替代 CFC-11；新飞以及华凌和上菱等公司采用的是 HFC-134a 替代 CFC-12，采用 C5H10 替代 CFC-11。

《中国家用制冷行业 CFCs 逐步淘汰战略研究》明确提出，我国制冷行业要在 2012 年之前，完全停止使用 CFC-12 以及 CFC-11。这一战略已经开始具体实施，也取得了很好的成效。在未来的时间里，这一政策将会被更好地执行下去，制冷企业也会逐渐转变传统制冷方式。HFC-134a 和 HC-600a 将会完全替代 CFC-12，C5H10 和 HFC-245Fa 等也会替代 CFC-11，环保冰箱将会成为市场的主流产品，将会在未来获得更好的发展。此外，为了保护地球大气环境，抑制温室效应，我国相关法律规定在 2010 年以前，我国制冷企业要停止向大气中排放 CFC 类有害物质。因此，在冰箱维修中，如何回收 CFC-12，对于废弃的冰箱该如何进行处理，就成为我国家电行业所面临的重要问题。在未来的时间里，要建立 CFC 回收循环利用站，研制开发生产回收装置，建立大型的再生产中心，而且需要注意的是，要重视培养专门回收技术人员，以保证回收工作的顺利开展。

目前，我国在冰箱节能环保技术上取得了较大突破。

一是选用超高效压缩机。①滚动转子式压缩机。此技术近几年来在家用冰箱中的应用越来越广泛，用电量比同类冰箱少 10%，而效率提高 10% 以上。②涡旋式压缩机。它具有噪音小、能耗低、效率高、制冷量大、运行可靠等优点，被称为全新一代压缩机。它与相同容量的往复式压缩机相比，体积小 40%，重量轻 15%，零件数少 85%，效率高 10%，噪音低 5dB（A）。近年来，由于涡旋压缩机在很多方面都显示出优越性能，许多厂商投资制造适用于冷冻冷藏的涡旋式压缩机，开始将低温涡旋式压缩机应用于家用冰箱。

二是制冷技术的突破。①半导体制冷冰箱。半导体制冷技术在节能环保上具有很大的优越性，在不久的将来，半导体制冷技术在家用冰箱上的应用会更加广泛。②吸收—扩散式冰箱。它不使用氟利昂做制冷剂，大大减少了环境污染，并且整个系统中无压缩机和相应的部件，因此噪声小，磨损小，耗能降低 30%~40%。③磁制冷冰箱。磁制冷是利用顺磁物质的磁热效应的制冷方式。磁制冷技术在极低温领域发挥了很大的作用，现在低温磁制冷技术已相对成熟。④热声制冷冰箱。热声制冷主要利用热声效应，即通过声能来产生热流，声压会使热量传输，进而产生制冷效应。该制冷方式无污染，运行稳定，噪音小，具有很大的发展潜力。

三是新型保温材料。电冰箱达到稳定工况时，其主要的热负荷来自箱体漏热、开门时漏热、冰箱内食物散热以及照明灯、风扇等部件散热。大部分热量是从电冰箱箱体外层进入电冰箱的，其漏热量约占电冰箱热负荷的3/4。因此，寻找更加保温、隔热效果更好的材料就显得尤为重要。①SiO_2 气凝胶。该材料的优点是重量轻、导热系数低、防水性好，具有良好的绝热性和耐热性。②真空绝热板。真实绝热板（VIP）由芯材、表面隔膜和吸气剂构成，是目前世界上最为先进的绝热保温材料。

3. 人性化设计

家用冰箱广泛进入人们的生活，已经不仅仅是一件电器，而是成了每天可见的朋友，所以，在它满足了最初的制冷保存食物的目的，并在节约能源和保护环境方面做出努力之后，使用的舒适性以及如何使它更人性化就成了生产者关注的内容。

对于电冰箱，人们最为关注的除了耗电量，就是冰箱运行的噪声问题。目前我国冰箱生产企业已经很好地解决了这个问题，主要采用的方式有以下三种：第一种是采用超静压缩机，因为压缩机是冰箱内部的最大噪声源，要想使得整体冰箱在运行时噪声最小，就必须要采用超静压缩机。第二种是冰箱内部风扇电机降噪，在实际过程中使用冰箱风扇噪声比较小的装置，可以有效解决冰箱风扇噪声。第三种是通过优化配管设计来实现超静降噪目的。还有就是把机械室的后盖设计成新型的吸音结构，也可以实现超静降噪的目的。此外，冰箱多功能技术目前也有了新的突破和进展，主要有自动除臭技术、冷风无霜技术、速冻保鲜技术以及冰温保鲜室等多功能技术，极大地满足了人们生活的需要。

2015 年，新型保温材料 LBA-2 获得推广应用，风冷、变频、保湿保鲜、智能等技术逐步成熟，成为产品发展热点。

我国地域辽阔，南、北各地区的温度差异比较大，再加上南、北各地区的经济发展不平衡，此外，南、北方的人们生活习惯和经济文化也有所区别，所以在未来的时间里，我国冰箱企业的产品将会朝着多元化发展方向前进。因为只有开展多元化生产来满足各个地区以及各个层次的消费群体的消费需要，才能满足人们日益增长的物质文化需要。比如北方消费者喜欢大冷冻室抽屉式冰箱，以此来满足他们每次大批采购食物的需要，南方用户则更喜欢具有冰温保鲜室以及能够自动除臭的无霜冰箱，来满足他们的食物营养保鲜需要。

随着经济的快速发展，人们的生活水平和生活质量也有了大幅度提高，人们对冰箱的外形也有了新的要求。所以冰箱制造企业在实际设计过程中，不仅要考虑冰箱自身的色彩和实际造型，还要考虑到冰箱和人们居住环境的协调。目前在西方发达国家的住宅设计方面，已经开始把家用冰箱和厨具以及家具有机结合起来，这是我国冰箱生产企业在未来的时间里的一个发展趋势。

4. 冰箱智能化生态圈

冰箱行业近年来一直处于平稳发展的阶段，2016 年以来，基础原材料、零部件价格大幅攀升，积累已久的市场压力又遇到了成本上升带来的阻力，冰

箱市场进入低谷期。但企业在供给侧结构改革中，在经营侧通过营销模式创新，与消费者共同探索新的满足消费升级的模式，即通过构建生鲜食品平台，尝试硬件+内容的营销模式，对行业转型升级进行积极探索。有不少企业界人士认为，冰箱智能化生态圈将成为继风冷、变频之后的下一个“风口”。

中国家用电器协会副理事长王雷指出，家电智能化是企业必须要重视的战略问题，建议企业在智能产品入口还有内容建设、大数据升级及整理分析、系统化建设方面，做好未来发展的布局，把握好方向。

三、冰箱的市场发展（市场窗口）

中国冰箱市场的起步至少比经济发达国家晚 25 年，进入 20 世纪 80 年代以后，在改革开放的强烈推动下，中国冰箱市场的拓展比任何国家都来得迅猛。然而，中国虽然人口众多，冰箱市场潜力巨大，但由于各种资源条件的严重约束，巨大的市场潜力难以很快转化为现实市场，冰箱市场相对饱和，并引起国内生产厂商激烈的市场竞争。

从总的格局来看，中国冰箱市场的发展大致经历了以下六个阶段：

· 1978—1983 年，市场启动、进口为主阶段。

· 1984—1988 年，市场扩展、诱导生产阶段。

· 1992—1996 年，市场回升、首轮淘汰阶段。

· 1989—1991 年，市场萎缩、竞争开始阶段 。

· 1997—2004 年，市场过剩、残酷竞争阶段。

· 2005 年至今，平稳发展、多元化阶段。

（一）市场启动、进口为主阶段（1978—1983 年）

改革开放使中国经济出现了高速增长的势头，人们的收入水平明显提高，中国冰箱市场开始逐步启动。这一时期，中国冰箱市场呈现三大特点：

（1）市场的启动者是舶来品。当时中国的冰箱生产几乎接近零，1979 年前后中国市场的冰箱几乎全为舶来品，直至 1983 年，全国市场冰箱总销量为 25. 0 万台，其中舶来品为 6. 2 万台，占 25. 0%。

（2）市场的启动明显呈区域推进型。中国的改革开放是从四大经济特区开始的，以后又开放了 14 个沿海城市。开放地区率先接受了先进国家的消费习惯，收入水平也比其他地区上升得快，因此冰箱市场的启动首先是从这些地区开始的。

（3）消费者能接受的冰箱主要是低档的冰箱。当时市场上销售的冰箱除极少数从国外进口的双门冰箱以外，大多数是 160 升以下的单门冰箱，价位在

1 台700 元人民币左右。

在这一阶段，冰箱的生产技术及生产设备主要依靠引进与消化吸收。

（二）市场扩展、诱导生产阶段（1984—1988 年）

中国冰箱市场经过近 6 年的启动以后，到 1984 年进入了迅速扩张的时期。这一时期可谓是中国冰箱市场的鼎盛时期。1983—1988 年，全国冰箱市场销售量从 25.0 万台迅速扩大到了 733.5 万台，年均扩张率高达 96.6%，几乎每年翻一番，其中 1988 年一年就销售了 323.2 万台。其基本特点是：

（1）市场强烈诱导了生产。由于受市场的强烈诱导，全国各地纷纷从国外引进生产线，生产能力剧增，同期，全国冰箱产量从 18.8 万台上升到 757.6 万台，年均递增率高达 109.3%，其中 1988 年一年就增加了 356.3 万台。

（2）市场始终呈卖方市场状态。除 1988 年以外，这一时期全国冰箱消费需求规模始终大于生产规模，在市场上，不论商品品牌，不论产品质量，不论功能和款式，都能卖出去，以至屡屡出现罕见的排队“抢购风”。

（3）品牌混杂，生产秩序混乱。据统计，1988 年底全国冰箱生产企业多达 400 家，国有企业、集体企业、乡镇企业一起上，生产秩序极其混乱，冰箱品牌多达几百个，劣质产品充塞市场。

（4）城镇居民家庭拥有率迅速提高。市场的强烈扩张使城镇居民家庭的冰箱拥有率迅速提高，1983—1988 年，全国城镇平均百户居民家庭拥有率从 1.65%上升到了 28.07%。

（5）市场开始出现一些知名品牌，如“万宝”“中意”“扬子”“香雪海”“双鹿”等。

在这个快速成长发展时期，冰箱行业主要是扩大产能，满足市场需求。

（三）市场萎缩、竞争开始阶段（1989—1991 年）

1988 年以后中国冰箱市场连续两年出现了奇迹般的大幅度萎缩，1989 年冰箱销售规模下降到了 604.4 万台，1990 年进一步下降到 436.0 万台，1990 年的销售规模比 1988 年萎缩 40.6%。市场竞争由此开始，大批厂商倒闭。市场严重萎缩的主要原因是：

（1）居民的提前消费。尤其是 1988 年初中央提出了“价格闯关”口号，大大刺激了消费者的提前消费心理，这使中国耐用消费品的消费时间至少提前了两三年，冰箱的消费更不例外。

（2）受宏观形势的严重影响。1988 年 10 月中央提出了“治理整顿”的宏观政策，这使全国消费品市场连续两年严重疲软，经济滑坡，居民收入相对下降，因此对耐用消费品的购买能力下降。

（3）大中城市冰箱消费已进入市场调整阶段。当时中国冰箱市场的主要购买力集中在大中城市，到 1988 年底，沿海大中城市百户居民家庭拥有率已超过 60 台，内地大中城市已接近 60 台。从理论上说，在某一区域范围内，冰箱拥有率达到 60%以后，其市场已从扩展阶段进入调整阶段，基本特征是新增家庭消费的边际递增率迅速减退，而更新家庭的消费层尚未形成，所以客观上市场必然会进行调整，在销售规模上出现萎缩现象。

（四）市场回升、首轮淘汰阶段（1992—1996 年）

这一阶段的特点是：

（1）由于国民经济快速发展，人民生活水平不断提高，冰箱市场规模迅速扩大，从初期的不到 100 万台增长到后期的 700 万台。

（2）需求主体为城镇居民，消费以新购为主，农村居民开始产生少量需求。

（3）卖方市场向买方市场过渡阶段，消费心理尚未成熟。

（4）引进的生产技术基本吸收完毕，开始有一定的产品研究开发能力。

（5）竞争的焦点开始由单一的产品质量竞争转化为产品质量、经营规模和广告的多方面竞争。从高通货膨胀率到治理整顿，使企业发展均处于先扬后抑状况，抓住质量、服务、品牌的企业得以生存。

（6）行业的整体经营管理水平较低，很多企业败在自身管理混乱上。

（7）国内冰箱行业出现第一轮淘汰潮，一些原来的强势品牌如“万宝”“中意”“扬子”“香雪海”“双鹿”开始走向衰败。但是由于冰箱生产设备的专业性强，设备投资较大，转换成本和退出成本都比较高，一些效益不太理想的企业尽管生产困难，但仍然坚持着，等待新的机会，无意退出市场竞争。产业结构调整难度较大。

（8）“容声”“美菱”“海尔”等品牌迅速发展壮大，冰箱消费逐渐向主导品牌集中。

（9）由于市场规模迅速扩大，一些跨国公司密切关注中国冰箱市场，并开始以合作、合资、合并收购等形式进入中国市场。

（五）市场过剩、残酷竞争阶段（1997—2004 年）

这一阶段的特点是：

（1）由于我国人口结构的特殊性及经济发展的城乡差别极大，造成中国消费品市场呈现二元化消费格局，即城乡消费呈现不同的阶段性。20 年左右的经济发展，传统消费品在绝大多数城镇居民家庭趋于饱和，而同类消费品尚未进入多数农民家庭。冰箱作为传统耐用消费品也不例外，因此该阶段冰箱需求增长速度明显放慢。

（2）产品积压严重。在这一时期，冰箱的生产量严重大于市场销售量，而且一年大于一年，2001 年全国冰箱产量已达 1 349 万台，超过市场销售量 987 万台的 26.83%，库存极为严重。

（3）生产能力严重放空。2001 年冰箱产量虽已达 1 349 万台，但据轻工部门统计，同期实际生产能力至少在 2 500 万台左右，可见，被放空的生产能力已达 46%。

（4）新增生产能力规模极大。一方面，国内厂商竞争日益升温，如原属“彩电业”“空调业”“洗衣机业”的生产制造商相继加入了冰箱行业，导致冰箱业规模陡增，竞争加剧；另一方面，国际厂商纷纷看好中国市场，已有 8 家中方企业与外商合资生产冰箱，年产规模都在 100 万台左右，成气候的要数伊莱克斯、西门子和三星等进口品牌厂商。相对狭窄的生产空间和急速扩大的生产能力势必形成新一轮激烈竞争。

（5）冰箱的市场竞争达到前所未有的白热化状态，冰箱行业的第二轮淘汰开始，同时更新换代需求明显增加，消费心理逐渐成熟，消费越来越向强势品牌集中，冰箱市场已完全转变成买方市场。

（6）产品研究开发能力逐渐增强，市场竞争的焦点开始向产品、价格等整体营销上的竞争转移。

（7）冰箱企业产权改革、引进战略投资者和企业战略重组，逐渐呈现加速度进行的趋势。如格林柯尔通过收购科龙和美菱，从而使美菱与科龙成为一家，标志着冰箱行业整合的大幕正式拉开。

冰箱是中国最早实现国产化的制冷电器之一，从 20 世纪 80 年代初起步，经过近 20 年的发展，中国冰箱已占有世界总产量 16%的份额，位居全球首位。由于在国内市场已进入成熟期，市场运行的基本特征是相对平稳，不会出现需求上的大起大落。冰箱消费主要集中在城镇，农村由于受收入水平、生活习惯等限制，冰箱的拥有量较城镇低许多。

这一阶段，由于产能过剩、需求不足，导致市场低迷，迫切需要企业提升质量、实行技术改造、进行品牌推广。

（六）平稳发展、多元化阶段（2005 年至今）

受益于改革开放以来国内经济的持续高速增长，我国冰箱行业呈现飞跃式发展。国内冰箱生产企业已从当初的单纯引进和仿制为主转变为依靠自主研发、注重创新为主，冰箱产品在品种、规格、技术、性能、质量等方面均取得长足进步与发展，与国际先进水平的差距也不断缩小。

2005 年以来，我国家用冰箱行业整体上保持快速发展，产量从 2005 年的 3 105. 58 万台增长至 2016 年的 9 238. 30 万台，年均复合增长率为 9. 51%。特别是 2009—2013 年期间，受“家电下乡”、以旧换新、节能家电补贴等政策利好因素的影响，受国家家电节能惠民政策影响及消费者节能环保意识的逐渐增强，各大冰箱厂商纷纷转型生产高端节能冰箱，无功耗起动器作为 1、2 级高能效冰箱的核心组成部件，冰箱产销量保持快速增长（见图 5-1、表 5-3）。

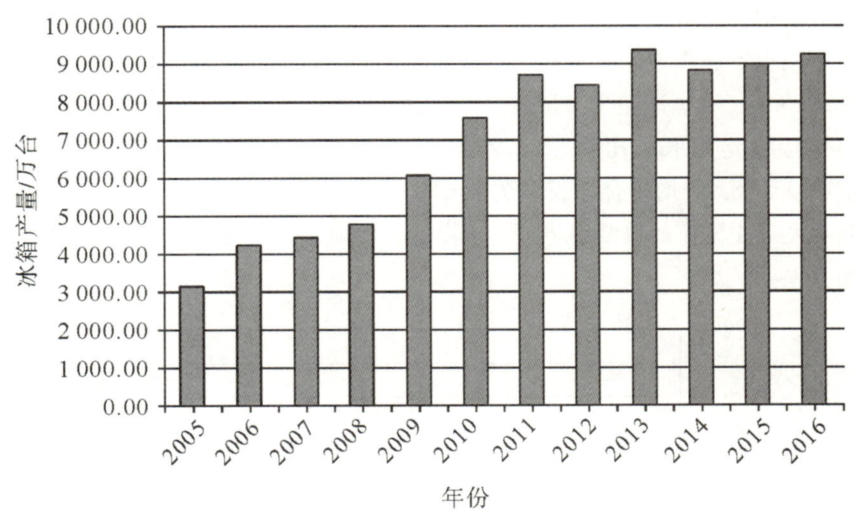

图 5-1　2005—2016 年我国冰箱产量

表 5-3　2012—2016 年 8 月全国冰箱市场销售份额（按零售量计算）

单位:%

品牌	2012 年	2013 年	2014 年	2015 年	2016 年 1-8 月
海尔	28. 10	25. 18	23. 56	24. 08	24. 26
西门子	7. 72	7. 43	6. 96	6. 81	6. 51
美的	8. 22	9. 29	10. 66	12. 19	13. 47
美菱	9. 71	9. 75	9. 20	9. 98	10. 79
容声	10. 82	11. 82	11. 73	11. 70	12. 22
新飞	6. 08	4. 31	3. 87	3. 24	3. 24
海信	5. 52	5. 78	5. 55	5. 29	5. 49
奥马	1. 97	2. 32	3. 43	2. 83	2. 44

资料来源：根据公开资料整理。

2013 年以后，受相关补贴政策退出等因素的影响，我国家用冰箱产量增速放缓，进入稳定期。冰箱市场经过 2015 年的弱复苏，由普及需求进入更新需求阶段，整体容量趋于稳定，消费者对产品的要求越来越高，也对企业提出了更大的挑战。从全球冰箱消费格局来看，2015 年全球冰箱销售量约 1.8 亿台，中国、北美和欧洲是主要消费市场，其中，中国、美国、印度、巴西和俄罗斯五国冰箱销量占全球销售量的 54.60%，冰箱行业具有较高的集中度。

随着经济的发展，发达国家消费者对冰箱的更新换代需求增加，发展中国家的经济增长也带动了对冰箱的消费需求，全球冰箱市场进入了稳步发展阶段。中国也发展成为家电出口大国，国外市场已成为我国冰箱行业重要的市场。2016 年，我国冰箱出口量占总产量的 47.99%。2008—2016 年，我国冰箱出口保持稳定增长，出口量从 2008 年的 2 485.00 万台增长至 2016 年的 4 433.00万台，年均复合增长率为 6.64%。未来，随着全球经济水平的发展，冰箱在发展中国家的普及率将进一步提升，我国冰箱出口数量将稳步增加。参见图 5-2。

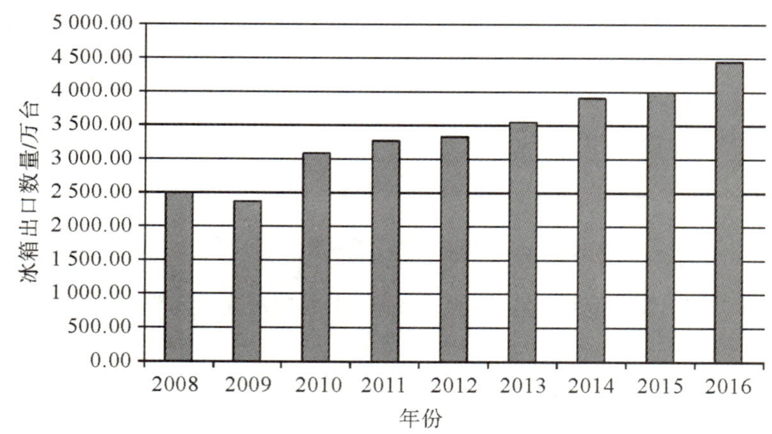

图 5-2　2008—2016 年我国冰箱出口数量

资料来源：根据公开资料整理。

从全球冰箱生产格局来看，亚洲和拉丁美洲的产量较大，其中，中国是世界冰箱生产第一大国，中国冰箱企业也在全球冰箱行业中扮演着重要角色。以海尔为例，根据相关的统计数据，2016 年，海尔在全球大型家用电器品牌零售量中占比 10.30%，第 8 次蝉联全球第一，同时，其国内冰箱市场份额为 25.11%，继续蝉联第一。

（七）冰箱市场发展前景

2017 年 6 月，由中国家电协会和国家信息中心信息资源开发部等单位联合主办的2017年中国冰箱行业高峰论坛在北京举行。论坛发布的数据显示，2016年国内冰箱市场整体呈下滑趋势，主流品牌的市场份额却出现逆市上扬。2016年，全国冰箱销量为3 395万台，同比下降0.6%，销售额903亿元，同比下降1.9%。其中，海尔、美的、容声、美菱“四朵金花”占据了冰箱行业65.77%的市场份额。对此，有业内人士表示，今后冰箱行业的中小品牌生存压力加大，行业将迎来新一轮的“洗牌”。

据奥维云网分析预测，2017年冰箱市场仍然会在压力下前行，零售量和零售额规模与2016年相差不大，会略微好一点。未来几年仍将保持平稳小幅增长趋势。参见图5-3和图5-4。

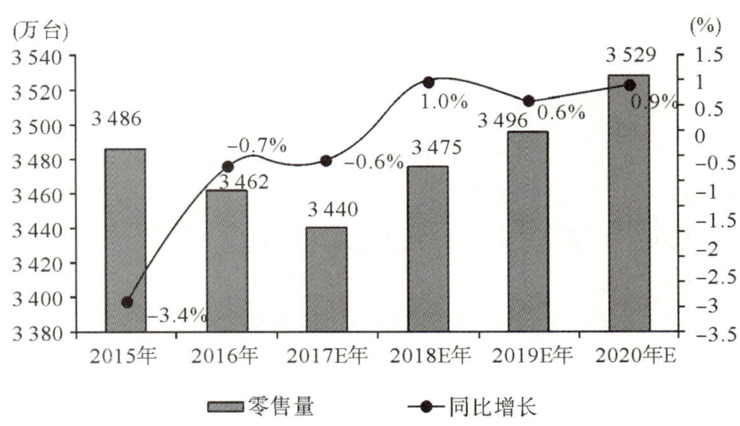

图5-3　2012—2020年冰箱市场零售量规模及同比预测

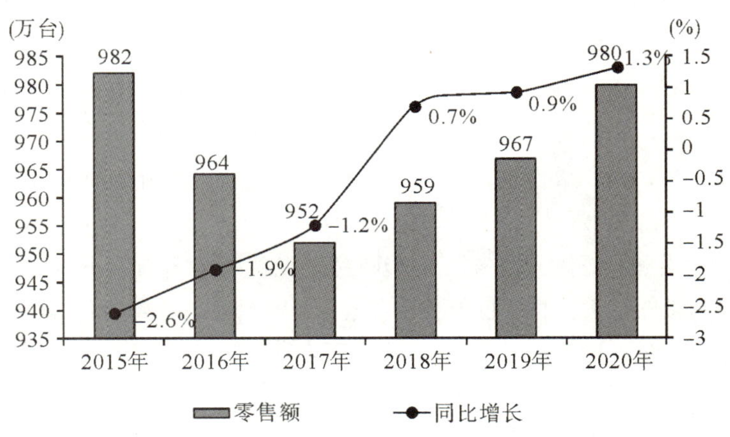

图5-4　2012—2020年冰箱市场零售额规模及同比预测

2017 年线下渠道压力不减，电商占比将持续提升。2017 年对开门和多门冰箱的零售量和零售额将进一步提升，继续挤压单两门和三门冰箱的份额。有专家表示，在国内市场增长乏力的情况下，出口市场将为冰箱企业提供一定的增长空间。

四、冰箱行业发展的政策演变（政策窗口）

（一）起步阶段

这一时期政府制定产业政策的出发点是扶持该产业的发展。

轻工业部在 20 世纪 80 年代对冰箱行业发展有过两次大规模的规划：第一次是在 1980 年，制定了我国家用电器行业发展的初步规划。在这次规划中，冰箱总规模定为 320 万台。第二次是在 1984 年和 1985 年。当时，轻工业部是行业归口管理部门，执行选择定点厂的任务。开始的设想是选择 20 家左右基础好的企业，使其达到经济规模。但是，随着工作的开展，经过各方谈判和反复权衡，仅出自轻工业部之手，就有 44 家冰箱定点生产企业。在建设阶段，只有 11 个项目是由轻工业部作为政府主管部门批准的，其余的都是各个地区和其他部门批准的，但最终还是得到了轻工业部的认可。

（二）急剧扩张阶段

这一阶段，政府的政策主要是控制受市场力量引导的过快行业扩张。

（三）行业调整阶段

经过大力整顿，20 世纪 90 年代以后都没有新建设的冰箱厂，行业进入了一个新的调整阶段。2015 年 10 月开始实施变频空调和洗衣机能效新标，冰箱新标也在 2016 年出台了。冰箱行业的一项重要标准——GB12021.2-2015《家用电冰箱耗电量限定值和能效等级》，于 2016 年 10 月 1 日正式实施。

截至 2017 年底，能效标识网备案机型销售额占市场监测的 58.5%。合资品牌对新能效反应较快，更新能效标识的积极性更高。新一级能效产品零售额占比超过 30%，新一级市场，海尔零售额占比超 70%。新二级能效产品零售额份额，海尔占据第一位，达 31.7%。

2016 年宏观利好因素消失。从 2016 年的政策环境来看，不再出现大范围家电销售刺激性政策，而着眼于引领家电行业向绿色高效高端和市场规范化发展的小范围行业政策或不断出现。“家电下乡”等政策促进期间所销售的产品进入更新换代期，将成为未来几年市场发展的原动力。供给侧改革持续深化，助力企业清除过剩产能，降成本提质量。《缺陷消费品召回管理办法》将 9 类家用电子电器产品纳入召回制度，将全面倒逼家电企业的精品战略有效可持续实施。热点城市房地产调控再次升级，楼市调控正在向纵深方向发展，房地产对家电的影响走向稳定和可持续，不再是跳跃式的刺激。城镇化建设释放城乡协同下的机会，既不是普通的农村化，又不是普通的城市化，家电业需要在城乡结合过程中寻找新机会点。

五、我国冰箱行业的创新赶超发展研究——以海尔冰箱为例

海尔集团是中国顶级家电制造厂商，在技术创新过程中以“引进消化→吸收模仿→引智创新”为主线进行研发，而且逐渐在国外投资建厂，并展开R&D活动。2017年其全球营业额已经超过1 000亿元人民币。冰箱是海尔集团最早的产品之一，冰箱产品的发展可以说是海尔集团发展的一个缩影。在经过多年的发展后，海尔在全球范围内拥有了15个生产基地，其中7个位于境外，已经成为全球最大、最先进的冰箱制造厂商之一。在2017年十大冰箱品牌排行榜上位居第三，也是国产的骄傲。

海尔的高速发展很大程度上依赖于创新，正如海尔集团CEO张瑞敏所说“创新是海尔持续发展的不竭动力”。海尔文化的核心是创新。它是在海尔20多年发展历程中产生和逐渐形成的特色文化体系。海尔文化以观念创新为先导、以战略创新为方向、以组织创新为保障、以技术创新为手段、以市场创新为目标，伴随着海尔从无到有、从小到大、从大到强，最终从中国走向世界。

（一）一次创新与二次创新理论

自熊彼特提出创新理论以来，关于技术创新模式的研究已经非常多，由于早期的研究对象一般为西方发达国家的企业，因此，这些关于技术创新模式的理论也主要是针对西方发达国家的。西方发达国家（技术领先国）的创新过程一般是以研究与发展为基础的技术创新模式，该模式具有典型的一次创新特征（见图5-5）。

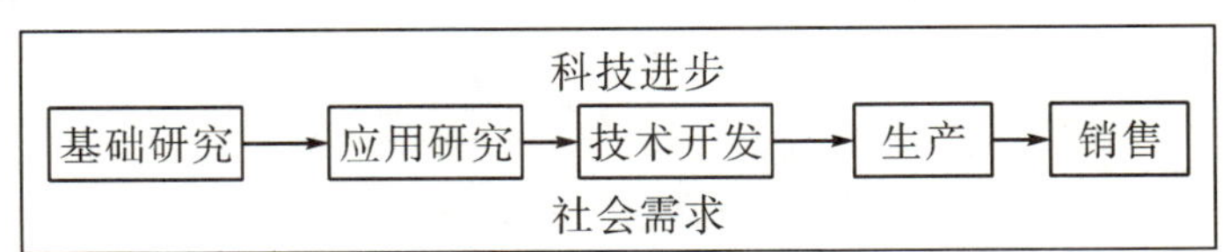

图5-5　一次创新过程

20世纪90年代以来，随着新兴发展中国家制造业企业的崛起，国内外许多学者开始把注意力转移到研究发展中国家企业技术创新活动上。韩国学者金仁秀对韩国的汽车工业和半导体工业做了大量的研究，他认为韩国企业在技术创新模式选择上有别于发达国家。韩国企业的技术创新模式是：通过技术学习实现从模仿到自主创新的飞跃。金仁秀在《从模仿到创新——韩国技术学习

的动力》一书中指出，韩国企业集团技术学习主要包括四个时期：准备；通过技术转让获取；通过加强内部在学习上的努力（导致迅速进口，以替换人员、工程技术和零部件）来吸收消化；改进，在进口技术的基础上使产品翻番，并将进口的技术用在有关的产品上。在当前全球化浪潮背景下，创新呈现出了新的特点，我国学者吴晓波教授针对全球化下技术创新特点，在对我国企业的创新规律进行研究的基础上，提出了基于全球竞争的二次创新动态模式。他认为适合发展中国家的二次创新不同于一次创新。二次创新是指在技术引进的基础上进行的，囿于已有技术范式，并沿既定技术轨迹而发展的技术创新；而一次创新是指主导了技术范式和技术轨迹的形成、发展和变革的技术创新。吴晓波认为，基于全球竞争的二次创新过程可以包括模仿创新、创造性模仿、改进性创新、后二次创新或准一次创新四个阶段（见图 5-6）。

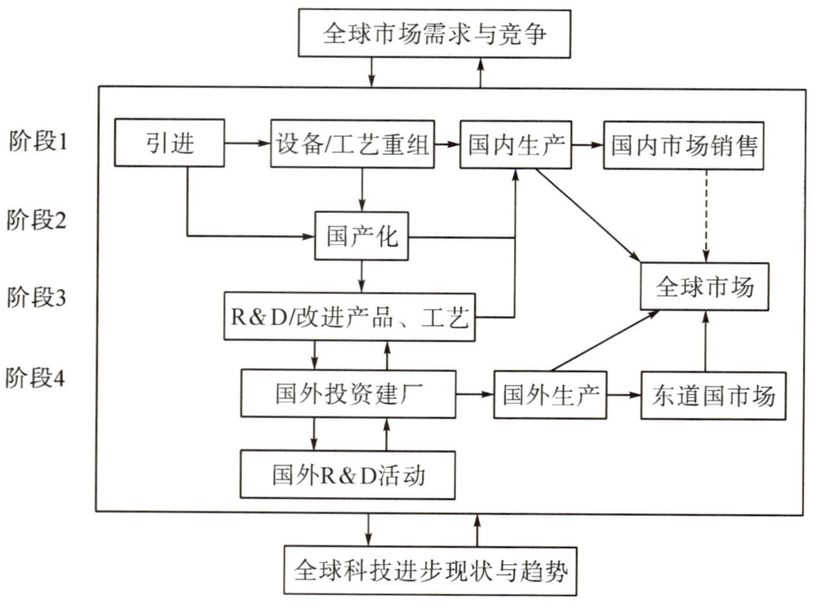

图 5-6 基于全球竞争的二次创新过程模型及其演进

（二）海尔冰箱的技术创新与赶超历程

1. 海尔冰箱的技术演进

从 1984 年引进德国利勃海尔冰箱生产线至今，海尔引导了国内冰箱市场一次又一次的升级换代，用十几年的时间赶超国际同行 50 年走过的路，拉动了中国冰箱业的发展。从其整个技术演进历程看，这是一个典型的基于全球竞争的二次创新过程（见表 5-4）。在整个技术演进过程中，海尔在冰箱技术上的创新能力得到了明显的提升（见表 5-5）。

如表 5-4 所示，在技术引进的初期，海尔自身的创新能力很弱，经过对引进技术的消化吸收和改造，逐渐积累了冰箱制造技术，增强了自身技术创新能力，这从专利申请数量尤其是发明专利的申请数量的急剧增加可见一斑。从总体来看，海尔冰箱的发展大致经历了以下四个阶段：①1984—1987 年，模仿创新阶段；②1988—1991 年，创造性模仿阶段；③1992—1997 年，改进型创新阶段；④1998 年至今，后二次创新阶段。

表 5-4　海尔电冰箱的技术演进阶段

阶段	典型产品和技术	重要事件
模仿创新阶段（1984—1987 年）	亚洲第一代四星级冰箱——琴岛利勃海尔帅王子 BCD-212 型	·从德国利勃海尔（Liebherr）公司引进四星级电冰箱的生产技术和设备 ·通过委派技术人员赴德国利勃海尔公司接受培训，学习模仿四星级电冰箱的产品开发
创造性模仿阶段（1988—1991 年）	双开门电冰箱	·根据中国家庭的居住结构，开发出了可以分解成冷冻和冷藏两个部分的双开门电冰箱，产品大受欢迎 ·产品通过了国际最具权威、最严格的美国 UL 认证 ·与德国经销商签署了 2 万台电冰箱的销售合同，产品首次出口
改进性创新阶段（1992—1997 年）	1. 超节能全无氟冰箱 2. 降噪技术 3. 下置式冷冻室抽屉技术	·兼并冷凝器厂，改造为冷冻设备公司 ·电冰箱在上海挂牌上市，“青岛海尔”股票成为上海 30 家样本股的首位 ·开始将 CAD/CAPP/CAM 以及 MRPⅡ等技术用于产品设计和开发工作中，进行产品与工艺的改进创新 ·海尔莎保罗（印度尼西亚）有限公司成立 ·海尔电冰箱系统先后通过 ISO9001 认证和 ISO14001 环境系统认证

表5-4(续)

阶段	典型产品和技术	重要事件
后二次创新阶段（1998 年至今）	1. 数字变频冰箱 2. 网络电冰箱 3. 负 7 摄氏度保鲜技术 4. 电冰箱门电动开启装置 5. 语音开门的电冰箱	·海尔中央研究院成立 ·海尔集团与上海交大联合成立 C3P（即 CAD、CAM、CAE 和 PDM 的简称）联合研究室 ·海尔成为世界设计组织成员 ·海尔超级无氟节能冰箱能耗达到 A^+ 标准 ·德国、荷兰等国家政府规定给购买海尔冰箱的用户颁发节能补贴 ·美国海尔实现一体化，设计中心在洛杉矶，贸易公司在纽约，制造中心在南卡罗来纳州 ·海尔在巴基斯坦建立了全球第二个海外工业园 ·海尔集团收购意大利迈尼盖蒂公司所属一家冰箱厂，这是中国白色家电企业首次实现跨国并购 ·海尔集团获得了美国 UL 最高信用等级的授权（H 级） 海尔与世界上 60 个以上的认证机构实现了检测数据的共享与交换，使产品在工厂内实现国际认证

表 5-5　海尔与电冰箱产品相关的专利申请情况

	1984—1987 年			1988—1991 年			1992—1997 年			1998—2001 年		
专利类型	发明	实用新型	外观设计	发明	实用新型	外观设计	发明	实用新型	外观设计	发明	实用新型	外观设计
数量	0	0	0	0	0	0	1	8	28	11	64	112
合计	0			0			37			187		

资料来源：国家知识产权保护局网站，http：www. sipo. gov. cn.

2. 海尔冰箱的二次创新与赶超发展

海尔在电冰箱技术二次创新过程中的各阶段呈现出了不同的特点（见表 5-6）。归纳总结其经验，可以为我国制造业企业正确实施二次创新战略提供很好的借鉴。

表 5-6　海尔电冰箱技术二次创新过程各阶段特点

创新阶段	模仿创新阶段	创造模仿阶段	改进创新阶段	后二次创新阶段
产品种类	产品单一	标准产品系列化	产品多样化	产品门类非常齐全
主导战略	尽早打入本地市场	以低成本、高质量扩大市场，通过代理打开海外市场	以直接出口方式积极拓展国际市场	国际市场设计、生产、营销三位一体化
管理焦点	产品质量	降低成本	改进产品性能	增强创新意识
管理模式	提出“十三条厂规”	实施全面质量管理（TQM）	提出“日清日高、日事日毕”理念	提出市场链理念，全员 SBU 理念
研发活动	学习掌握国外引进技术	生产工艺的创新，零部件的国产化	对已有技术的改进	不同技术的整合创新，跟踪世界前沿技术
技术策略	直接购买国外生产线	反求工程	以“吃休克鱼”方法兼并国内相关企业，迅速获取技术资源	与国外厂商以及研究机构组建技术联盟；海外设立研发中心
创新动力	内部技术瓶颈	本地市场需求	新市场需求	潜在的市场需求：新兴相关技术
创新类型	基本无创新	工艺创新	改进性产品创新	产品组合创新

（1）模仿创新阶段

在模仿创新阶段，海尔电冰箱产品品种较为单一，为尽早打开本地市场，其管理焦点放在了产品质量上。张瑞敏怒砸 76 台质量不过关的电冰箱，提出了“十三条厂规”，并“高起点”引进了德国利勃海尔电冰箱生产技术。在这个阶段，其研发活动的重点在于对引进技术的掌握，为此，海尔委派技术人员赴德国利勃海尔公司接受培训。通过学习、消化，海尔突破了内部技术瓶颈，并进行模仿创新，推出了亚洲第一台四星级电冰箱。

（2）创造模仿阶段

在创造模仿阶段，海尔产品逐步系列化，拟以低成本、高质量扩大本地市场并打开国际市场。此时，在实施全面质量管理（TQM）的同时，其管理焦点向降低成本转移。在这个阶段，海尔的研发活动的重点在于生产工艺的创新和零部件的国产化。为更好地满足本地市场需求，海尔通过反求工程进行工艺创新，针对中国市场的特点，开发出了适合国情的双开门电冰箱，并通过了美国 UL 认证，逐步与国际接轨。

(3) 改进创新阶段

在改进创新阶段，海尔实现了产品多样化，开始以直接出口的方式积极拓展国际市场。在“日清日高、日事日毕”的管理模式下，海尔把管理焦点置于改进产品性能上。在这个阶段，海尔的研发活动的重点在于对已有技术的改进。海尔瞄准新的市场需求，以改进性产品创新为主，利用技术积累，逐步形成自主的 R&D 能力，在国际上率先攻克冰箱无氟、节能、大力冷冻三合一的难题，走上了自主创新之路。值得一提的是，海尔通过“吃休克鱼”的方法兼并了大量管理不善但技术生产资源极为丰富的企业，实现了低成本的扩张，比如兼并冷凝器厂，把其改造为冷冻设备公司。

(4) 后二次创新阶段

在后二次创新阶段，海尔产品门类已相当齐全，其主导战略演化为国际市场设计、生产、营销的三位一体化。在市场链与全员 SBU 的理念下，其管理焦点重在增强创新意识。在这个阶段，海尔研发活动的重点一方面在于对现有技术的整合创新，如把变频技术运用到冰箱中，开发出变频冰箱；把现代信息技术运用到冰箱中，开发出网络冰箱；另一方面力求紧密跟踪世界前沿技术，通过在发达国家和地区建立信息分中心和设计网络，及时获取国际最新资讯。在技术策略上，则更加注重运用全球科技资源，形成了包括战略联盟工作系统、产学研工作系统等在内的技术创新外部体系。海尔利用新兴技术，捕获潜在市场需求，并初步实现了技术创新的全球化，如海尔出口美国的冰箱都由洛杉矶设计分部研制；无霜保湿、智能保鲜的“无霜金王子”系列新产品由法国设计分部开发。

(三) 结论与启示

纵观海尔电冰箱技术创新过程，其经历了从模仿创新→创造模仿→改进创新→后二次创新这四个发展阶段，这是一个典型的基于全球竞争二次创新过程。在不同的发展阶段，海尔针对自身特点，在主导战略、管理焦点、管理模式、研发活动重点、技术策略等各个方面都进行了相应的调整，从而实现了技术创新活动与企业发展的整体协调，这也是海尔成功实现二次创新战略的关键因素之一。

回顾海尔冰箱从技术引进到自主创新的发展历程，以下几点尤其值得我国其他制造业企业借鉴：

其一，高起点的技术引进，即引进当时国外最先进的技术和设备，这样可以尽可能地缩小与国外技术的差距，从而在短时期内实现技术的跨越式发展。

其二，尽可能提高对引进技术的消化吸收程度。当时武汉有家企业也引进了德国利勃海尔这条生产线，但由于只是被动地接受，而没有根据中国的国情对引进技术进行消化吸收，实践证明其引进效果并不太好。

其三，在改进性创新阶段，技术资源的整合能力非常重要，许许多多的创新并没有产生新的技术，而是把许多相关技术有效地整合起来，从而形成了有效的创新点。

其四，充分借助外部研发资源，如与国际大公司组成技术联盟、与各大研究所组建研究中心等。

第六章　手机行业赶超周期研究——以华为为例

1876年，亚历山大·贝尔发明了电话，给人们的交流带来了便利。经历了一个多世纪的发展，电话通信服务已走进了千家万户，成为国家经济建设、人们生活和交流信息不可缺少的重要工具。特别是近30年，电话技术和业务发生了巨大变革——通信由固定方式转向移动方式，移动通信迅猛发展，移动通信产品的更新换代和市场争夺也愈演愈烈。

一、手机发展简史及大事记

电话的出现让相隔甚远的人们交流变得便捷，而移动电话的问世更是个奇迹。

1973年，美国摩托罗拉公司工程师马丁·库帕（Martin Cooper）发明了世界上第一部民用手机，马丁·库帕从此被称为“现代手机之父”。而要将手机推广到市场，还要依赖移动网络。

1975年，美国联邦通信委员会（FCC）确定了陆地移动电话通信和大容量蜂窝移动电话的频谱，为移动电话投入商用做好了准备。

1983年，世界上第一部移动电话——摩托罗拉DynaTAC8000X（俗称“大哥大”）问世。这是世界上首部获得FCC认可并正式投入商用的蜂窝式移动电话。这部手机将贝尔实验室在20世纪40年代提出的移动电话概念与70年代提出的蜂窝组网技术概念变成了现实，摩托罗拉当然成了手机行业的开拓者和领导者。第一代手机采用模拟蜂窝技术，被称为一代移动通信技术（1G）。

1991年，芬兰总理用诺基亚手机拨通了世界上第一个GSM电话。

1994年，中国邮电部部长吴基传用诺基亚2110打通了中国历史上第一个GSM电话。

1995年，第一款翻盖手机问世——摩托罗拉8900。

1997年，第一款内置天线手机问世——汉诺佳CH9771。

1998 年，第一款双频手机问世——诺基亚 6150，多个频段，信号更好。

1998 年，第一款内置游戏手机问世——诺基亚 6110。

1999 年，第一款黑莓手机问世——黑莓 850。

1999 年，第一款折叠式手机问世——摩托罗拉掌中宝 328c。

1999 年，第一款滑盖手机问世——西门子 SL1088。

1999 年，第一款全中文手机问世——摩托罗拉 CD928+。这是一款真正意义上的全中文手机，不光是编辑短信可以输入中文，就连电话本都可以输入中文，是手机文化过程中当之无愧的功臣。

1999 年，第一款具有防水、防震、防尘功能的“三防”户外型手机爱立信 R250 PRO 问世。

1999 年，第一部智能手机摩托罗拉天拓 A6188 问世。这款手机也是全球第一部具有触摸屏的手机，同时也是第一部中文手写识别输入的手机，是一部开辟了一个时代的传奇手机。

2000 年，第一款三频手机问世——摩托罗拉 L2000。

2000 年，第一款 WAP 手机诺基亚 7110 问世。它的出现标志着手机上网时代的开始，只要你开通了移动数据业务功能，通过手机 WAP 功能，即可使用中国移动的 WAP 业务。诺基亚 7110 首次把手机和互联网连接在一起。

2000 年，第一款 MP3 手机问世——三星 SGH-M188，支持 MP3 播放功能，内置了 32MB 的存储空间，并且可以当成 U 盘使用。

2001 年，第一款双显示屏的手机问世——三星 SGH-A288。

2001 年，第一款蓝色背景灯手机问世——诺基亚 8250，虽然还不是彩屏手机，但象征着年轻与活力的蓝色背景灯成了年轻人的最爱。

2001 年，第一款彩屏手机问世——爱立信 T68。

2002 年，第一款旋盖设计的手机问世——摩托罗拉 V70。

2002 年，国产第一款 40 和弦铃声手机问世——联想 G808。

2003 年，诺基亚 1100 出炉，成为史上最畅销的手机，卖了 2.5 亿部。

2003 年，国内第一款支持 WCDMA 的 3G 手机问世——诺基亚 6650。

2004 年，摩托罗拉发布 Razr，该机后来支持用户自定义机壳颜色，例如流行的粉色，标志着个性化手机时代的到来。

2005 年，第一款内置 4GB 微硬盘的手机问世——诺基亚 N91。

2007 年，iPhone 问世，“触屏+应用”引爆智能手机新时代。

2008 年，HTC 制造出首部 Android 系统手机 HTC G1。

2008 年，苹果 APP Store 问世，手机里小巧实用的程序甚至让我们忘记了 PC。

2008 年，第一款千万像素级别拍照手机问世——三星 B600。

……

二、手机行业在中国的发展阶段

中国实行改革开放以后，跨国公司进入中国的消费市场，主要业务集中在销售终端产品上。手机行业伴随着中国经济的发展一路走来。中国手机行业的发展史，大致分为两个阶段：第一阶段为功能机，第二阶段为智能机。如图 6-1所示。

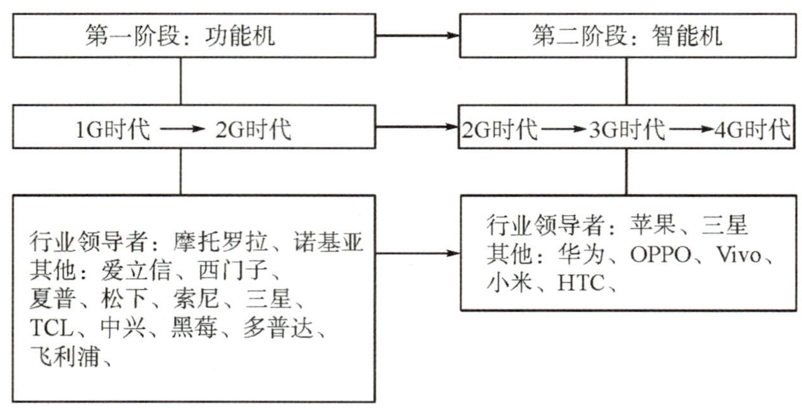

图 6-1　中国手机行业发展阶段

三、功能机的赶超周期

（一）摩托罗拉牢牢锁定领导者地位

作为手机行业的开拓者，摩托罗拉在全球市场的份额连续十多年位居第一。摩托罗拉于 1987 年进入中国市场，一直是中国手机市场的“老大”，直到 2004 年，诺基亚在中国市场的份额达到 16. 13%，超过摩托罗拉成为市场第一。那么，摩托罗拉是如何做到连续十多年时间牢牢锁定行业领导者地位的呢?

1. 创新的营销理念

第一，品质承诺。当摩托罗拉刚进入中国市场时，国内整个无线电通信行业还很不成熟，摩托罗拉首先以“高质量”树立品牌形象，以领先的产品使消费者获得最大益处。在营销策略上，公司采取“拉推结合”的策略，一是通过大运营商销售，二是占领零售点，将其广告摆在最抢眼的地方，提升品牌知名度。

第二，市场细分。摩托罗拉建立了行业品牌知名度后，随即开始注重产品形象的全面塑造，尤其注重品牌感性形象的塑造力度。所谓品牌的感性形象塑造，是指产品品牌及其产品在产品的设计、制造、销售及其服务的过程中所积累和展现出的人格化、生命化、情感化和品牌化的文化象征意义。摩托罗拉对移动通信消费市场进行了细分，将消费者大致分为四类：形象追求型、科技追求型、时间管理型和个人交往型，并依据四类细分市场推出了四大品牌：V、Accompli 、Time port 和 Talk about 。这四大品牌覆盖了追求科技、追求时尚、追求效率和实惠的客户群体。同时，通过“飞跃无限”“Hello MOTO”等品牌推广活动，诠释现代通信的文化和生活时尚，在消费者中建立起品牌的“个性”“时尚”“充满生活乐趣”“贴近消费者需要”的感受。根据 2001 年国内零点调查公司对中国手机品牌的调查结果（表 6-1）可以看出，摩托罗拉在品牌感性形象的塑造上取得了成功，不但保持了“科技”“高效”的品牌形象，还融入了“时尚”“娱乐和情趣”的品牌形象。

表 6-1　摩托罗拉与诺基亚的品牌识别比较①

品牌	摩托罗拉	诺基亚
品牌核心识别	智慧演绎，无处不在	科技，以人为本
品牌延伸识别	科技	人性化
	高效	个性化
	时尚	创新
	娱乐和情趣	情趣
品牌个性识别	刺激	称职

2. 卓越的企业家精神

企业家是企业中促进新技术研发和投入使用的驱动者。一个企业家的个性和风格会直接影响本企业的创新模式。摩托罗拉的创始人保罗·高尔文是一位大胆创新的创业者，他常常制定一些在别人眼中遥不可及的目标。20 世纪 40 年代，摩托罗拉刚刚进入电视机市场，高尔文给电视事业部定的目标就是第一年以每台 179.95 美元的价格卖出 10 万台电视机，还要有盈利。而这个销量是

① 零点市场研究有限公司. 中国十城市手机消费及手机品牌研究报告（2001）[EB/OL]. www.ccidreport.com/report/content/7/200412/1942.html.

行业排名三、四的厂商的目标，同时，成本降到200美元以下对刚涉足电视机市场的企业而言也是一件难事，更何况还要盈利。这个目标最后的结果是：摩托罗拉在一年里成为电视机行业的第四大制造商。保罗·高尔文不断定出大胆的目标，鼓舞着企业不断创新，从一个小公司成长为全球知名电子企业。

（二）诺基亚在功能机时代的赶超

1998年，“北欧小国走出的通信巨人”——诺基亚公司成功超越摩托罗拉，成为全球最大的手机制造商。

1. 诺基亚的“进入”阶段

芬兰诺基亚公司于1865年成立，20世纪60年代诺基亚业务涉及造纸、橡胶、电缆、林业、电子和发电等，是一家综合性企业。芬兰人口少，很多企业都利用当地资源发展造纸、橡胶等业务。诺基亚意识到，要想走出芬兰走向世界，需要向高科技迈进。1982年，诺基亚推出了欧洲首个全数字的本地电话交换机，以及世界上第一款适用于北欧移动电话模拟标准的汽车电话。1991年，诺基亚推出了第一部GSM电话。当时，只有美国、欧洲部分地区、亚洲少数地区拥有移动电话。但是，诺基亚坚信：不久的将来，通信产品定会有广泛的市场，GSM将会成为全球的技术。苏联解体后，芬兰出口行业受到严重打击。此时，诺基亚做了一个关键抉择，果断摒弃造纸、化工、橡胶、电缆、能源等传统产业，集中财力和智力开发通信网络设备和移动电话，及时抢占通信市场，为诺基亚的成功迈出了第一步。

2. 诺基亚的“上升”追赶阶段

1992年，诺基亚确立移动电话为公司的支柱产业，并将目标定为进入该领域世界前三和盈利增长。同时，把寻求和确立新的利润增长点作为培育企业文化的核心内容，集中资金和人力加强移动通信器材与多媒体技术的研究和开发。1996年起，诺基亚在移动通信领域飞速发展。

3. 诺基亚的“超越”阶段

1998年，诺基亚超越摩托罗拉成为世界最大的移动电话生产商，生产出第1亿部手机。2000年以后，诺基亚一直稳居行业领导者地位，如表6-2所示。2001—2007年，市场以功能机为主，市场需求迅速扩大，2001年手机销量为4亿部，到2007年增长到11.5亿部。当时主流品牌手机有：诺基亚、摩托罗拉、西门子、索爱、RIM（黑莓）、三星、多普达、飞利浦、夏普、松下、LG等。进入过行业前五的手机品牌有：诺基亚、摩托罗拉、西门子、索爱、三星、LG。从表6-2中可以看到，这段时期是手机市场的迅速发展阶段，在这场竞争中，诺基亚超越摩托罗拉，确立了自己的王者地位，摩托罗拉从行业领导者退居第二，到2007年又被三星超越，屈居第三，而西门子则成了这场竞争的第一个牺牲品。

表6-2　2001—2007年手机销量及行业排名　　　单位：部

年份	2001年	2002年	2003年	2004年	2005年	2006年	2007年
手机销量	4亿	4.3亿	5.2亿	6.7亿	8.2亿	9.9亿	11.5亿
排名一	诺基亚	诺基亚	诺基亚	诺基亚	诺基亚	诺基亚	诺基亚
排名二	摩托罗拉	摩托罗拉	摩托罗拉	摩托罗拉	摩托罗拉	摩托罗拉	三星
排名三	西门子	三星	三星	三星	三星	三星	摩托罗拉
排名四	三星	西门子	西门子	西门子	LG	索爱	索爱
排名五	索爱	索爱	索爱	LG	索爱	LG	LG

资料来源：高德纳咨询公司网站，www.gartner.com.

（三）诺基亚的赶超机会窗口

Perez和Soete（1988）指出，行业部门随时间变化而进化，变化的增量有些建立在以前特点和功能上，而其他根本性的变化则来源于技术的不连续性，这种不连续的机制变化来源于“机会窗口”，新的技术经济范式使得后发企业能够追赶甚至超越在位企业，主要包括技术、需求、制度/政策三个机会窗口。诺基亚作为手机行业的新进入者，不到十年的时间就超越了手机发明者摩托罗拉占据了十几年时间的领导地位，不得不说是一个奇迹。纵观诺基亚的发展历程，它对于机会的把握非常到位，将北欧人独有的执着、严谨、钻研等特点发挥到了极致。

1. 抓住政策机会窗口选择通信领域

芬兰地处北欧，人口稀少，森林覆盖面积约占全部国土面积的90%，其中70%为工业或商业上有价值的木材。木材业和造纸业是芬兰的支柱产业，占其总出口额的80%以上。1865年，诺基亚成立之初也是一家木材厂。经过100多年的发展，诺基亚在多个行业发展并取得了成功，包括电缆、移动设备、纸制品、橡胶靴和轮胎以及电信基础设施设备。

20世纪80年代，受世界经济发展形势和世界新技术革命的影响，芬兰确定了出口导向和技术导向的方针，建设起了国家创新体系，产业结构调整速度加快，高新技术产业开始起步并迅速成长。由于芬兰的出口绝大部分销往苏联，苏联解体使得芬兰经济出现了严重衰退，而诺基亚也出现了亏损。此时，芬兰加快了产业结构的优化调整，建立了一套完整、综合及高度互动的国家创新系统，制定了向信息社会发展的战略以及以创新为核心的技术政策基本框架，完全开放电信市场，为通信产业的发展创造了有利条件。当时，诺基亚新任总裁约玛·奥利拉上任，响亮地提出："未来将属于通信时代，诺基亚要成为世界性电信公司。"诺基亚抓住了政策机会窗口，做出了创新决策，果断放弃传统产业，将纸制品、轮胎、电缆、家用电子等业务要么压缩到最低限度，要么出售，要么独立出去，甚至忍痛出售了当时已是欧洲最大电视机生产厂之一的电视机生产业务，集中人力和财力加强移动通信器材和多媒体技术的研究和开发。诺基亚完成了战略转型，为后来成为手机行业领导者奠定了基础。

2. 芬兰国家创新系统的驱动

从诺基亚的发展史中我们看到了芬兰经济的缩影。芬兰政府的每一步政策支持与经济导向都牵动着诺基亚的发展。在国家创新系统建立起来后，政府通过改革创造有利于企业技术创新的制度条件，制定并实施相应的政策，对企业技术创新予以支持和引导，推动企业实施有效的技术创新。国家创新系统是诺基亚的驱动力，它们相互作用，如图 6-2 所示。

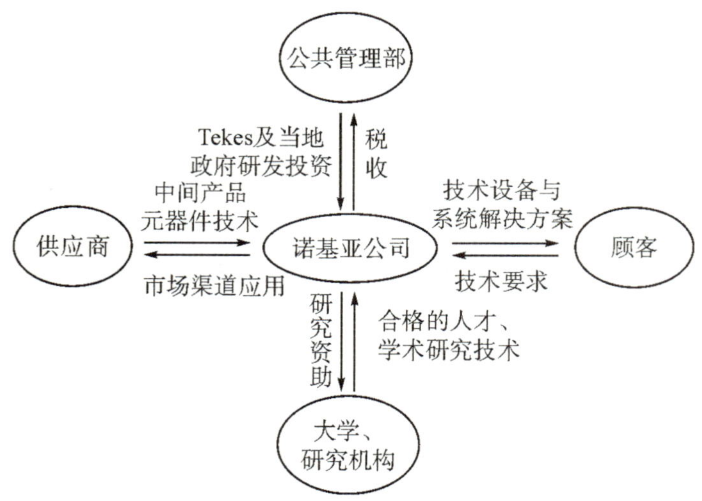

图 6-2　诺基亚与芬兰国家创新系统的运行机制①

从图 6-2 可以看出诺基亚与国家创新系统的运行机制是一种相互作用的关系。事实证明，诺基亚既是国家创新系统资源的受益者，也是国家创新系统成功运转的促进者。在国家创新系统中，Tekes（芬兰技术开发中心）为创新研究提供资金，扮演着重要角色。诺基亚通过参加研究发展项目，长期获得

① JYRKI ALI-YRKKÖ, RAINE HERMANS. *Nokia in the Finnish Innovation System* [M]. Printed in Ylipistopaino, Helsinki, ISSN 0781-6847, Helsinki 19. 6. 2002.

Tekes 提供的创新研究发展资金。1969—1999 年，诺基亚参与研究发展的项目共有 651 件之多。其中，Tekes 提供支持的 GSM（Global System for Mobile Communication）、ETX（Eletcronics for the Information Society）和 TLX（Telecommunications-Greating a Global village）有关的项目，都对诺基亚超越摩托罗拉成为行业领导者起到了重要作用。Tekes 历年对诺基亚提供的创新研究发展资金在诺基亚的研发总费用中起到了举足轻重的作用，特别是在经济不景气时，显得更加重要。如表 6-3 所示。

表 6-3　Tekes 资助金额在诺基亚研发支出中的占比①

年份	诺基亚研发支出（百万芬兰马克）	Tekes 资助金额（百万芬兰马克）	Tekes 资助占诺基亚研发比例（%）
1980	95.0	25.0	26.3
1981	172.0	25.0	14.5
1982	212.0	10.0	4.7
1983	267.0	17.0	6.4
1984	355.0	28.0	7.9
1985	456.0	8.0	1.8
1986	539.0	23.0	4.3
1987	581.0	26.0	4.5
1988	795.0	36.0	4.5
1989	950.0	18.0	1.9
1990	1 164.0	30.0	2.6
1991	933.0	47.0	5.0
1992	1 113.0	57.0	5.1
1993	1 472.0	73.0	5.0
1994	1 900.0	64.0	3.4
1995	2 531.0	65.0	2.6
1996	3 514.0	62.0	1.8

① JYRKI ALI-YRKKÖ, RAINE HERMANS. *Nokia in the Finnish Innovation System* [M]. Printed in Ylipistopaino, Helsinki, ISSN 0781-6847, Helsinki 19.6.2002.

表6-3(续)

年份	诺基亚研发支出（百万芬兰马克）	Tekes 资助金额（百万芬兰马克）	Tekes 资助占诺基亚研发比例（%）
1997	4 560.0	74.0	1.6
1998	6 838.0	79.0	1.2
1999	10 442.0	108.0	1.0
2000	15 375.0	47.0	0.3

3. 把握技术领先策略机会窗口

第一，抓住第二代（2G）数字移动通信技术机会。在第一代（1G）模拟移动通信技术时期，移动终端是模拟蜂窝移动电话，摩托罗拉手机几乎占到了全球市场份额的一半。GSM 技术出现后，摩托罗拉认为 GSM 技术只能是从模拟到纯数字的过渡，加之当时自己的绝对领导地位，一直没有重视 GSM 手机的商业开发，低估了 GSM 的推广速度。

1991 年，GSM 正式推向市场运作，诺基亚手机打出了 GSM 网上的第一个电话。GSM 具有开放式界面，GSM 手机一经推出，就受到商业、贸易以及高级管理人员的欢迎。诺基亚把握住了 GSM 商业化的机会，诺基亚的产值以每年 30%的速度增长。1996 年 GSM 手机已占据手机市场大部分份额时，摩托罗拉才开发出 GSM 系列产品，但已错过最好时机。有人曾说，GSM 商业化的历史也就是诺基亚的成功史。

第二，向第三代（3G）通信技术顺利过渡。3G 比 1G、2G 更成熟，传输声音和数据的速度提升，能够处理图像、音乐、视频等多种媒体形式，还可以浏览网页、进行电话会议、电子商务等多种信息服务。在 3G 领域，诺基亚仍然走在前列，诺基亚具备端到端的供应实力，在网络系统、软件平台、终端、应用等产业链的核心领域具有核心竞争力。2003 年，诺基亚提出“完全移动生活”理念，并在年末举行大型体验会，发布新机，各大网站竞相报道。

在移动通信技术的发展历程中，从 1G 到 3G 的每一代转变都是技术创新，技术创新经济学把它称为基本创新，每代移动通信技术转变之后的一段时期内的创新属于渐进创新。诺基亚在技术转变时期，及时地进行了转型策略调整。Dan Steinbock（2001）将诺基亚公司在技术转型时期的应对措施称为策略性的转折点，认为诺基亚的成功正是因为在技术转型时期把握好了策略性转折点，进行策略管理，也就是把握住了技术领先策略机会窗口。

4. 重视研发，把握创新技术机会窗口

诺基亚研究中心是公司的核心部门，研究中心的使命是提高诺基亚的核心能力和技术竞争力。研究中心在芬兰、丹麦、瑞典、德国、英国、中国、日本、美国、加拿大、澳大利亚等 14 个国家设有 50 多个研究机构。诺基亚在国外设立的研究机构可以分成两类：一类是从本土延伸的扩展基地，目的是从市场、全球各地大学中获取知识，研究中心主要交流与技术相关的信息；另一类是本土的开拓基地，目的在于根据当地市场需求生产标准化的产品，支援当地的生产制造，研究中心主要交流与生产制造相关的信息。这类研究中心一般设立在未来市场发展潜力看好的地方。

诺基亚公司非常重视技术研究开发，不但设立了研究中心，而且对研发经费的投入力度很大。从 20 世纪 90 年代中期起，诺基亚的研发费用迅速增长，1994—2003 年 10 年间，研发费用增加了 10 倍。1994—2003 年诺基亚研发费用如图 6-3 所示。

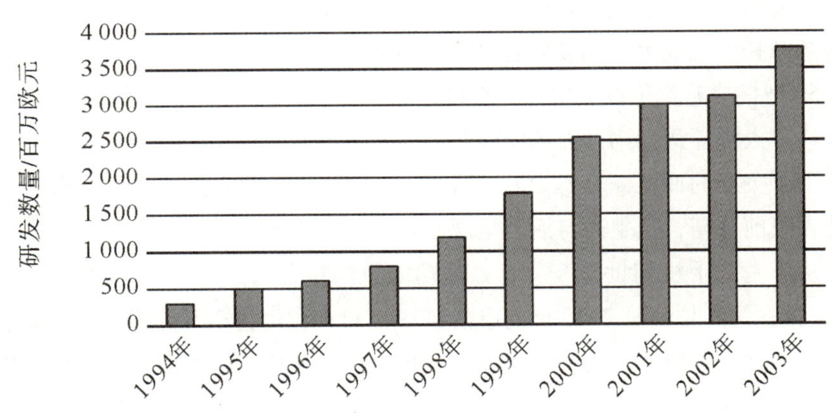

图 6-3　1994—2003 年诺基亚公司研发费用①

从图 6-3 可以看出诺基亚对研发费用的投入逐年增加。研发资金随着销售额的提升在销售额中的占比也在逐渐增大，从 1994 年的 6%增长到 2003 年的 12%，可见诺基亚在研发上的投入非常大。这样的投入也使诺基亚收到了回报，诺基亚的专利技术数量可观，并逐年增加，如图 6-4 所示。

---

① 韩先虎. 诺基亚公司技术创新研究［D］. 上海：华东师范大学，2005.

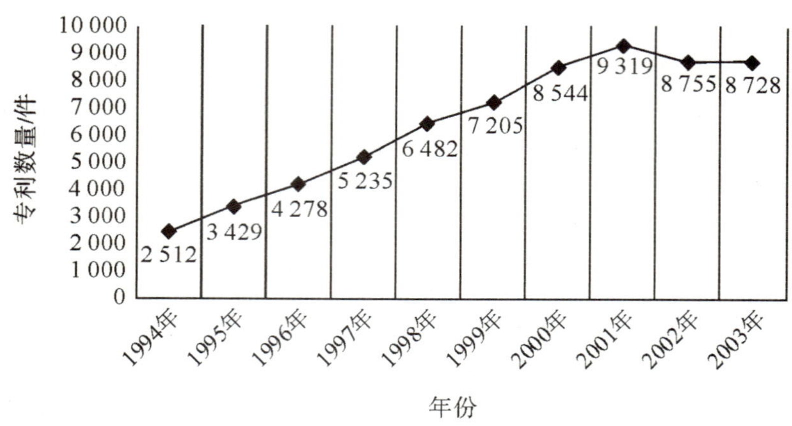

图 6-4　1994—2003 年诺基亚公司专利数量①

从图 6-4 可以看出，诺基亚在 2000 年以前专利数量呈直线上升，如此强的研发能力为每一次技术转型后的创新应对提供了强大的技术支持，也为诺基亚超越摩托罗拉成为行业领导者提供了保障。

5. 把握战略竞争机会窗口，选择差异化竞争战略

许多人都还记得诺基亚 8250 吧？它作为第一款蓝色背景灯手机，给很多人留下了美好的回忆。在这之前，手机屏幕都是黄色背景，8250 的出现，顿时让人眼前一亮，把生命与活力呈现出来，成了年轻人的最爱。

从第一部手机问世至今，有九款功能机的销量超过 1 亿部（如表 6-4 所示），排在第一位的是 2005 年上市的诺基亚 1110，销售 2.5 亿部，也是迄今为止唯一一款销量超过 2 亿部的手机。诺基亚几乎垄断了榜单，前十位有九款手机都是诺基亚的。可见，诺基亚受大众欢迎的程度极高。这和诺基亚的竞争战略分不开。

表 6-4　全球销量最高功能机 TOP10②

排名	机型	发行年份	销量（部）
第一名	Nokia 1110	2005 年	2.5 亿
第二名	Nokia 3210	1999 年	1.6 亿

① 邱洪华，陈娟. 专利视阈下的“微诺”并购：基于比较研究视角［J］. 情报杂志，2014（2）：60.

② 网易：诺基亚创记录［EB/OL］. http：//mobile. 163. com/13/0827/07/97943CGE00111790. html.

表6-4(续)

排名	机型	发行年份	销量（部）
第三名	Nokia 1200	2007 年	1.5 亿
第四名	Nokia 5230	2010 年	1.5 亿
第五名	Nokia 3310	2000 年	1.36 亿
第六名	Nokia 2600	2004 年	1.35 亿
第七名	摩托罗拉 RAZR V3	2004 年	1.3 亿
第八名	Nokia 1600	2006 年	1.3 亿
第九名	Nokia 1208	2007 年	1 亿
第十名	Nokia 6010	2004 年	0.75 亿

诺基亚把技术创新成果从高端到低端进行排序，并应用到不同系列和定位的产品上，形成了覆盖全系列的产品线。丰富的产品系列使得诺基亚的业绩实现了平稳增长。这种差异化战略就像龙卷风一样，使诺基亚的产品线具有较强的竞争力，并全面稳定地向前推进。

6. 把握本土化渠道创新机会窗口

诺基亚在发展中一直非常重视本土化营销模式，并能及时关注市场发生的新变化，创新地发展本土化的新渠道模式，从而在手机市场中超越对手并保持领先地位。

以中国市场为例，诺基亚手机在中国的销售渠道从最初的国代阶段逐步过渡到 FD 模式阶段。诺基亚和摩托罗拉一样，最初通过国代商进行层层分销，为每个国代设立一个由诺基亚的销售经理、市场经理、客户经理组成的服务小组来协助国代销售。同时，注重保障国代的利益，为其保持稳定的利润来源。当然，合作也要时刻保持危机意识，一旦诺基亚发现国代的发展速度跟不上，就会考虑引入新的国代来弥补缺口，危机意识也帮助诺基亚寻找到了行业内最优秀的国代资源。

2003 年，国产手机市场一片飘红。面对手机市场竞争加剧的态势，诺基亚提出整合销售渠道思路，改变原有高端放货分销机制，下沉渠道。诺基亚开始建设省代网，压缩国代渠道战线，仅保留了最具实力的 3 家国代。诺基亚形成了自己的直供体系和核心零售商，它们成为诺基亚的主力零售力量。这一系列渠道的创新与变革，使诺基亚的市场份额获得了较大的增长，并和摩托罗拉进一步拉开距离。具体情况如图 6-5 所示。

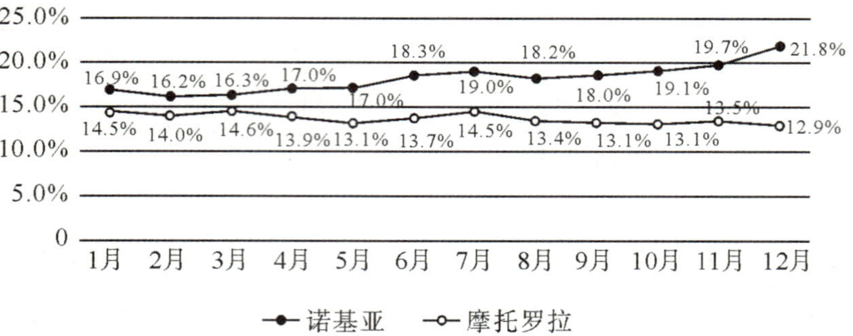

图 6-5　2004 年诺基亚和摩托罗拉品牌份额走势①

随着市场份额的不断拓展，省代模式的运营也逐渐凸显出一些问题：一是省代质量参差不齐，对市场缺乏控制力，部分省代过于追求达量返利，进行“倒挂销售”或窜货，导致市场混乱；二是优质的省代通常经营多个品牌，资金压力和存货压力大，常常导致诺基亚的销售目标无法实现。因此，诺基亚又探索了新的分销渠道——FD 分销模式。FD（Fulfillment Distributor）即履约分销商，这种模式就像一个网络状物流模式和严格限制下的代理模式的综合体。其渠道运营方式如图 6-6 所示。

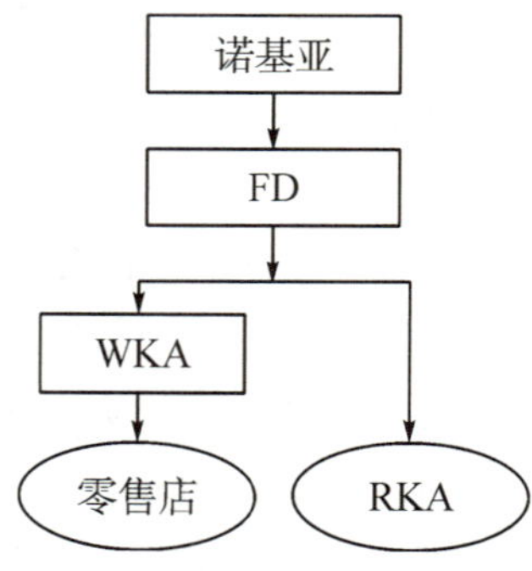

图 6-6　诺基亚 FD 分销模式

FD 是一个平台，它不需要承担销售、压货、市场推广等职能，诺基亚会帮助 FD 客户寻找和开发两类客户：一类是 WKA，即带有批发分销职能的重点零售商，再帮助诺基亚完成下面县级零散区域的覆盖；另一类是 RKA，只零售不批发。WKA、RKA 直接向 FD 下单订货，完成诺基亚的资金、物流职能。

① 赛诺市场调查. 2004 年手机行业市场分析报告[EB/OL]. https://wenku.baidu.com/view/828d08ebaeaadif346933f66.html.

诺基亚率先在中国市场尝试 FD 模式，并取得了巨大的成功。

7. 把握速度机会窗口和个性化的产品设计

诺基亚对研发的大力投入以及对市场的迅速反应，使得诺基亚能及时地把握市场脉搏。诺基亚设有专门的市场信息搜集网络，市场推广员每天都会收集各种相关资料和信息，整理并通过网络上报，及时发现市场需求。因此，诺基亚常常以最快的速度和最新的技术研制出用户需要的高质量产品。2002 年，诺基亚就推出了 34 款手机，新机型的开发周期平均仅为 35 天，这在移动通信行业可谓绝无仅有。

重视手机的个性化设计，是诺基亚迅速推出新产品的另一个因素。诺基亚有专门的设计部门研究手机外观，个性化的设计使诺基亚产品耀眼出众。设计部门的主要工作就是让手机看起来多样化、个性化。同时，聘请社会学家、行销专家、有流行嗅觉的专业人士为特定族群设计手机。诺基亚在“科技，以人为本”的理念下不断更新的产品设计已经形成了独特的竞争优势。

四、智能机的赶超周期

2007 年 6 月，苹果公司 iPhone 手机问世，掀起了手机行业的全新变革，不得不说是手机行业的奇迹。

（一）苹果在智能机时代的赶超

1. 苹果的“进入”阶段

苹果公司成立于 1976，成立之初叫苹果电脑公司，主要从事个人电脑的生产制造和销售。随着公司的发展和战略转型，2001 年公司对外宣布了一项重大的长期战略：数字中枢战略，以个人计算机为“数字中枢”，整合数字设备，用计算机控制数字设备并管理由其产生的音乐、照片、视频、资料等信息，开创一个充满幻想色彩的数字化时代，即“数字化生活方式”。2007 年公司更名为“苹果公司”，标志着苹果公司跨越个人电脑领域进入消费电子领域。

早期的手机主要用于打电话，消费者在购买手机时主要选择外观和服务商。诺基亚在 1998 年超越摩托罗拉成为手机行业的领导者，诺基亚、摩托罗拉和三星占有手机行业 60%的市场份额，它们主导功能手机。苹果 iPhone 上市，革命性的全触摸屏界面加上应用 APP，引爆了智能机新时代。没有键盘，只需用户动动手指就可以发布指令，简便而直观，消费者有非常便捷和直观的体验。第一代苹果手机售价为 499 美元，内存 8GB。而当时，300 美元以上的手机在全球手机的销售额中仅占 5.75%。第一代苹果手机上市仅五个季度，销量就超过了 600 万部。

2. 苹果的“上升”追赶阶段

全触摸屏的 iPhone 拥有强大的数字功能，能播放音乐、收发电子邮件、管理照片资料、接入互联网等，人们只需借助手机就可以完成多种业务。苹果开拓了一个充满幻想的数字化时代，将数字中枢理念完美地融入人们的日常生活。

2008 年 6 月 10 日，苹果公司发布第二代 iPhone 3G 机型。在美国，手机制造商通常会依赖于运营商提供补贴，iPhone 的独家运营商为美国电话电报公司（AT&T）。AT&T 并未为第一代 iPhone 提供补贴，而是和苹果公司达成了收入分配协议。第二代 iPhone 3G 机型上市，苹果公司和 AT&T 达成新协议，运营商提供补贴，消费者只需要 199 美元就可以购买第二代 iPhone 8GB 的两年合约机。该机型没有补贴的话，需要花费 599 美元。第三代（3G）通信网络运行速度更快。首发期间，世界各地都出现了提前数天排队等待购买 iPhone 的现象。以至于后来，任何关于 iPhone 新版本推出的消息都成了市场的焦点，iPhone 手机成为全球最令人瞩目的一款手机。

3. 苹果的“超越”阶段

2007 年 1 月 9 日这个特殊的日子，在美国旧金山召开的 Macworld 大会上，苹果公司 CEO 史蒂夫·乔布斯发布了 iPhone 手机，完美的产品演示展现了一部颠覆传统认知的移动电话：宽屏多点触控、桌面级电子邮件、网页搜索浏览、地图功能等完美地融为一体。iPhone 手机，一款革命性的产品问世了。

iPhone 手机上市仅半年，销售量就达到 318.6 万部，排在全球智能手机市场第三位，销售份额仅次于诺基亚和黑莓，达到了 6.5%。而诺基亚和黑莓份额分别占 53%和 11.4%。到 2010 年，iPhone 手机销量已达 4 659.8 万部，市场占有率上升到 15.7%。如果仅针对一款手机而言，2010 年苹果 iPhone4 的销量已稳居全球第一位。表 6-5 对比了 2010 年和 2011 年全球五大手机品牌出货量及市场占有率，不得不让世界惊叹 iPhone 系列产品所缔造的奇迹。苹果 iPhone 手机在短短的五年间超越 LG、ZTE，成为全球第三大手机商。

表 6-5　2011 年全球五大手机品牌出货量及市场占有率①

单位：百万部

品牌	2011 年出货量	2011 年市场占有率	2010 年出货量	2010 年市场占有率
诺基亚	417.1	27.0%	453.0	32.6%
三星	329.4	21.3%	280.2	20.1%
苹果	93.2	6.0%	47.5	3.4%
LG	88.1	5.7%	116.7	8.4%
中兴	66.1	4.3%	50.5	3.6%
其他	552.1	35.7%	443.6	31.9%
合计	1 546.0	100.0%	1 391.5	100.0%

（二）苹果的赶超机会窗口

"管理之父"彼得·德鲁克认为，创新是赋予资源一种新的能力，使之成为创造财富的活动；经济学家熊彼特把创新界定为一种新的生产函数的建立，认为创新是把一种从来没有过的生产要素和生产条件的新组合引入生产体系，从而形成一种新的生产能力，以获取潜在利润。iPhone 手机的问世，无疑带动了产业的创新。从产业创新的层次来看，是个循序渐进的过程，即"技术创新"→"产品和服务创新"→"市场创新"→"产业融合创新"。创新可以分为两类：渐进式创新和颠覆式创新。颠覆式创新又叫破坏式创新或激进式创新。渐进式创新是对现有的产品和技术的提升或改造；颠覆式创新则是从根本上突破现有的技术，开发出全新的产品或服务，甚至颠覆整个产业原有的运行准则和竞争环境。诺基亚手机的创新方式更类似于渐进式创新，或是在原有创新成果基础上提升或改造，或是在非核心技术上增加一些创意；而苹果手机属于颠覆式创新，是移动互联时期革命性创新的典型代表。

1. 创新的技术

苹果公司成立于个人电脑市场尚处于萌芽期的 20 世纪 70 年代，从事个人电脑的硬件生产。随着 IT 技术的发展，苹果公司将 IT 技术的创新向硬件制造、软件开发、商业模式创新与应用相结合的方向发展，成功进入电子消费品生产行业。2001 年 iPod 出现、2007 年 iPhone 手机问世、2010 年 iPad 上市，苹果公司向数字通信领域转移的战略，正是苹果突破技术创新机会窗口造就的

① IDC 发布 2011 年全球手机销量数据[EB/OL].https://www.ifanr.com/71308.

商业奇迹，成为世界科技创新的一面旗帜。iPhone 手机被《时代》杂志誉为“年度最佳发明”。为了这部手机，公司花费两年半时间，投入研发成本约 1.5 亿美元，它代表着苹果公司为重塑手机概念所付出的努力。根据波士顿咨询公司的调查数据，苹果公司位列 2016 年度全球最创新企业排行榜榜首，如表6-6 所示。

表 6-6　2016 年度全球最创新企业排行榜①

排名	公司	国家
1	苹果	美国
2	谷歌	美国
3	特斯拉	美国
4	微软	美国
5	亚马孙	美国
6	Netflix	美国
7	三星	韩国
8	丰田	日本
9	Facebook	美国
10	IBM	美国

2. 创新的商业模式

iPod、iPhone、iPad 是产品创新的奇迹，而在它们身上更体现了一种全新的商业模式。iPod 是基于 MP3 的便携式数字音乐播放器，它流线型的设计、简单的操作界面、大容量存储，受到年轻人的喜爱，很快成为数字时代的一个标志产物。iTunes 是一款数字媒体播放应用程序，iTunes 网上商店是第一个合法的按单曲下载付费的网站。苹果公司通过 iPod +iTunes 实现了软硬件平台的第一次高度整合，这种独特的端到端一体化的商业模式形成产品销售相互促进的良性循环模式。iPhone 智能手机+App Store 应用程序商店沿袭了这一商业模式，为苹果公司创造了市场竞争优势地位。

3. 创新的价值链设计

苹果公司的创新令人惊奇，除了技术创新、商业模式创新，它的价值链运

① 波士顿咨询公司发布排行榜［EB/OL］. https：//www. bcg. com/d/press/12january2017-most-innovative-companies-2016-142287.

作模式创新也让大家赞叹。乔布斯回到苹果，不仅为苹果带来了创新技术，也对公司组织架构进行了重构，整合了美国以外的运营架构，如图6-7所示，并将大部分生产活动外包，通过第三方专业制造商来生产苹果在美国研发出来的各种零配件和部件。

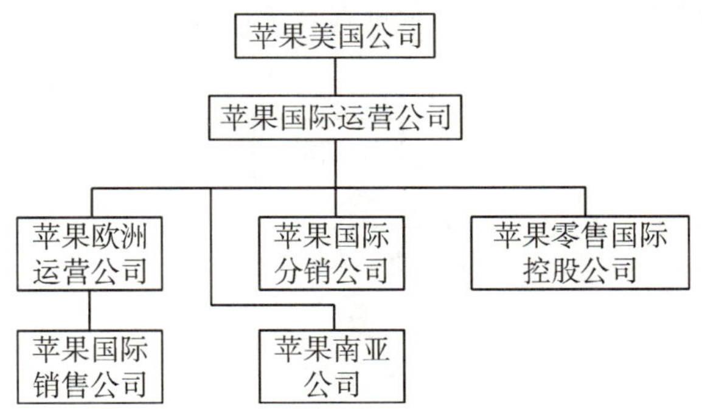

图6-7　苹果关联公司组织结构图①

第一，研发本土化。苹果美国公司（API）是苹果公司所有经营管理活动和决策的实际控制者。苹果公司几乎所有的研发都是由苹果美国公司完成的。同时，API还要全面负责组织、协调和管理美洲市场的销售活动。

第二，采购全球化。苹果公司通过全球化的采购模式对所需原材料、零部件进行采购。供应商们依据苹果公司提出的设计方案和要求，为其提供原材料和零部件。全球化的采购模式为苹果公司优化了资源、降低了成本。

第三，生产合约化。苹果公司的零配件和部件几乎都运往中国，交由中国的第三方合约制造商完成组装和最终装配，形成苹果的各种产成品。中国人力资源成本低，生产合约化的选择为苹果公司大大降低了成本。

第四，海外分销网络完善化。在中国生产出的产成品，由苹果国际销售公司通过苹果的分销网络和渠道把产品销往全球各地。完善的海外分销网络帮助苹果公司实现了销售，苹果国际销售公司只是用合同和订单的方式完成法律意义上的苹果产成品的所有权转移。产成品则由中国制造商的工厂起运，直接送达末端分销商或者最终消费者手中。完善的分销网络大大简化了物流环节。

4. 极致的用户体验

苹果公司是全球领先的品牌化客户体验企业，专注于用户体验，为客户提供了超值享受的体验效果，创造出超越一般物质的价值。客户体验是苹果公司

---

① 张英华，姚丽. 从苹果公司的案例看管理创新［J］. 天津师范大学学报（社会科学版），2014（6）：78.

重要的品牌战略。苹果专卖店设计时尚、简洁而独特，产品陈列、灯光和影像让人一走进去就感觉到已置身于时尚经典之地。电源插头是利用磁力吸附的，防止顾客体验时产品跌落。每一个品牌体验细节都被考虑到，没有橱窗，产品直观地映入眼帘，光滑的表面、接触式界面、优美的机身和自然的互动，带给人们纯粹的客户体验，感观与体验得到升华，创造了用户需求。如图 6-8 所示。

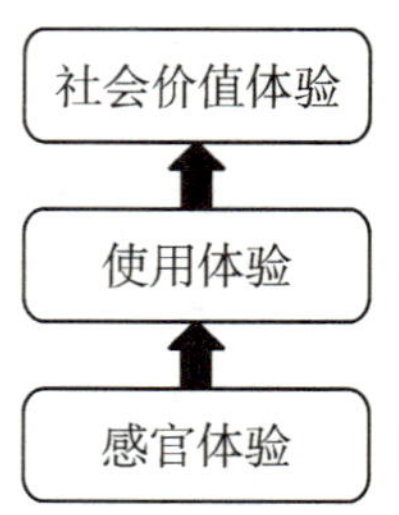

图 6-8　苹果专卖店客户体验

5. 出色的市场营销能力

iPhone 手机热销，除了极致的专卖店用户体验，苹果公司运用饥饿营销、口碑营销等出色的市场营销方式也是一个重要的因素，创新的营销方式提升了消费者的购买欲。

第一，饥饿营销。iPhone 手机上市前，苹果公司通过强有力的宣传，引起了消费者的强烈关注，勾起了媒体及大众的极大好奇心。在每一代苹果手机上市销售时，苹果专卖店都会出现消费者连夜排队等待购买的情况。无论是苹果官网，还是专卖店里，苹果手机一上市就被一抢而空。一方面是由于消费者对于苹果手机的高度关注和热爱，另一方面则是由于苹果公司对渠道销售门店的库存进行了严格掌控。对库存的严格掌控调节了苹果手机市场的供需关系，保证了苹果手机供不应求的现象，饥饿营销提升了苹果手机在消费者心目中的形象，进一步激发了消费者的购买欲望。

第二，口碑营销。早期购买 iPhone 手机的消费者，大部分是受教育水平较高、有一定的物质基础、讲求生活品位的年轻人，乐于将使用新产品的体验分享给朋友和同事，或者通过社交媒体等方式分享，扩大了苹果公司的影响力，吸引了更多的消费者。苹果手机口碑营销的独到之处在于，良好的口碑都是用户自发的，反映出苹果手机良好的用户体验、强大的功能以及精准的品牌定位，从而给消费者带来了良好的使用体验，进而主动分享产品的新特性、新功能、新感受。iPhone 手机得到了更多潜在消费者的关注，提升了消费者购买欲望，最终提升了产品的销量。

6. 用一流的设计创造需求

一款优秀的工业设计不仅展现出产品的外观，还能反映出产品的精髓。苹果公司总能推出一系列广受消费者欢迎的明星产品，这离不开其一流的设计团队和先进的设计理念。在创始人乔布斯的设计理念的影响下，苹果公司一直致力于开发顾客看一眼就会喜欢上的产品，从设计的角度去实现客户的需求，为用户提供绝佳的体验。有的产品设计是由工程技术主导的，先由工程师制定产品规格和要求，设计师再据此设计模型和外壳。苹果公司则完全不同，是由设计主导工程：先由设计团队与核心管理层讨论确定设计概念，然后设计师设计模型，最后由工程师根据模型确定结构和组件，从而实现苹果公司“设计改变生活”的设计理念。

诺基亚的产品设计团队非常重视市场调查，通过观察大量不同人群的差异化需求，了解消费者行为和偏好，从而生产出顾客需要的产品。苹果公司对“需求”有着创新的看法，其设计不是为了迎合大众的需求而是在创造需求。

iPhone 手机的发布让世人有着无法想象的惊艳感，完美的设计在这款小巧精致的智能手机中体现——无按键的全触摸屏、不可拆卸的超长待机电源、大容量内存、高清摄像头、音乐播放器、无线上网、看书、游戏、办公、娱乐……应有尽有。苹果公司在 iPhone 手机的设计中，成功地应用了多点触控技术，用户可以充分享受与手机的美妙互动，感受前所未有的便捷操控体验。这既是苹果公司一流的产品设计的体现，更是一种时尚，引领了手机的时代潮流。

五、手机行业领导更替及影响因素

（一）手机行业领导更替

回顾手机行业 30 多年的发展历程，手机行业的辉煌和领导的更替清晰再现：

（1）1983—1998 年。在此期间，摩托罗拉作为世界上第一部手机的创始人，一直领导着手机行业。很多通信设备制造商或电子消费品生产企业纷纷迈入手机行业，其中诺基亚、爱立信发展迅速，成为同时期在位企业。西门子、索尼、黑莓、多普达、飞利浦、夏普、松下、三星、TCL、中兴等品牌则作为行业追赶者，一直在努力追赶。

（2）1998—2007 年。1998 年以后，爱立信手机逐渐衰退，诺基亚把握住移动通信技术变革时机，成功超越摩托罗拉成为行业领导者。三星也顺利赶超挤入前三。2002 年 6 月，联想手机问世；同年，金立通信设备有限公司成立，金立手机上市。2003 年 7 月，华为成立手机业务部，开始研发手机。同时期在位企业还有摩托罗拉、三星，行业追赶者有西门子、黑莓、多普达、飞利浦、夏普、松下、索爱、TCL、中兴、华为等品牌。追赶是艰辛的，有些后发企业“流产”于追赶阶段，选择放弃或卖出手机业务，如：2005 年明基并购西门子手机，一年以后，2006 年 6 月，诺基亚和西门子电信设备和网络业务部门合并，成立诺西公司；2007 年 HTC 收购多普达；2007 年中国电子收购飞利浦全球手机业务。

（3）2007—2012 年。这五年中，手机市场发生了巨大的变革。早在 2002 年，诺基亚通过塞班操作系统将用户带到了智能手机新世界，在后来的几年中仍然保持着领导者地位。但那时的智能机仅支持安装游戏、影音播放、小工具等程序，没有完整的 APP 生态环境。2007 年，苹果推出 iPhone 手机——全触摸屏和基于应用的操作系统，引爆智能手机行业。苹果凭借 iPhone 手机引起了智能手机的全新变革，五年时间就跻身全球前三，分得全球智能手机市场一半以上的利润，当然步入行业领导者地位。此时，手机行业另一位王者则是三星。三星作为后发企业，在赶超创新的过程中快速反应，抓住了谷歌 Android 操作系统的机遇，成功实现了超越。2012 年，三星手机全球市场份额超过诺基亚，排名第一，结束了诺基亚长达 14 年的市场霸主地位。此时，三星、诺基亚、苹果为全球手机行业前三，同时期追赶者有黑莓、夏普、松下、索尼、TCL、中兴、华为等品牌。这一阶段索尼爱立信整合到了索尼电子产品部门。除此以外，许多后发企业迅速兴起，加入手机行业竞争。2008 年，HTC 推出全球第一款安卓手机 HTC G1，2011 年发展迅猛，成为全球知名手机生产厂商；同年，国际上享有盛名的影音品牌 OPPO 正式进入手机行业，第一款手机 OPPO A103 主打音乐时尚，邀请明星代言，从此将手机脱离工业气息，与时尚挂钩；2009 年魅族科技有限公司进入手机行业；2010 年酷派手机上市；2011 年小米、Vivo 进军手机市场。

（4）2012—2017 年。这一阶段手机行业稳定发展，国产手机在赶超中后劲实足。三星仍然保持着全球第一的市场份额，苹果排名第二，但苹果用 11%的市场占有率，分得了全球手机市场 91%的利润。行业领导者仍然是三星和苹果。华为手机成功赶超，市场份额排名全球第三。同时，国产手机品牌 OPPO、Vivo 等在国内和国际市场上也有很大影响力，OPPO 市场份额排名全球第四。而曾经在手机市场上风光无限的诺基亚、黑莓、松下先后宣布退出手机市场。手机行业领导更替如表 6-7 所示。

表 6-7　手机行业领导更替

阶段	行业领导	在位企业	行业追赶者	“流产”于追赶阶段的品牌
1983—1998 年	摩托罗拉	诺基亚、爱立信	西门子、索尼、黑莓、多普达、飞利浦、夏普、松下、三星、TCL、中兴	—
1998—2007 年	诺基亚	摩托罗拉、三星	西门子、黑莓、多普达、飞利浦、夏普、松下、索爱、TCL、中兴、华为	2005 年明基并购西门子手机 2006 年 6 月，诺基亚和西门子电信设备和网络业务部门合并，成立诺西公司
2007—2012 年	诺基亚	三星、苹果	黑莓、夏普、松下、索尼、TCL、中兴、华为、HTC、OPPO、魅族、酷派、小米、Vivo	2007 年 HTC 收购多普达 2007 年中国电子收购飞利浦全球手机业务 2011 年索尼爱立信整合到索尼电子产品部门
2012—2017 年	三星、苹果	华为	OPPO、Vivo、魅族、小米、索尼、TCL、中兴、HTC、酷派	2013 年松下撤出了智能手机市场 2014 年诺基亚宣布完成与微软公司的手机业务交易，正式退出手机市场 2016 年黑莓宣告停止研发和生产智能手机

（二）手机行业领导更替的主要影响因素

1. 国家政策引导

国家和产业部门的创新系统对企业层面有着深层次影响。芬兰国家创新系统的建立，为诺基亚提供了信息效应，使诺基亚公司做出了正确的战略决策，为后来成为行业领导者奠定了基础。在我国，“大众创业，万众创新”和“中国智造 2025”的提出，为国产手机品牌的兴起和赶超提供了政策保障。

2. 技术空间

从摩托罗拉、诺基亚、苹果、三星和华为身上，我们看到的是创新的发展。无论是渐进式创新还是颠覆式创新，它们能走在行业的前列，与它们不断创新带来的技术息息相关。

3. 创新活动

创新活动有利于企业进入新的市场，通过各种方式超越在位企业，实现行业领导更替。以现阶段手机行业在位企业为例，苹果、三星、华为均为世界级企业。而苹果、三星、华为三个公司恰好代表了世界级创新型企业的三种类型。苹果是颠覆式创新引领产业变革的代表；三星是与高手合作，在模仿创新中形成自己的竞争优势，并逐渐超越的创新代表；华为则是选择了不一样的路径创造，以农村包围城市，逐步提升规模从而创新追赶的代表。

4. 企业家精神

纵观手机发展史中的王者，每一个行业领导企业背后都有一个有魄力、有胆识的领袖。摩托罗拉的创始人保罗·高尔文是一位大胆的创新者，用大胆的目标鼓舞企业不断创新；20 世纪 80 年代，因受芬兰经济衰退影响，诺基亚也出现了亏损，新任总裁约玛·奥利拉果断放弃传统产业，战略转型到通信事业，逐渐走向辉煌；苹果公司作为全球最具创新力的公司，史蒂夫·乔布斯的回归，使曾面临破产的苹果公司在乔布斯回归的第二年就推出了传奇产品 iMac。随之而来的还有 iMovie、iTunes、iPod、iPhone……在乔布斯的领导下，苹果公司创造了一个又一个梦一般的产品；三星的发展中，两届会长起了决定性作用。石油危机时，前任会长及时调整战略方向，进入半导体行业。然而，半导体行业不景气时，新任会长李健熙能够坚持，并选择了电子类业务作为发展重点，剥离汽车等非核心业务，铸就了今天的三星。

5. 组织记忆

Dosi 认为，技术的积累性决定了企业的技术实力，通常在位企业表现出极强的技术进步不可逆性。因此，当出现基础性技术范式变革时，在位企业不由自主地表现出对新技术的投入迟缓，并力图通过对原有技术的突破来应对新竞争，从而为后发企业采用新技术、实现跨越式发展留下了机会。现有研究将这种对新技术投入延迟以及过分信任现有技术的思维惯性称为“组织记忆”。GSM 技术出现后，摩托罗拉认为 GSM 技术只能是从模拟到纯数字的过渡，表现出对新技术的投入迟缓，由于当时自己的绝对领导地位，低估了 GSM 的推广速度，错失了对 GSM 手机的商业开发。这种“组织记忆”成为阻碍它维持竞争优势的惯性系统，从而被诺基亚超越。这是典型的“组织记忆”影响行业领导者更替。

如今，手机已是人们生活中不可或缺的交流、娱乐工具。每个人心中都有一款“梦机”，每个品牌都在努力创造人们心中的“梦机”。为了这个目标，它们正在努力创新，不断赶超！

六、华为实现赶超创新的发展路径

（一）华为赶超创新的发展历程

1. 第一阶段（1987—1995 年）——引进技术到自有技术萌芽

1987 年华为刚刚成立，1988 年开始营业，那时的华为只是香港一家生产用户交换机（PBX）公司的销售代理，主要依靠价格差获取利润。虽然在代理其他公司的产品，但任正非一直想做出自己公司的产品，因此在代理其他产品期间，已经在着手研究国外的交换机技术。后来代理权被收回时，华为已经有能力自主研发面向酒店与小型企业的 PBX 技术了。当时，中国通信设备市场被国外厂商垄断，华为把握住了中国通信行业的发展趋势，逐渐创立自己的品牌并占领市场。1990 年，华为在模仿原型机基础上开发了自主品牌的 PBX，面向酒店与小企业客户。1992 年开始研发推出农村数字交换解决方案，同时，战略目标转向农村市场，全面实施“农村包围城市”战略。1994 年，华为在某国外品牌设备基础上模仿创新推出 C&C08 数字程控交换机，满足对防雷、功耗和远端模块的特殊要求，成功占领农村市场。1995 年，华为的销售额达 15 亿元人民币，主要来自国内农村市场。这一阶段，华为从代理产品到模仿自主研发，从小企业客户和通信落后的农村入手占领市场，逐步扩大规模，进入了高速发展期。

2. 第二阶段（1996—2000 年）——从模仿创新到自主创新

1995 年，华为成立知识产权部，在北京建立了研发中心。1996 年，华为开始了国际化的征程，推出综合业务接入网和光网络 SDH 设备，成立上海研发中心。华为已经预测到电信业的发展趋势将是 3G 取代 2G，公司为此进行了充足的技术储备。1997 年推出无线 GSM 解决方案。1998 年，数字微蜂窝服务器控制交换机获得专利，成立南京研发中心，市场拓展到中国主要城市。1999 年，华为成为当时世界上最大、最先进的智能网络——中国移动全国智能网的主要供应商，设立印度班加罗尔研发中心。2000 年，在瑞典首都斯德哥尔摩设立研发中心，海外市场销售额达 1 亿美元。这一阶段，华为有了一定的资本积累，逐步建立起自己的研发中心，结束了产品模仿创新的阶段，把握了产品创新的主动权，拥有了自主创新的能力，并掌握了一定的核心技术。

3. 第三阶段（2001—2009 年）——自主创新的升华

2001 年，华为的光纤系列产品占据亚太地区市场份额首位，在美国设立四个研发中心，加入国际电信联盟；2002 年是全球通信制造业的“冬天”，国际通信市场萧条，而华为的国际市场销售额仍然达到了 5.52 亿美元；2003 年，美国电信巨头思科（Cisco）指控华为，认为华为侵犯其部分知识产权，但思科最终撤回了诉状，承认华为并没有侵权行为。这场跨国知识产权官司，使得华为在国际上崭露头角，大大提升了公司的品牌形象。与此同时，华为也更加深刻地意识到自主创新的重要性，决定完全摒弃技术创新的模仿跟随战略，更加注重研究开发过程中的专利的使用，加大了在国际市场注册自己专利的力度。2004 年，与荷兰运营商 Telfort 签订价值超过 2 500 万美元的合同，首次实现在欧洲的重大突破；与德国西门子公司成立合资公司，共同研发基于 TD—

SCDMA 第三代移动通信技术，以及相关产品的生产和销售，推动了该技术的发展。2005 年，华为成为英国电信首选的 21 世纪网络供应商，为 BT21 世纪网络提供多业务网络接入（MSAN）部件和传输设备；与沃达丰签署《全球框架协议》，正式成为沃达丰优选通信设备供应商；与英特尔合作成立上海研发中心，共同开发支持新型 WiMAX/IEEE 802.16 标准和规范的电信级无线宽带网络技术。2006 年，与摩托罗拉合作在上海成立联合研发中心，开发 UMTS 技术；与沃达丰电信合作承建西班牙 WCDMA/HSDPA 无线接入网络；与日本 eMobile 合作，部署日本第一个基于 IP 的 HSDPA 无线接入网络；美国移动运营商 Leap 选择华为建设 3G 网络，该 CDMA 3G 网络覆盖美国加利福尼亚州、爱达荷州、内华达州等重要地区。2007 年，与赛门铁克合作成立合资公司，开发存储和安全产品与解决方案；与 Global Marine 合作成立合资公司，提供海缆端到端网络解决方案；推出基于全 IP 网络的移动固定融合（FMC）解决方案战略，帮助电信运营商节省运作总成本，减少能源消耗；在 2007 年底成为欧洲所有顶级运营商的合作伙伴；被沃达丰授予“2007 杰出表现奖”，是唯一获此奖项的电信网络解决方案供应商。2008 年，被《商业周刊》评为全球十大最有影响力的公司；移动设备市场领域排名全球第三；移动宽带产品全球累计发货量超过 2 000 万部，市场份额位列全球第一；当年共递交 1 737 件 PCT 专利申请，在 2008 年专利申请排名榜上排名第一；LTE 专利数占全球 10%以上。无线接入市场份额跻身全球第二。2009 年，成功交付全球首个 LTE/EPC 商用网络，获得的 LTE 商用合同数居全球首位；率先发布从路由器到传输系统的端到端 100G 解决方案；获英国《金融时报》颁发的“业务新锐奖”，并入选美国 *Fast Company* 杂志评选的最具创新力公司前五强；主要产品都实现了资源消耗同比降低 20%以上，在全球部署了 3 000 多个新能源供电解决方案站点。截至 2009 年底，华为加入了 123 个标准组织，共向标准组织提交文稿 18 000多篇，累计申请专利 42 543 件。

4. 第四阶段（2010 年至今）——创新的引领者

2010 年，华为在全球部署了超过 80 个 SingleRAN 商用网络，获英国《经济学人》杂志 2010 年度公司创新大奖。2011 年，发布 GigaSite 解决方案和泛在超宽带网络架构 U2Net，发布 HUAWEI SmartCare 解决方案；整合成立了“2012 实验室”；建设了 20 个云计算数据中心；在全球范围内包揽 6 大 LTE 顶级奖项。2012 年，发布业界首个 400G DWDM 光传送系统，在 IP 领域发布业界容量最大的 480G 线路板；在 3GPP LTE 核心标准中贡献了全球通过提案总数的 20%；在芬兰新建研发中心，和全球 33 个国家的客户开展云计算合作，并建设了7万人规模的全球最大的桌面云。2013年，全球财务风险控制中心在英国伦敦成立；欧洲物流中心在匈牙利正式投入运营；作为欧盟5G项目主要推动者、英国5G创新中心（5GIC）的发起者，发布5G白皮书，积极构建5G全球生态圈；率先发布了骨干路由器1T路由线卡，以及40T超大容量的波分样机和全光交换网络AOSN新架构；发布全球首个以业务和用户体验为中心的敏捷网络架构及全球首款敏捷交换机S12700，满足云计算、BYOD、SDN、物联网、多业务以及大数据等新应用的需求；持续领跑全球LTE商用部署，已经进入了全球100多个首都城市，覆盖9大金融中心；智能手机业务进入全球TOP3；对构建无线未来技术发展、行业标准和产业链积极贡献力量。2014年，在全球9个国家建立5G创新研究中心；为全球客户建设480多个数据中心，其中160多个云数据中心；全球研发中心总数达到16个，联合创新中心共28个。2015年，与欧洲运营商共同建设了全球首张1T OTN网络，与英国电信合作完成业界最高速率3Tbps光传输现网测试；发布了全球首个基于SDN架构的敏捷物联解决方案；发布了全球首款32路x86开放架构小型机昆仑服务器；2015年华为以3 898件专利连续第二年位居榜首。截至2015年底，华为加入了300多个标准组织，2015年提交提案超过5 400篇，累计提交提案43 000余篇。

（二）华为实现赶超创新的路径

1. 引进国际研发管理流程

1998年，华为开始引进国际研发管理流程，与IBM进行合作，改造业务流程，全面采用世界领先企业的产品开发理念，建立了覆盖公司各部门的IT网络系统，建立科学、高效的集成产品开发流程（IPD）。该流程对产品从研发到可生产性进行测试、优化，使创新成果能更快、更高质量地转化为经得起市场考验的产品。对转产的产品仍然需要经过多道严格工序，从物料采购、IQC测试，到最后产品出厂，都有严格的工序和流程文件把关。从2002年起，IPD流程运作已覆盖所有项目。

2. 不断完善和提升技术创新能力

华为极重视知识，认为技术完全是知识转化过来的，提出把知识转为资本，创造性地引进了“知本主义”的概念，把它运用在技术研发管理中。《华为基本法》第十六条：我们认为，劳动、知识、企业家和资本创造了公司的全部价值。从华为的发展历程来看，华为正是在对信息知识的获取与积累中不断提升技术创新能力，大致经历了知识引进、模仿创新和自主创新等几个阶段。华为最新技术进展和科研成果与大量的、长期的知识信息储备是分不开的。从技术创新的方向来看，华为把创新重点放在了应用创新层面上。华为在发展初期，深知自身的资金和资源有限，因此在技术发展上并未从事基础研究，而是通过多渠道及时获取已有的技术成果，并将其在技术应用上进行创新。

3. 用“小建议、大奖励”来鼓励创新积累

任正非说过，不要盲目创新，要小建议、大奖励，研发就是照抄，抄的同时改进一点点就行了，99%是别人的，只要有一点是创新的就可以了。也就是说可积累的知识，站在前人肩膀上的经验才是真正有价值的。华为对产品开发有一条严格的规定：“任何新产品在设计时，所采用的新技术、新工艺、新材料等，不得超过10%的比例，余下的90%必须是原来产品用过的，或者是别人成熟的产品中原封不动搬来的，否则一律不得进入生产程序。”华为这样的规定，正是因为任正非真正理解了创新：任何创新都是在前人的知识基础上延伸的，不可能“平地起高楼”，一点一滴积累的知识和创新才有意义。

4. 组织管理创新推动技术创新

任正非说过：“华为是一个以技术为中心的企业，华为的董事会明确不以股东利益最大化为目标，也不以其利益相关者（员工、政府、供应商等）利益最大化为原则，而坚持以客户利益为核心的价值观。”华为始终坚持基于可持续客户需求的创新。无论是开放合作，还是技术、产品、解决方案等业务的持续创新，都是为了更好地满足客户的需求，并始终以客户需求驱动研发流程。华为把满足客户利益作为企业核心的价值观，坚持贴近客户，授予直接服务于客户的组织和员工更多决策权，使他们能及时、迅速地调用资源，保证对客户需求的快速响应及优良服务。公司的管理上也以致力于为客户持续创造价值为使命。

在组织管理方面，华为的模式是随着技术创新战略和经营模式发展转变的，总体上来看，华为的创业初期是能够快速反应的直线式组织结构，到公司迅速发展的中后期是以事业部和分公司为中心的矩阵式组织模式。此外，公司还基于技术创新的组织模式进行过程转变，并根据通信产业信息技术更新较快的特点，建立起在保持相对稳定并适应自身的前提下可迅速调整的组织结构，以及进行持续的组织变革。公司组织模式由单一到复杂的转变，是公司管理由集权转向分权并逐步下放权力的过程。这些组织管理使得华为服务客户的能力大大提升。

华为的技术创新组织——产品开发团队（PDT，Product Development Team），是公司组织管理创新的一个特色亮点。PDT系统由资金、信息、研发、采购、

创新技术和工艺、市场、用户服务等要素构成，系统的成功运作正是这些要素间相互关联和影响的结果。PDT 系统进一步完善了华为组织系统，为技术创新提供了保障。

5. 研发投入与知识产权保护并重

在华为创业初期，为了研发自己的产品，几乎将赚来的利润全部投入交换机的研发中。随着公司的壮大，华为每年以销售收入的 10%及员工的 46%投入到研发中，从未动摇。华为 85%的员工具有大学本科以上学历，其中技术研究及开发人员约占 45%，市场营销和服务人员约占 33%，管理及其他人员约占 9%，生产人员约占 13%。这个结构是典型的“微笑曲线”：两头的研发和营销力量特别强大。从 2001 年起，华为在技术研发上的投入年均超过 30 亿元。2015 年，从事研究与开发的人员约 79 000 名，占公司总人数的 45%；研发费用支出为人民币 59 607 百万元，占总收入的 15.1%。2015 年，华为进入了世界各国非军工企业研发经费前 10 强。近十年累计投入的研发费用超过人民币 240 000 百万元。华为 2011—2015 年研发费用投入情况如表 6-8 所示。

表 6-8　华为 2011—2015 年研发费用投入情况

单位：百万元人民币

项目	2015 年	2014 年	2013 年	2012 年	2011 年
销售收入	395 009	288 197	239 025	220 198	203 929
研发费用	59 607	40 845	31 563	30 090	23 696
研发费用率	15.1%	14.2%	13.2%	13.7%	11.6%

资料来源：华为年报。www. huawei. com.

华为注重研发投入的同时，也注重对知识产权的保护。中国的高科技企业想走出国门，首先要拥有自主知识产权的产品。因此，华为研发出来的新技术通常马上申请专利获得保护。截至 2015 年 12 月 31 日，华为累计共获得专利授权 50 377 件，累计申请中国专利 52 550 件，累计申请外国专利 30 613 件。其中，90%以上专利为发明专利。华为近 5 年 PCT 专利数量如图 6-9 所示。

七、华为创新文化和人力资源管理制度

（一）创新文化

任正非先生在《华为的红旗到底能打多久》的讲话中说：“我永远都不知道谁是优秀员工，就像我不知道在茫茫荒原上到底谁是领头狼一样。企业就是要发展一批狼。狼有三大特性：一是敏锐的嗅觉，二是不屈不挠、奋不顾身的

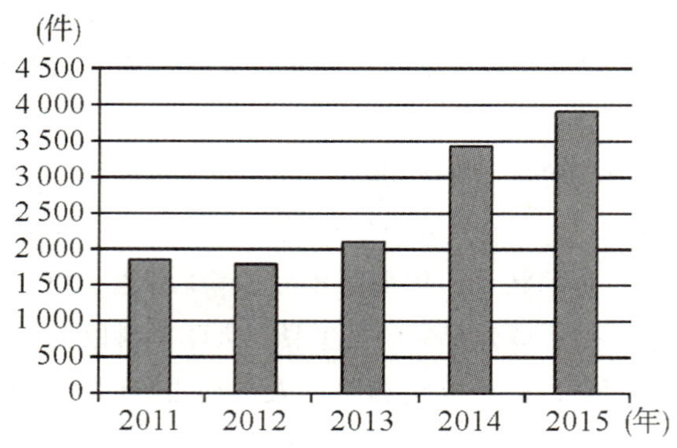

图 6-9　2011—2015 年华为 PCT 专利数量

进攻精神，三是群体奋斗。企业要扩张，必须有这三个要素，所以要构筑一个宽松的环境让大家去努力奋斗，在新机会点出现时自然会有一批领袖站出来去争夺市场先机。”他的话可以充分体现华为人的优秀品质：艰苦奋斗、团队精神、敏锐的洞察力。在华为创立和发展的过程中，这些精神一直陪伴着华为。任正非在《实事求是的科研方向与二十年的艰苦努力》中写道，公司创立之初，世界巨头云集中国，华为不得不在市场的夹缝中求生存；拓展国际市场时，只有在那些偏远、动乱、自然环境恶劣的地区，华为才有一线机会；为了抓住这些机会，华为人冒着地震、海啸、抢劫、恐怖爆炸、疟疾的危险继续前行。正是这样的精神形成了华为不怕艰险、艰苦奋斗、追求卓越、不断创新的企业文化。这样根深蒂固的文化，为华为注入了新鲜血液，使华为的发展能永葆生机与活力。

（二）创新人力资源管理

1. 选拔人才

任正非曾说：人才的发展潜力是最重要的。邀请一名员工加盟我们的团队首先要看他的成长潜力。不唯学历、不唯经验，只唯发展潜力。我们认为一个可发展的人才更甚于一个客户或一项技术，宁愿牺牲一个客户或一项技术换一个人才的成长。因为一个有创造性的人才可以为公司带来更多的客户。华为在招聘时首先看重应聘者的潜力和素质，其次才是经验。因此，华为的招聘以校园招聘为主，社会招聘为辅。招聘的考核中并不以考查专业能力为主，而是考查应聘者的情商、性格、潜在的学习能力、创新思维、心理素质等。

2. 培训

华为的培训要求基本功做扎实，实行“低重心”的培训战略。重视普通岗位的培训，培养技术过硬的电工、钳工、库工、厨工、工程师、计划员、统计员、秘书、审计员、业务经理。

华为建立了全面的员工培训体系，该体系包括六个子系统：新员工培训系统、生产培训系统、技术培训系统、营销培训系统、专业培训系统和管理培训系统。每个子系统都配备有专业的教师队伍、专业的课程和设备。华为拥有一流的培训中心，占地 13 万平方米，有 110 余间现代化的教室；华为的培训特点是系统化和个性化，采用课堂讲授、网络教学、案例教学、上机模拟和工程维修实习等多种教学方式。华为全面员工培训体系如图 6-10 所示。

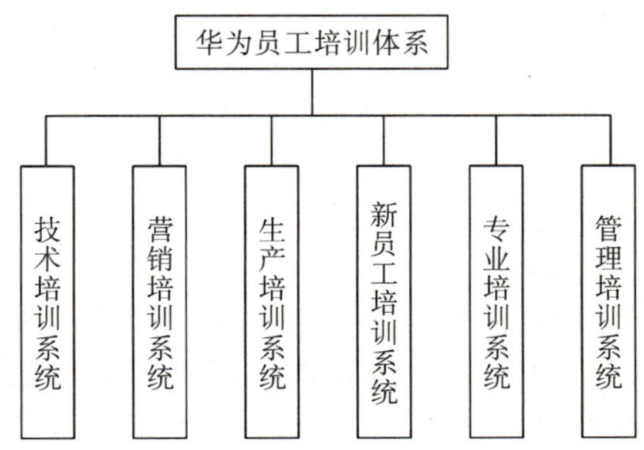

图 6-10　华为员工培训体系

华为的培训还有一个非常重要的“思想培训”课程即推行全员导师制。任正非认为，公司里不只是新员工才需要导师，只要在岗一天，所有员工都可能需要别人的指导。因此，华为所有员工都有自己的导师。华为导师有个特殊的别名——“思想导师”，说明“导师”和“学生”要经常交流思想。“思想导师”的存在能帮助新员工迅速融入集体、进入角色，也可以帮助解决领导和下属在沟通中的障碍。对考核不合格的员工，华为并不会马上解雇，而是对他们进行特别培训——下岗培训，来帮助这些员工成长和提升。

此外，华为还建立起覆盖所有员工的安全意识教育与赋能 IT 平台，例行开展公共基础和各业务领域的网络安全意识教育与赋能。在研发领域，制定了特定的培训课程、学习材料和技能框架，大多数研发员工可以在日常工作中用到。2015 年研发安全培训体系覆盖超过 46 000 名员工。

3. 薪酬和激励

华为崛起的重大秘密是华为的“人人股份制”，用任正非的话说，是“给足员工”。在华为的股份中，任正非只持有 1%，其他股份都由员工持股会代表员工持有。任正非说：“不要自己赚了 100 块还不愿意给别人 10 块钱。当你失去一员干将时，你可能就只能赚 30 块了。”华为的薪酬结构包括工资、福利、奖金、各种补贴和内部股票分红。华为员工的工资处于行业前列，因为任正非坚信：高工资是第一推动力，重赏之下必有勇夫。华为的企业税后利润，采用的是动态的全员利益均沾分配方式。这种分配不论资排辈、不分学历高低和新老员工，而是以员工的业绩贡献、职位及能力、劳动态度和发展潜力对员工进行综合绩效考核，来确定每个员工的配股额。

4. 职业发展通道

华为为员工提供了两条职业通道，一条是技术类职业发展通道：基层技术人员→业务骨干→核心技术骨干→专家→科学家；一条是管理类职业发展通道：基层人员→业务骨干→基层管理者（经理级）→中层管理者（总监级）→高层管理者（副总裁级）。华为员工可以根据自己的职业生涯规划任选通道，有宽广的平台开拓自己的职业道路。

5. 搭建创新人才队伍平台

在华为大量创新成果的背后，有一支创新的人才队伍。华为的产品开发团队（PDT）由市场部、生产部、财务部和采购部等不同部门选拔抽取一定数量员工组成，充分发挥各自的优势和专长，进而为公司技术与管理创新的运作提供人才保障。

华为在人才国际化战略方面的表现也十分突出。1997 年，华为学习了国际企业的成功管理经验，然后用几年的时间完成了以职位体系为基础、以绩效体系和薪酬体系为核心的现代人力资源管理体制的构建。如今的华为，在国际市场上实施人才管理本土化方案，构筑了世界一流的国际化人才队伍。

第七章　高铁行业赶超周期研究——以中车为例

一、引言

自 1964 年运营时速最高达到 300 千米的日本新干线开通以来，铁路运输开启了高速铁路时代。高速铁路（以下简称高铁）技术得到各个国家的重视，法国、美国、瑞典、德国等许多国家相继加入高速铁路的研发行列并取得大量的研发成果。进入 21 世纪以来，在国外高速铁路技术走过了 40 余年之后，从 2004 年开始，中国开启了高速铁路的追赶、创新之路。短短十余年时间，中国高铁迅速崛起，进入快速追赶阶段，打造出一张闪亮的“中国名片”：从高铁发展规模来看，中国已成为全世界公认的头号高铁大国。截至 2016 年 11 月 1 日，根据国际铁路联盟（UIC）的统计，我国高速铁路的运营里程为21 688 千米，在建里程 10 201 千米，运营总里程占世界的 60%以上。① 从高铁技术体系来看，中国已成为世界上技术体系最全、集成能力最强、运行速度最快的国家。在速度、列车技术、轨道技术、桥梁技术、工务工程技术等方面，中国高铁技术均已领先于其他先进国家。表 7-1 是各国高铁技术水平比较。

表 7-1　中国与世界高铁技术一流国家比较

国家	中国	日本	法国	德国
高铁速度	350km/h	300km/h	320km/h	300km/h
列车技术	引进 200~250km/h 技术，吸收自主研发 350km/h 列车	自主研发	自主研发	自主研发
轨道技术	全部无砟轨道	除道岔外，全部是无砟轨道	有砟轨道	部分无砟轨道
桥梁技术	大量高架桥，跨度、负荷、宽度指标世界一流	桥梁较少	桥梁较少	桥梁较少

① 数据来自国际铁路联盟（UIC）网站. http：//www. uic. org/high-speed-database-maps.

表7-1(续)

国家	中国	日本	法国	德国
工务工程技术	地质条件复杂，涉及软土、岩溶、黄土等各种地质	地质条件较为单一	地质条件较为单一	地质条件较为单一

资料来源：世界高铁大比拼［EB/OL］. https：//www. sohu. com/a/76199615_ 371327. 笔者有整理。

中国高铁技术取得的成就让世界瞩目，而中国高铁的赶超之路，也具有极为鲜明的特点。一方面，中国后发产业的技术追赶与早期西方发达国家和新兴工业化国家相比，面临着特殊的“中国情景”：特殊的转型经济、多样化技术体制、多层次市场空间；另一方面，在此“中国情景”的基础之上，不同于国内其他产业，高铁在国家战略规划中的重要性、高铁所具有的自然垄断性以及中国特殊的管理机制，使得中国高铁的技术赶超具有明显的中国特色。

因此，中国高铁技术赶超的研究意义，在于它以一个十分突出的个案在一个十分重要的产业集中显示了一种创新模式，可以为赶超周期的研究提供一个有力的案例，也可以为其他产业的技术赶超提供有益的借鉴。

二、研究框架

自 PEREZ 等首次引入机会窗口概念以来，沿用这一概念，LEE 等、CASTELLACCI 从不同技术领域验证了新兴技术开启的窗口。LEE 等指出，产业中特定的技术、需求和制度模块将在演变中不断开启相应的机会窗口：新技术或颠覆式创新带来的技术窗口，新市场、追赶企业本土市场突涨的需求或商业周期波动带来的需求窗口，以及政府政策和宏观制度变量带来的政策、制度窗口。这一理论观点创造性地将产业创新系统的演进性与机会窗口的成因结合起来，引发了学者们对不同行业的实证检验。

吴东、吴晓波等认为，对中国产业技术追赶从“二次创新”到“一次创新”的发展过程的研究，需要系统地研究复杂多变和中国特色的本土情景。他们认为：中国的创新与技术追赶是在转型的“所有制制度”、多样化的“技术体制”、多层次“市场空间”、新兴的“全球网络”四位一体的中国情景下开展的，对中国的技术追赶的研究必然要突出中国特色。

本研究将在机会窗口理论的基础上，对中国高铁十余年的技术追赶进行梳理和分析，首先分析中国高铁行业的技术追赶阶段，其次对各阶段的机会窗口进行分析，最后总结高铁行业在技术追赶过程中独特的中国情景。

研究框架见图 7-1 所示。

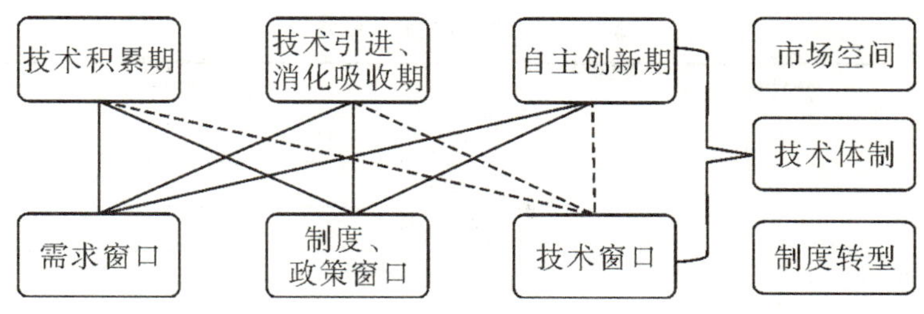

图 7-1 本案例研究框架

三、高铁行业介绍

（一）高铁的定义

高铁，是高速铁路的简称。根据 UIC（国际铁路联盟）的定义，高速铁路是指通过改造原有线路（直线化、轨距标准化），使营运速率达到每小时 200 千米以上，或者专门修建新的“高速新线”，使营运速率达到每小时 250 千米以上的铁路系统。一般特指运行区间在城际或城际以上的高铁。

中国 2014 年 1 月 1 日起实施的《铁路安全管理条例》规定，高速铁路（高铁）是指设计开行时速 250 千米以上（含预留），并且初期运营时速 200 千米以上的客运列车专线铁路。

高速铁路除了列车营运达到一定速度标准外，车辆、路轨、运营组织都需要配合提升。

（二）高铁核心技术

高铁是一个技术密集型行业，其包括的技术非常复杂，主要有“车”和“线”两大部分，及在此基础上的通信信号、运营调度等。如表 7-2 所示。

表 7-2 高铁技术构成

部件	构成内容
车	轮轨式高速列车（高速动车组）
线	轨道
	桥梁
	隧道
	沿线牵引供电

资料来源：笔者根据有关资料整理。

其中，动车组技术是高速列车系统中的核心部分，中国高铁技术赶超、创新的重点也在动车组技术。动车组技术又包括七大核心技术。见表 7-3 所示。

表 7-3　动车组核心技术

一级技术分支	二级技术分支
高速动车组技术	总成
	车体
	转向架
	牵引系统
	制动系统
	列车控制诊断监测系统
	配套技术（座椅、空调、车门等）

资料来源：杨铁军. 产业专利分析报告（第 48 册）：高速动车组和高铁安全监控技术［M］. 北京：知识产权出版社，2016.

四、高铁技术追赶路径

如前所述，高铁技术包含的内容非常复杂，本章重点讨论动车组的技术追赶，详细研究动车组技术路线、技术来源、技术系统方面的选择，以及这些选择下开发生产出的新产品，并辅以其他高铁技术的发展路径的研究。

总体来说，中国高铁技术的追赶路径可以用图 7-2 表示为三个阶段。

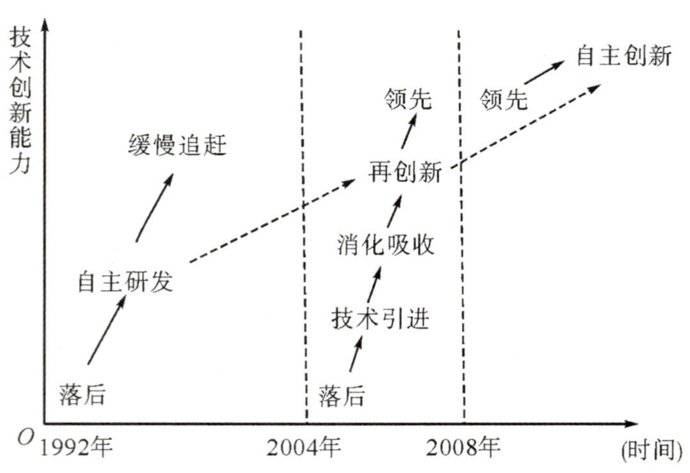

图 7-2　中国高铁技术追赶路径

资料来源：冯灵，余翔，中国高铁破坏性创新路径探析［J］. 科研管理，2015（36）：10.

（一）技术积累期（1992—2004 年）

中国关注高铁的时间很早。早在 1964 年世界上第一条高铁——日本东海道新干线建成通车时，中国铁路界就已经感受到了高铁的巨大魅力。1990 年，铁道部向全国人大提交了一份名为《京沪高速铁路线路方案构想报告》，开启了中国高铁建设的构想之路，也拉开了关于京沪高铁长达 18 年争论的序幕。各方专家就要不要建高铁以及是采用磁悬浮技术还是采用轮轨技术建设高铁，展开了激烈的争论。

1. 技术路线选择：磁悬浮技术和轮轨技术的探索和实验

从世界范围来看，高速轮轨系统铁路与磁悬浮系统的研究几乎同时在 20 世纪 60 年代起步。当中国在 20 世纪 90 年代初开始筹划发展自己的高速铁路时，就面临轮轨式系统与磁悬浮系统两种技术路线的选择（见表 7-4）。

当时，在磁悬浮技术方面，日本和德国都已经掌握成熟的高速磁悬浮技术，但尚未真正投入商业运营，只是各自修建了很短的试验线。而同时，轮轨式高速铁路已在日本、法国、德国、意大利、西班牙等国得到了大规模的实际应用。1964 年日本第一条高速铁路东海道新干线建成通车，列车最高运营速度达到 210km/h。法国紧跟其后，1981 年法国的第一条高速铁路（TGV）开通巴黎至里昂线，列车最高运行速度 270km/h，成为当时世界上的最快速度。德国于 1979 年将研发重点从磁悬浮技术路线转向高速轮轨技术路线，成为继日本和法国之后第三个全面掌握高速轮轨技术的国家。1991 年德国的第一条高铁线（曼海姆至斯图加特线）投入运营。

表 7-4　20 世纪 90 年代初高铁轮轨技术与磁悬浮技术的对比

指标	磁悬浮	轮轨
最高运营速度	高	低
造价	高	低
爬坡能力	高	低
商业运营	几乎没有	大规模
和现有线路兼容性	差	优
中国的技术基础	弱	强

资料来源：根据有关资料整理。

在中国拟建高速铁路之初，对于选择磁悬浮技术还是轮轨技术，两派进行了激烈的争论，各方在各自的技术领域都进行了探索和实践。

（1）磁悬浮技术探索

在磁悬浮技术方面，进行的探索和实践见表 7-5 所示。

表 7-5 技术积累期磁悬浮技术的探索和实践

时间	技术积累项
1989 年 3 月	国防科技大学研制出中国第一台磁悬浮试验样车
1992 年	载人磁悬浮列车研制被正式列入国家“八五”科技攻关重点项目
1994 年	西南交通大学研制成功中国第一列可载人常导超低速磁悬浮列车，不过只能在完全理想的实验条件下运行
1995 年	中国第一列载人磁悬浮试验列车在国防科技大学研制成功
2000 年	中国西南交通大学磁悬浮列车与磁悬浮技术研究所研制成功世界首辆高温超导载人磁悬浮实验车
2000 年 6 月	上海市和德国磁悬浮铁路国际公司签署了《中华人民共和国上海市和德意志联邦共和国磁悬浮国际公司（TRI）共同开展上海市磁悬浮列车示范运营线可行性研究协议书》
2003 年 1 月	上海磁悬浮列车专线正式开通商业运营，运营时速为 430 千米，这是世界上第一条投入商业运营的高速磁悬浮线路

资料来源：根据《中国高铁创新体系研究》整理。

（2）轮轨式技术探索

与磁悬浮技术相比，轮轨式技术在中国获得了更多的研制实践和积累。由于技术上的路径依赖，铁道部更加支持与已有铁路系统兼容的高速轮轨式技术的发展。在铁道部时任部长傅志寰的领导下，以广深准高速铁路、既有铁路的五次大提速、秦沈客运专线建设三大工程作为探索高速铁路线路建设和运营的试验。相关多元化尝试见表 7-6 所示。

在铁道部三大工程的主导下，以及各地方铁路局获得采购权政策的刺激下，各铁路机车车辆生产单位纷纷展开研发生产，动车组的研制呈现出“百花齐放”的景象。据统计，中国早期自主研发的动车组多达 20 个品种，总产量达到 67 列。

不同机车车辆企业开发了多种产品平台，在动车组的技术系统上进行了多元化的尝试。此时，中国动车组研制呈现出发展速度快、产品品种多、技术含量不断提高等特点。在动力类型上逐渐从内燃向电力过渡，在动力分布上有动力集中型和动力分散型，在传动方式上从传统的液力和直流传动向交流传动转变，速度等级也从时速 200 千米以下为主发展到时速 200 千米以上。

表 7-6　技术积累期国产动车组在技术系统上的多元化尝试

<table>
<tr><th>动力类型</th><th>动力分布</th><th>传动方式</th><th>主要型号</th></tr>
<tr><td rowspan="4">内燃</td><td rowspan="2">集中</td><td>液力</td><td>“九江号”“北亚号”“罕露号”“晋龙号”“北海号”</td></tr>
<tr><td>交—直流电力</td><td>“声山号”“新曙光号”“神州号”“金轮号”“普天号”</td></tr>
<tr><td rowspan="2">分散</td><td>液力</td><td>三茂铁路摆式燃动车组</td></tr>
<tr><td>交—直流电力</td><td>无</td></tr>
<tr><td rowspan="4">电力</td><td rowspan="2">集中</td><td>交—直流电力</td><td>“大白鲨号”</td></tr>
<tr><td>交流电力</td><td>“蓝箭号”“中华之星号”</td></tr>
<tr><td rowspan="2">分散</td><td>交—直流电力</td><td>“春城号”</td></tr>
<tr><td>交流电力</td><td>“先锋号”“中原之星号”“长白山号”</td></tr>
</table>

资料来源：根据《中国高铁创新体系研究》整理。

2. 技术来源：自主研发为主，外来引进为辅

这一时期中国动车组的发展以自主研发为主、以外来引进为辅。

当时几乎所有车型都是由中国机车车辆制造企业自主系统集成的。但是由于动车组的研发尚处于探索阶段，动车组设计并没有良好的国内参照对象，因此“车”的研发手段主要靠模仿，而且在一些关键系统和部件上不得不从国外采购，只是不同型号的产品在关键技术领域的自主化程度有所差别，如表7-7所示。

表 7-7　主要高速电力动车组的技术来源情况

产品	总体集成	牵引系统	网络控制系统	转向型	车体	制动系统
“蓝箭号”	自主，参照欧系	GTO-VVVF 牵引变流引进	不详	不详	自主	不详
“先锋号”	自主，参照日本新干线 300 系	变流器从三菱电机引进	不详	不详	自主	自主
“长白山号”	自主，参照德国 IEC3	庞巴迪	庞巴迪	自主	自主	克诺尔
“中华之星号”	自主	自主	自主	自主	自主	自主

资料来源：根据《中国高铁创新体系研究》整理。

3. 技术接口形式：围绕“线”，出现了一种“多对一”的“车—线”关系

这一时期“车”的技术体系和标准是多样化的，动车组车型及其技术标

准由各铁路局和主机厂自行决定。而“线”的技术标准相对比较单一，由铁道部统一制定。线路技术均以传统的有砟轨道技术和简单链形悬挂的电气化技术为主。“车—线”出现了一种“多对一”的关系。见表 7-8 所示。

表 7-8　技术积累期动车组以外的主要新技术的应用

发展阶段	设计时速	代表性铁路	形成时间	基础建设技术种群		牵引供电技术种群		通信信号技术种群	
				主要新技术应用	技术来源	主要新技术应用	技术来源	主要新技术应用	技术来源
技术积累期	160km/h	广深准高速铁路	1991—1994 年	①60kg/m 重型钢轨及配件 ②淬火钢轨及焊接 ③可动心道岔	自主研发	①TJ-127+Agcu-120 承力索和接触线； ②35KN 张力全补偿简单链形悬挂	自主研发	法国 UM71 及 TVM300 型多信息自动闭塞及机车信号系统	技术引进
	200~250km/h 等级	秦沈客专	1999—2003 年	①不淬火跨区间焊接无缝线路； ②大号码（18 号与 38 号）无缝道岔； ③长枕埋入式和板式无砟轨道试验	自主研发	①牵引变电所安全监控及综合自动化系统； ②200km/h 简单链形悬挂； ③300km/h 简单链形悬挂和弹性链形悬挂的接触网试验	自主研发	①数字集群技术及光纤射频直放技术； ②车载速度显示信号	系统集成

资料来源：根据《中国高铁创新体系研究》整理。

在技术积累期，这种多样的动车组技术类型与单一的线路技术类型形成的“多对一”的车线接口形式和技术标准，实际上也反映出这一时期中国高速铁路发展的一种思路，即对国内的准高速铁路技术进行技术摸底和科学探索，让所有类型的国产车型都在相应速度等级的线路上运行，以确定未来可能发展的车型和相关技术。

总之，通过这段时期自主研发的探索实践，中国在动车组研制上储备了人才、积累了经验，产品的技术水平和速度等级也在不断提高。但直到 2004 年底，中国的客运机车车辆的水平基本上处于 160 千米的时速等级，200 千米及以上时速的高速动车组仍处于研制试验阶段。由于对一些关键技术环节尚未完全掌握，材料和工艺水平仍有待提高，列车在实际运行中稳定性差、故障多，难以实现批量化生产。

（二）技术引进、消化吸收期（2004—2008 年）

随着 2004 年《中国中长期铁路网规划》的发布，高层决策者终于确定中国高速铁路网将以轮轨技术展开建设。由此，中国高铁的技术路线之争终于结束，轮轨派最终战胜了磁悬浮派，中国高速铁路开始沿着轮轨式技术路线阔步前行。

在技术来源方面，鉴于中国经济社会发展的迫切需要、中国在高速铁路上的技术现状以及世界高速列车发展的技术趋势，中国最终选择通过引进消化吸收国外先进技术，而不是完全自主研制的途径，来快速提升中国铁路装备的设计和制造水平。在技术系统上也放弃了大规模使用自主研制的“中华之星号”

动力集中型动车组，而是从国外引进了四种不同的动力分散型产品平台。从这个时期开始，中国高铁开启了高铁技术的引进、对引进动车组的适应性改进以及演进车型的自主开发过程，中国高铁在新的起点上开启了再创新和自主创新的伟大征程。

1. 技术引进

通过两次招标，中国从高速动车组技术最发达的四个国家分别引进了四种产品平台。见表 7-9 所示。

表 7-9 引进四类车型的主要技术参数

车型	CRH1A	CRH2A	CRH5A	CRH3C
原型车	ReginaC2008	E2-1000	Pendolino，SM3	IEC3
技术转让方	庞巴迪	日本联合体	阿尔斯通	西门子
动拖配置	2（2M+1T）+1M+1T	4M+4T	3M+1T+2M+2T	2（1T+2M+1T）
动力配置	分散	分散	分散	分散
最高运营速度（km/h）	200	250	250	350
传动方式	直—交—直	直—交—直	直—交—直	直—交—直
牵引总功率（kw）	5 500	4 800	5 500	8 800
转向架	无摇枕空气弹簧转向架	DT206/TR7004B 无摇枕转向架	二系空气弹簧摇枕转向架	无摇枕弹簧转向架
制动方式	直通式电空制动	直通式电空制动	直通式电空制动 备用自动空气制动	直通式电空制动

资料来源：根据相关资料整理。

中国之所以要引进多种产品平台而不是单一平台，除了在引进谈判时便于操控国外厂商之间的竞争之外，还有一个重要考虑是可以消化吸收不同产品平台的技术特点，相互比较、取长补短，博采众家之长，在此基础上进行再创新和集成创新，实现中国在高速列车设计制造上对世界先进水平的赶超。

2. 消化吸收

在对引进产品的适应性改进和演进车型设计中，中国相关企业一方面努力消化吸收国外产品的技术，另一方面也在引进的产品平台上开始了局部的改进。

（1）初期的适应性改进

为了使引进的车型适应中国的线路和运营情况，相关企业在引进初期就对所有车型做了很多改进，有一些是根据中国旅客的乘坐习惯和特点，对车辆的内部装饰和服务设施的改进，还有少量是对原型车设计缺陷的改进，但更多的是基于弓网关系、轮轨关系而对轮对的踏面形状、轮对内侧距离、弓网受流、转向架等做出的改进。见表 7-10。

表 7-10　四种车型在引进之初的适应性改进

车型	主要的适应性改进
CRH1A	车体钢结构、转向架、牵引电机、网路控制系统等
CRH2A	转向架部分、轮对内侧距离、踏面形状、弓网受流等
CRH5A	车体加宽、防寒防雪等
CRH3C	车体加宽、踏面形状、轮对内侧距离、转向架等

数据来源：根据相关资料整理。

这种改进在设计生产阶段主要是由外方负责进行的。不过，在投入运营初期，由于引进车型经常发生各种小问题，遇到这种情况外方工程师经常不能及时地给予解决，就迫使中方企业的工程师和技术人员主动地去解决这些问题，而且随着所出现的问题的复杂化，对解决问题的技术方案的要求越来越高，这个过程加快了中方对国外产品的消化吸收。

（2）本土化适应改进

引进的技术还面临一个本土化适应的过程。以高铁的路基技术为例，中国幅员辽阔，横跨多个不同的气候和地质区域，地质及气候条件复杂多样：京津城际是软土路基，武广高铁是岩溶路基，郑西高铁是黄土湿陷性路基……这样的地质条件下建设高速铁路，需要处理好地基和路基填筑技术，而中国高铁技术供给方都没有过如此复杂的地质条件，在中国高铁实际建设的环境中，德、法、日成熟的高铁技术在中国可能就变得不够完善，必须进行技术创新。

（3）国产化改造

中国引进高铁技术的目的不是得到产品，而是得到技术。中国从 2004 年开始引进高铁技术，先后经历了三个阶段，以提高国产化率：第一阶段叫“僵化”，就是严格按照外方提供的图纸去做，不求创新只求复制；第二个阶段叫“固化”，就是把学到的一些东西在流程上原汁原味地“固化”下来，做到不走样，制造水准向外方看齐；第三阶段叫“优化”，对工作完全掌握并熟悉后，根据实际情况提出一些优化的建议。

3. 再创新

为适应国内需求，在消化吸收国外技术的基础上，中国开始了自己的研究车型的研发。以 CRH2C 为例，在演进车型中改动最大的是基于 CRH2A 演进开发出来的 CRH2C，充分体现了在引进消化吸收基础上的再创新。

CRH2A 动车组是在川崎公司 E2-1000 型动车组的基础上，将 6 辆动车降为 4 辆动车，然后再转让给中国的。为适应国内时速 300 千米线路的需要，南车四方公司将 4 辆动车恢复到 6 辆设计，这款车型号为 CRH2C-1。这款车型的主要变化是动力配置——动车数量从原来的 4 节（4M4T）增加到 6 节（6M2T），牵引总功率提升到 7 280 千瓦，其他变化包括对速度提升的安全性评估和舒适度评估、中间车体（头型未变）以及内装的适应性改进。

在完成对引进车型设计的还原之后，铁道部希望未来 CRH2C 系列动车组的时速能达到 350 千米，于是青岛四方加快了 CRH2C-2 型动车组的研发。CRH2C-2用于时速 350 千米的武广、郑西线动车组。与 CRH2C-1 相比，CRH2C-2的创新是全面的，它的诞生标志着中国高速列车生产厂家在引进技术基础上的消化吸收工作取得重大突破。它改用更大功率的 YQ-365 型交流牵引电动机，8 节短编组列车总功率提升至 8 760 千瓦。这个车的牵引系统是株洲电力机车研究所研制的，制动系统是南京浦镇海泰制动设备有限公司研制的，并使用了铝合金车体设计，完成了车体转向架的验证试验。CRH2C 的问世表明，中国已具备在引进平台上进行再创新的能力，并且在主要关键技术领域能够实现自主创新。

4. 系统集成

这一时期，一些接口技术也随着整车技术的引进，逐渐转让给中国的相关企业，但主要转让的仍是生产技术，接口的控制技术如源代码、程序软件等并没有一并转让。接口研发技术的提高，与其他车体技术相类似，也是通过引进消化吸收再进行适应性的改进。

与动车组技术的发展相类似，中国相应地引进了四种国外的无砟轨道技术进行消化、吸收和再创新，分别为：京津城际铁路使用的是德国博格式轨道技术，郑西客运专线使用的是德国旭普林的无砟轨道，武广客运专线使用的是德国睿铁和日本新干线的无砟轨道技术。为了保证达到无砟轨道技术的使用条件，中国针对自身复杂的地理、环境等路基、桥梁、隧道工程技术进行了大量的原始创新。例如，为了控制路径沉降，京津城际铁路采用双线混凝土箱梁高架桥，武广高速铁路成功研制了 18 号高速道岔、扣件和钢轨伸缩调节器，突破了岩溶地理处理和地理填筑技术；郑西客专在湿陷性黄土地区开发了“孔内柱锤冲扩挤密灰土桩法、CFG 结合灰土挤密桩的长短桩法”等新工艺、新方法。

在牵引供电方面，技术源有自主和引进两种形式。中国引进了西门子的相关供电技术应用在京津城际高铁上，但很快发展出具有自主知识产权的牵引供电技术，并在后续高速铁路线路的建设中推广使用。

以上新技术应用可用表 7-11 概括。

表 7-11　技术引进期动车组以外的主要新技术的应用

发展阶段	设计时速	代表性铁路	形成时间	基础建设技术种群		牵引供电技术种群		通信信号技术种群	
				主要新技术应用	技术来源	主要新技术应用	技术来源	主要新技术应用	技术来源
技术引进期	300~350km/h 等级	京津城际	2005—2008 年	①德国博格 CRTSII 型板式无砟轨道；②CFG 桩筏板结构的软土、松软土地基沉降技术	①技术引进 ②自主研发	①西门子 Sitras SCS-AC 系统牵引变电所控制和保护系统 ②SCADA 远程监控系统	技术引进	CTCS-3D 高速铁路列车运行控制系统；	系统集成
	300~350km/h 等级	武广客专	2005—2009 年	德国 RHEDA2000 双块式无砟轨道、日本新干线 CRTS1 型轨道板。	技术引进	①铜镁合金接触线制备新方法 ②高速铁路供电综合 SCADA 系统 ③牵引变电所综合自动化系统	自主研发	CTCS-3 级列控系统	系统集成
技术引进期	300~350km/h 等级	郑西客专	2005—2010 年	①德国旭普林双砟块式无碴轨道技术；②湿陷性黄土地基沉降技术	①技术引进 ②自主研发	—	—	CTCS-3 级列控系统	系统集成

资料来源：根据《中国高铁创新体系研究》整理。

在这一时期，为使引进车型能够较好地应用，中国坚持路基、桥梁和隧道技术的原始创新，形成了以“车”为中心的线—路匹配，与技术积累期相比，车型的种类有所减少，由多种变为四种，但是线路的轨道形制却由一种演变为四种。“车—线”的接口对接形式演变为“四种对四种”的形式。虽然接口种类仍然是多样化的，但接口的内在技术标准却相对统一，并且四种动车组和无砟轨道都是国外相对成熟且具有实际应用的技术，技术之间相应匹配，“车—线”之间的联系相对紧密，系统集成相对稳定，动车组运行的故障率较少。

（三）自主创新期（2009 年至今）

在引进消化吸收再创新已取得重大阶段性成果的基础上，围绕即将开通的京沪高铁，中国有关政府部门决定自主研制时速 350 千米及以上的高速列车。中国动车组研制开始进入全面自主创新的阶段，在关键技术领域不断取得突破，在技术系统上加快推进标准化，在动车组产品上基本实现系列化。特别是具有完全自主知识产权的中国标准动车组的下线标志着中国已完全具备了高速列车正向研发设计的能力，中国跻身高速列车技术世界领先水平行列。

1. 集成创新

在引进平台上自主系统集成 CRH380 系列动车组是中国企业在引进技术平台上自主集成创新的代表性产品，最高运营时速 380 千米。它们是科技部与铁道部于2008年2月开启的《中国高速列车自主创新联合行动计划》的产物，该计划的一个主要目标是自主研制新一代时速350千米及以上高速列车，为京沪高速铁路提供强有力的装备保障。中国自主研制的380系列动车组包括CRH380A（L）型、CRH380B（L）型、CRH380CL型，这三款产品在关键技术上的自主化程度都大为提高，其中CRH380A（L）的表现尤为突出。它主要是通过核心零部件的国内生产厂家的替代实现，牵引传动和网络控制系统等关键技术都是由国内企业研发制造的，在CRH380系列车型中自主化程度最高。它通过了由美国戴维斯律师事务所和美国专利商标局进行的知识产权评估，最终评估的结论是：世界各国相关高速动车组在美国申请的专利与四方股份公司准备出口到美国的CRH380A型高速动车组相关性不大，没有发现任何可能会发生产权纠纷的情况。不可否认的是，虽然到中国高速动车组的CRH380系列时代，中国高速动车组研发在既有技术路线上有了全面突破，但是仍旧没有完全走上正向研发的道路。表7-12是CHR380系列动车的技术来源归纳。

表7-12　CHR380系列动车的技术来源

车型	系统集成	头型	转向架	牵引系统	网络控制系统	新动系统	其他
CRH380A	自主	新头型	优化	株洲电机、永济新时速	株洲南车时代电气	克诺尔、浦镇公司、威墅堰所、铁科院	—
CRH380B	自主	优化	优化	西门子	西门子	克诺尔	防寒防冻技术的自主创新
CRH380CL	自主	新头型	优化	日立、永济新时速	日立、长客	克诺尔	—

资料来源：根据《中国高铁创新体系研究》整理。

2. 产品系列化

经过对引进动车组技术的消化吸收，中国企业的自主创新能力显著提升，在这一时期已经能够根据市场需要，自主研制不同速度等级、不同功能定位的动车组产品。产品的系列化程度提高。在速度等级上，中国能够研制200千米以下、200~250千米、250~300千米、300千米以上等不同时速等级的动车组；在功能定位上，除了长距离运输的动车组之外，中国又专门开发了适合于短距离大流量运输的城际动车组和耐高寒抗风沙的高寒动车组。见表7-13。

表 7-13　自主设计的城际和高寒动车组

类型	型号	生产企业	自主核心技术
城际动车组	CRH6 系列（2012 年）	青岛四方	轻量化车体、大轴重转向架、变频变压牵引控制、电空复合制动
	CJ-1 系列（2013 年）	长客股份	轻量化铝合金车体设计、大启动加速度的牵引系统、大制动减速度的制动系统、网络控制系统
	CJ-2（2013 年）	唐车公司	先进的牵引、制动系统，智能化设计，完备的车载实时诊断、控制和远程监测系统
高寒动车组	CRH2G（2014 年）	青岛四方	—
	CRH380BG（2012 年） CRH2G（2014 年）	长客股份	—

资料来源：根据相关资料整理。

3. 技术标准化

在技术引进之初，中国的动车组是从四个国家引进的四种不同的产品平台。由于型号众多、采用技术参数不一，不同型号动车组之间的部件不能互换、不同型号动车组之间不能重联运行，这对于中国动车组的部件标准化和平台一体化是个很大的阻碍。在开展自主创新的过程中，从 2010 年开始，当时的铁道部就推动各动车组总成企业进行统型，就是要求对列车的车型、主要性能、服务设施、操作设施、定员等进行统一设计。

2013 年 10 月 18 日，中国铁路总公司①正式发布《关于印发铁路产品认证采信目录内动车组零部件技术条件的通知》，这个通知及相关标准性技术文件对动车组车轮、车轴、轮对、空气弹簧、转向架、车体制动系统、电气系统等关键部件的技术条件做了相应规范。2015 年 6 月，时速 350 千米的中国标准动车组正式下线，标志着中国高速列车研发全面进入正向研发时代。同时，中国也正在加快推进时速 250 千米的中国标准动车组的研制。研制中国标准动车组的目的之一就是建立统一的技术标准体系，实现动车组在服务功能、运用维护上的统一，提高效率、降低成本。这次下线的中国标准动车组采用的重要标准

① 2013 年 3 月 10 日，全国两会期间，国务院公布了机构改革和职能转变方案，铁路实施政企分开改革，撤销铁道部，成立中国铁路总公司。

涵盖了动车组基础通用、车体、走行装置、司机室布置及设备、牵引电气、制动及供风、列车网络标准、运用维修等 13 个大的方面，其中大量采用了中国国家标准、行业标准及专门为中国标准动车组制定的一批技术标准，同时，为了促进“走出去”，也积极采用了一些国际标准及国外先进标准。

4. 冲击新速度

在实现动车组自主创新的过程中，中国高铁人并没有止步，而是不断对最高速度发起冲击。在 2011 年 12 月，CIT500 在中国南车四方股份公司下线，设计时速 500 千米。在滚动试验台上，该车以时速 605 千米进行试验，没有任何失稳迹象，运行处于极佳状态。CIT500 为开展前瞻性、基础性、理论性研究，关键系统的可靠性研究及新材料、新技术的研究建立了平台。2016 年 10 月 21 日，中国中车在北京举行发布会，宣布正式启动时速 600 千米高速磁浮、时速 200 千米中速磁浮、时速 400 千米可变轨距高速列车以及轨道交通系统安全保障技术研发项目。

5. 全技术种群的自主创新

在这一时期，高速铁路线路系统的技术种群均实现了自主创新，见表 7-14。

表 7-14 中国高速铁路动车组以外的主要新技术的应用

发展阶段	设计时速	代表性铁路	形成时间	基础建设技术种群		牵引供电技术种群		通信信号技术种群	
				主要新技术应用	技术来源	主要新技术应用	技术来源	主要新技术应用	技术来源
技术创新期	350km/h 以上	哈大高速铁路	2007-2012 年	①防开裂的双向预应力 CRTS Ⅰ型板式无砟轨道 ②严寒地区 CA 砂浆技术 ③道岔融雪技术	自主研发	接触网融冰装置	自主研发	CTCS-3 级列控系统	系统集成
		京沪高速铁路	2008-2011 年	①“一厂两线”的生产工艺 ②Ⅱ型板混凝土新材料 ③Q42q 新型桥梁结构钢 ④三片主桁等高速铁路桥梁新结构	自主研发	高强高导接触网导线	自主研发	CTCS-3 级列控系统	系统集成

资料来源：根据相关资料整理。

CRH380A、CRH380B 及其两种中国标准化动车组对应标准统一的轨道技术，“车—线”的对接关系进一步降低到“二对一”的关系。比如，拥有完全自主知识产权的 CRH380A 和 CRH380B 动车组技术标准是基本一致的，由此发展起来的两种中国标准化动车组可以实现互联互通，两种类型的标准化动车中有一些关键性消耗部件可以互换，或者按系统更换，基于不同技术平台发展起来的两种中国标准化动车组可以实现不同类型动车组的重联。

中国高速铁路的“车—线”耦合的接口对接标准更具针对性，且“车”“线”相关种群均拥有了完全的自主知识产权，掌握了从“结构”耦合到“关系”耦合的正向设计能力，其系统集成技术更为成熟，集成创新能力进一步提高，逐渐拥有了对“车”和“线”的正向结构设计能力。

四、机会窗口分析

（一）技术积累期

1. 需求窗口

（1）长期的运力瓶颈释放巨大的市场需求

铁路是我国重要的基础设施和大众化的交通工具，但是改革开放以来，有着120多年历史的中国铁路里程数增速却远远低于我国GDP的增长速度（见图7-3），1998—2004年，铁路投资几乎没有增长，铁路运力不足成了制约我国经济增长和区域协调发展的瓶颈，我国铁路运输能力与巨大的市场需求形成强烈反差。

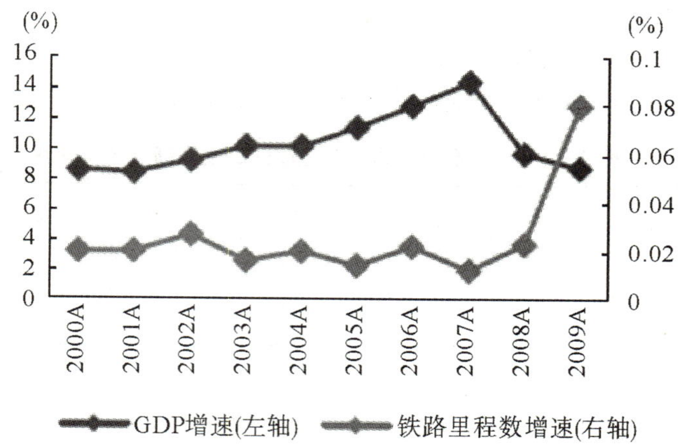

图7-3　中国GDP增速和铁路里程数增速对比

资料来源：华泰联合证券研究所．掘金“高铁时代”——高速铁路主题投资报告之二［R］．2005．非公开出版物．

从国际来看，2004年前，中国在高速技术、重载技术、装备制造技术等方面也与先进国家有较大差距，我国人均铁路里程不但落后于美国、法国、德国等发达国家，也落后于印度等发展中国家，铁路网人均密度在世界上134个有铁路的国家中排名倒数第19位（见图7-4）。

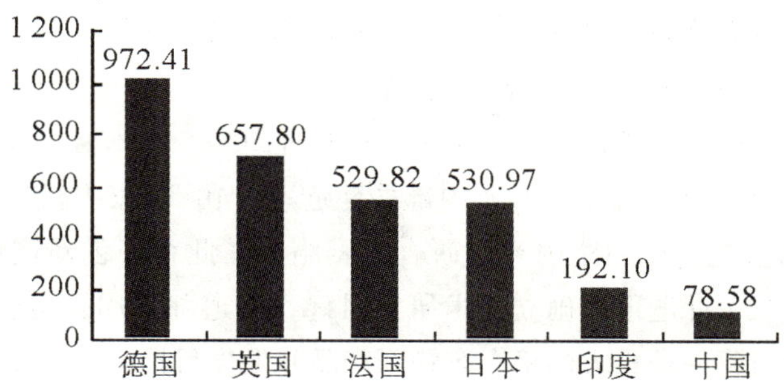

图 7-4　主要国家铁路路网密度

资料来源：华泰联合证券研究所. 掘金“高铁时代”——高速铁路主题投资报告之二［R］. 2005. 非公开出版物.

（2）高速铁路纳入中长期铁路网规划

铁道部认识到，旅客运输快速化是中国铁路发展的方向，在研究编制“十一五”规划时，正式将高速铁路纳入中长期铁路网规划。规划提出，适应国民经济和社会发展需要，在能力紧张的繁忙干线实现客货分线，在经济发达的人口稠密地区发展城际铁路，加强各大经济区之间客运通道系统建设，使高速铁路网与其他运输方式协调、衔接，在综合客运网中发挥骨干作用。

2. 政策窗口

（1）路权下放，形成竞争

20 世纪 90 年代的技术积累期正值中国大规模推行市场化改革的时期，在此环境下，市场化、公司制被认为是理性的选择。铁道部为了顺应改革环境，在产业内部推行部、局分级管理的管理体制，在产业内部扩大企业自主经营权，推行市场化试点改革方案。

1995 年铁道部下发了《关于扩大铁路局更新改造投资决策权的规定》（铁计〔1995〕173 号），将部分采购权下放给铁路局，500 万元以下的投资采购权可以由各铁路局自行决定。这一管理体制改革理顺了铁道部与铁路局的关系，赋予了铁路局更大的自主权。与此同时，原有路内系统 30 多家机车车辆、机械、电机工厂和 4 个机车车辆专业研究所，改组成立“铁道部机车车辆工业总公司”，实行经营承包责任制。

体制的转变，极大地调动了各主体自主创新的积极性。转制后的主机厂、科研院所变为自负盈亏的企业实体，原有的“大锅饭”体制被打破。不创新就落后，落后就没有收入，这样的现代企业制度极大地激发了各主体的创新活力。曾经参与过此阶段高铁技术创新的专家都表示，研究中国高速动车组最初的动力来源并不是国家的科技立项，而是铁路局的订单。

（2）搭建系统内产学研合作网络

在这一时期，铁道部借助半军事化管理的大一统体制，依托国家科技攻关项目，整合产业资源，在产业内部构建起一个由33家主机厂、5家研究所和11所直属院校构成的路内产学研合作网络。在此合作创新网络中，科技部以国家科技攻关课题形式确立技术研发目标，铁道部利用管运合一的管理体制，代表用户对每一项重大的机车车辆新产品开发项目提出设计要求，审查并下达设计任务书。按照专业分工，主机厂负责系统设计，科研单位和高校根据各自擅长的领域不同从事关键技术的专项研究，配件厂提供专项配件，运输企业提供实验支持，最终形成了多元化竞争下系统内产、学、研合作的创新模式。

（二）技术引进、消化吸收期

1. 需求窗口

（1）中长期铁路网规划展现巨大市场机会

2004年国务院审议通过《中长期铁路网规划》，描绘出21世纪头20年铁路发展蓝图。规划建设规模大、标准高。新建高速铁路规模（含城际铁路），2004年规划里程为12 000千米以上，2008年调整为16 000千米。主要干线铁路按300~350km/h速度等级建设。这样大规模、高标准的高速铁路发展规划，在世界上是绝无仅有的。同时，规划突出“四纵四横”客运专线网络，奠定了中国高速铁路网的主骨架。直到今天，中国高速铁路网建设仍旧是在这个基础上发展完善。

（2）引进技术，向国外企业开放高铁市场

2004年，当时中国第一次一次性招标的动车组数量就多达140列，是截至当时世界高铁史上一次性招标动车组数量最多的一次。考虑到中国刚刚规划了“四纵四横”1.2万千米高速铁路网，当时全球各大咨询机构都宣称，中国已经成为世界高速铁路最大的市场。因此，对各国的高铁行业巨头而言，中国市场都是一个巨大的诱惑。也正是这个巨大的诱惑，促成了中国以市场换技术的成功。

（3）打破行业垄断，向国内企业开放铁路建设市场

也是在这一阶段，铁道部打破部属施工、设计单位垄断铁路建设市场的局面，大胆引进了中国交通建设股份有限公司、中国建筑工程总公司、中国水利水电建设集团公司、中国中煤能源集团有限公司等国有大型施工企业，以及一些其他行业的设计、施工、监理队伍参与铁路建设，充分利用社会资源为铁路

建设服务。2004 年和 2006 年铁道部和建设部两次下发文件，对扩大铁路建设市场做出明确规定，加大对新进入铁路市场参建企业的政策扶持力度。2003—2008 年，铁路建设市场开放程度逐年加大，非铁道部下属企业中标铁路的额度从 2003 年的 0 元增加到 2008 年的 604 亿元。从非中铁队伍中标铁路额度占全路中标总价百分比来看，2003—2008 年，分别为 0、0.07%、3.02%、9.09%、20.2%、12.52%，比重最高的 2007 年超过全路中标总额的 20%。

2. 政策窗口

（1）行业统筹，确保核心技术引进，为消化吸收及再创新奠定基础

面临当时快速建成高铁网络的需求，以及我国自主研发的动车组在材料和工艺、整体设计、关键技术、结构可靠性等方面的问题，当时中国自主研制的高速列车短时间内还无法满足在安全可靠的前提下提高运输能力和服务质量的现实要求。国家决定对国外先进技术进行引进消化吸收再创新，按照“先进、成熟、经济、适用”的原则进行引进，经过消化吸收，实现再创新目标。以高速动车组技术引进为例，尽管中国高速铁路目标值为 350km/h，铁道部明确了以 200~250km/h 为起点的低成本技术引进战略，技术引进的目的是要把引进先进技术与自主创新紧密结合，在引进关键的先进技术的基础上再进行自主开发和系统合成，实现我国铁路机车车辆制造业的整体改造，从整体上提高我国机车车辆的现代化水平。为此，铁道部提出高铁技术引进的总原则：“引进先进技术，联合设计生产，打造中国品牌。”这条原则，成为指引中国高铁装备工业走向成功并最终反哺世界的关键。

在技术引进的过程中，以铁道部为主导，实施了三步走的引进策略，成功实现了高铁技术的引进。

第一步，整合行业子系统，控制谈判企业数量。铁道部把全国铁路市场中的 35 家机车车辆厂和 18 个铁路局的资源整合，明确规定北车的长客厂和南车的四方厂全权代表国内各主机厂统一对外谈判，通过形成二对多的“战略买家”策略形成了较强的买方垄断势力，给中方带来了谈判优势。

第二步，界定市场准入资格：“投标企业必须是在中国境内合法注册的，具备铁路动车组制造能力，并获得拥有成熟的时速 200 千米铁路动车组设计和制造技术的国外合作方技术支持的中国制造企业（含中外合资企业）。”外方企业要进入中国市场，就必须与本土企业合作，又一次提升了中方企业地位。

第三步，设置考核标准。铁道部成立动联办负责技术国产化考核。在中外联合体中标之初，铁道部先不付钱，只有经动联办考核通过，铁道部才会支付费用。然而动联办的考核不以国外企业教得如何，而是以国内企业学得如何为

标准。也就是说，引进的技术并不限于技术图纸，而是要学会技术设计。

在技术引进的过程中，铁道部整合资源，政府主导，统一谈判，成功实现了高铁技术的引进，充分体现了“集中力量办大事”的优势。

（2）搭建全面的产、学、研合作网络

铁道部通过先后两次技术招标①，引进日本、法国、加拿大和德国四大外方技术体系，形成中外合作创新网络。外方技术通过为中方主机厂提供制造工艺图纸、技术支持、技术培训、合作生产等方式帮助主机厂完成引进技术的固化和优化。铁道部、主机厂、高校、科研院所就动车组转向架、动车组车体和转向架结构强度、牵引传动系统、空气动力学、摩擦材料5个高铁关键技术重点项目签订10份合作协议，其中1份是由铁道部和企业、高校共同签署的《动车组引进技术消化吸收再创新重点项目合作总体协议书》，其余9份协议书由4家国内企业（青岛四方、长客、唐车、BST）与3所高校［西南交通大学、北京交通大学、中南大学（长沙铁道学院）］分别签署，通过这些协议打造国内技术消化吸收再创新的产、学、研合作网络。该合作网络还吸纳了清华大学、北京航空航天大学、中科院软件所等国内十几所一流高校和科研机构，一个以国内主机厂为核心，以重点扶持的国内配套企业为骨干，辐射相关行业和12个省市的现代化动车组产业技术合作体系就此形成，该合作体系吸纳了8名院士、近百名教授和研究员、960余名高级工程师、5 000余名工程技术人员参与，为中国高铁技术再创新提供了技术能力保障。

（三）自主创新期（2009年至今）

1. 国内需求窗口

在2008年之后，中国的高铁建设经历了高峰、回落和恢复三个周期。

（1）2008年线网规划调整

从2008年8月开始，在美国金融海啸的冲击下，世界各国经济增长出现大面积下滑。为此，中国政府推出了4万亿元投资计划，重点向基础设施建设倾斜。

2008年10月，《中长期铁路网规划（2008年调整）》正式获国家批准，这就是中国高铁网的2.0版本。此次调整的核心就是铁路网络的进一步扩大，将2020年全国铁路营业里程规划目标由10万千米调整为12万千米以上，其中高速铁路由1.2万千米调整为1.6万千米，电气化率由50%调整为60%。它

① 两次技术招标分别是基于时速200千米电力动车组技术招标和基于时速300千米电力动车组技术招标，招标中包含20列动车组列车，其中包括1列原装进口车、2列散件组装车、17列国产化列车（高铁见闻，2015）。

还描绘了一个更加诱人的前景：它要建成一个快速客运网络，这个快速客运网络由三部分构成，第一是客运专线，主要是长大干线高速铁路，其代表是“四纵四横”；第二是城际轨道交通，主要是城市群之间的，运行时速在200千米左右；第三是客货混跑的快速铁路。按照《中长期铁路网规划（2008年调整）》，这个快速客运网络总规模要达到5万千米以上，较调整前增加了2万千米。这一快速客运网络，要连接中国所有省会城市以及50万人口以上的大城市，覆盖全国90%以上人口。

2011年经历了铁道部主要领导腐败案件爆发以及甬温线动车事故后，铁路固定资产投资经历了断崖式下跌，当年仅完成5 906.9亿元，同比下降35%。一些高铁项目停工或者降速，高铁发展进入暂时的回落和调整期。

党的十八大后，中国高铁迎来了新的发展机遇。2013年8月，出台了《国务院有关改革铁路投融资体制 加快推进铁路建设的意见》，肯定了铁路发展对于我们国家的重要性。会议强调，铁路是国家重要的基础设施和民生工程，是资源节约型和环境友好型运输方式，要按照统筹规划、多元投资、市场运作、政策配套的基本思路，推进铁路投融资体制改革。

在国务院有关会议精神的指导下，全国铁路固定资产投资在2014年成功完成8 088亿元后，2015年再接再厉，完成了8 238亿元，中国高铁全面复苏的景象再次展现在世人面前，如图7-5所示。

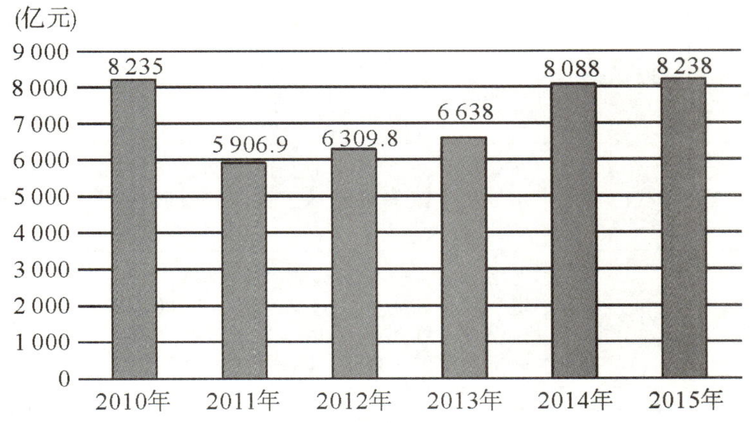

图7-5　2010—2015年铁路固定资产投资

2016年7月13日，国家发改委、交通运输部、中国铁路总公司正式印发了《中长期铁路网规划》，中国高速铁路网3.0版正式面世。3.0版高速铁路网规划期为2016—2025年，远期展望到2030年。根据规划，到2020年全国铁路网规模将达到15万千米，其中高速铁路3万千米，覆盖80%以上的大城市；到2025年，全国铁路网规模将达到17.5万千米，其中高速铁路网3.8万千米。

2. 国际需求窗口

面对高铁的众多优势，近年来，美国、俄罗斯、巴西等国纷纷制订了规模空前的高速铁路发展计划，即便是法国等老牌高铁国家也相继表示，将延长高铁里程、提升高铁品质。预计到2020年，世界高速铁路总里程将超过5万千米，新增近2万千米，为中国高铁提供了广阔的海外市场。见表7-15。

表7-15 各国修建高铁计划

国家	投资额度	线路	里程（千米）
日本	N/A	八户—青森 青森—札幌 长野—富山—小松—大阪 福冈—熊本—八代 福冈—长崎	96.5 300 473 130.9 140
法国	N/A	里昂—都灵（意大利） 蒙彼利埃—巴塞罗那（西班牙）	250 340
西班牙	800亿美元	马德里—莱里达—巴塞罗那 巴塞罗那—菲格拉斯 菲格拉斯—佩皮尼扬	160
意大利	N/A	维罗那—慕尼黑（德国）	419
美国	130亿美元	东北部地区、东南海岸、佛罗里达州、墨西哥湾北部沿岸、中西部（环芝加哥地区）、德州（中南部）、太平洋西北部沿岸、加利福尼亚州	1 000
俄罗斯	300亿美元	在莫斯科—下诺夫哥罗德之间、乌拉尔地区、滨海边疆区、莫斯科—迪沃斯托克	1 500
印度	360亿美元	普纳—孟买—艾哈迈德阿巴德线、德里—阿姆利则—昌迪加尔线、塞廉德拉巴德—维杰亚瓦达—金奈线、金奈—班加罗尔—哥印拜陀—科钦线	3 400
巴西	184亿美元	圣保罗、坎皮纳斯及里约热内卢	440
越南	560亿美元	河内—胡志明市	1 700
巴基斯坦、土耳其	200亿美元	伊斯兰堡—伊斯坦布尔	6 566
沙特阿拉伯	70亿美元	麦加、吉达和麦地拉	500

资料来源：铁道部，华泰联合证券研究所。

随着中国高铁自主创新的发展，凭借着先进的技术、丰富的建设经验及低成本（图7-6）优势，开始走出国门。

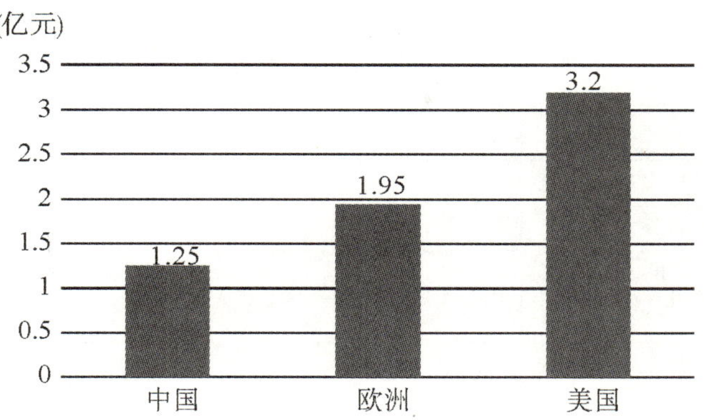

图7-6　每千米高速铁路建设成本比较

2015年10月16日，中国高铁“走出去”迎来标志性事件，由中国铁路总公司牵头组成的中国企业联合体，正式拿下印度尼西亚雅加达至万隆高铁项目。对比之前由中国承建或者已经与中方签约承建的高铁项目局限在工程建设领域，这一项目被定义为中国高速铁路从技术标准、勘察设计、工程施工、装备制造、物资供应，到运营管理、人才培训、沿线综合开发等全方位整体“走出去”的第一单项目。这对于推动中国铁路特别是高铁“走出去”，具有重要的示范效应。见表7-16。

表7-16　中国高铁部分海外项目

项目名称	开工日期	预计竣工日期	合同总值（亿美元）	项目简介
沙特阿拉伯南北铁路CTW200标段	2007年4月	2010年7月	5.24	该项目是我国企业在沙特阿拉伯承建的第一条铁路项目，标段全长453千米，公司负责从BAUXTE至ANNAFUD的路段
土耳其伊斯坦布—安卡拉铁路改进项目	N. A.	开工后28个月	12.70	该项目是我国企业在国际上承揽的第一个高速铁路项目，铁路自伊诺努至科斯科亚，全长157千米
利比亚沿海铁路项目	N. A.	工期4年	26.00	2008年2月，公司下属中土集团有限公司与利比亚签订两项铁路建设项目，合同总额约26亿美元
利比亚南北铁路项目（黑谢—塞卜哈）	2008年6月	工期3年		
利比亚的黎波里—加迪尔角铁路线	N. A.	4.5年	8.05亿美元	该项目为东起的黎波里、西至加迪尔角的全长172千米的双线铁路

表7-16(续)

项目名称	开工日期	预计竣工日期	合同总值（亿美元）	项目简介
沙特阿拉伯麦加萨法—穆戈达莎轻轨合同	N. A.	22 个月	17.7 亿美元	该项目正线全长 18.06 千米，环形折返线 1.6 千米，正线为双线，项目采用 EPC+O/M 模式，即设计、采购、施工+运营管理（三年）的模式，施工工期约 22 个月，2010 年 10 月开通运营
阿尔及利亚 EL AFFROUN 至 KHEMISMILIANA55 千米铁路新线项目合同	N. A.	—	—	—
阿尔及利亚 B. B. A. —THENIA175 千米电气化铁路新线项目合同	N. A.	—	—	—
越南河内城市轨道吉灵—河东线工程	N. A.	—	—	—
第纳科（TINACO）—阿纳科（ANACO）段铁路项目设计和施工合同	N. A.	—	—	—

资料来源：中金公司研究部。

截至 2017 年 6 月 15 日，BHI 已收录中国意向/参与的海外高铁项目 14 个，涉及印度尼西亚、新加坡、俄罗斯、塞尔维亚等 12 个国家。目前，印度尼西亚雅加达—万隆高铁进展顺利，莫斯科—喀山高铁、匈塞铁路等项目正在积极推进。未来，中国高铁还有望迎来马新高铁、中泰高铁、金边—西哈努克港高铁等诸多机会。见表 7-17。

表 7-17　中国海外高铁项目最新进展（截至 2017 年 6 月底）

地区	项目名称	投资额	最新进展
新加坡	马新高铁（吉隆坡—新加坡）项目	1 236.73 亿元	港铁有意与中铁合作竞投该项目
俄罗斯	莫斯科—喀山高铁项目	1 084 亿元	勘察设计已完成
印度尼西亚	雅加达—万隆高铁（雅万高铁）项目	55 亿美元	国家开发银行与印度尼西亚中国高铁有限公司就项目签署贷款协议
泰国	中泰高铁项目	358 亿元	泰国与中国已同意建设一条高速铁路，连通泰老边境与泰国南部
塞尔维亚	匈塞铁路项目	28.9 亿美元	已签署塞尔维亚段的商务合同、匈牙利段的建设合同
柬埔寨	金边—西哈努克港高速铁路项目	—	中铁十七局与柬埔寨代表签署铁路网建设谅解备忘录

资料来源：e 车轨道交通资讯. 2017 年国内海外 36 个高铁拟建项目大起底［EB/OL］. https：//www. sohu. com/a/166502933_ 729676.

3. 政策窗口

（1）铁道部通过资源配置维持双寡头竞争格局，保持竞争格局

金融危机后，政府一系列的救市政策为政府干预经济提供了制度合法性，此时由政府调控产业资源，维持创新中的竞争机制成为铁道部的另一主要职能。铁道部利用行政审批权力有意识平衡南车、北车的实力，在自主技术研发、试验资源配置上构建双寡头竞争格局。在自主技术研发过程中，政府鼓励南、北车旗下的长客和四方各研制一辆标准化动车组，在产业内部形成相互竞争的两套技术标准体系。

在试验资源配置上，发改委和科技部在南车和北车各建设一个高速列车系统集成国家工程实验室，保证科技研发力量的平衡分配。在促进校企合作方面，一所高校同时和两大企业共同合作，保证先进技术的平衡分配。资源的平衡配置使得产业内竞争机制得以存续，在产、学、研合作的同时维持了企业的创新热情。

（2）建立大规模“产、学、研、用”创新体系

2008 年 2 月，科技部与铁道部共同签署了《中国高速列车自主创新联合行动计划合作协议》，科技部与铁道部达成一致，准备依托京沪高速铁路的建设，研发时速 350 千米以上的中国高速列车，建立和完善具有自主知识产权、国际竞争力和可持续发展能力的中国高速列车装备制造、运用与创新能力体系。协议明确了中国高速列车技术发展战略需求为“突破当前技术瓶颈，支撑未来持续发展，实现引领世界目标”。

为了让这次联合行动计划能够扎扎实实地落地而不是流于形式，2008 年 4 月，科技部启动了“十一五”国家科技支撑计划“中国高速列车关键技术研究及装备研制”重大项目。这个项目，国家拨款 10 亿元，参与研发的企事业单位自筹资金 20 亿元，共计投入 30 亿元，具体又被分为 10 个专项课题。见表 7-18。

表 7-18　十大联合攻关项目

序号	课题名称	国家拨款（万元）	自筹（万元）	课题总投入（万元）	主持单位
1	共性基础及系统集成技术	30 000	75 000	105 000	南车集团
2	高速列车转向架技术	3 000	7 000	10 000	北车集团
3	高速列车空气动力学	3 000	6 000	9 000	中科院力学所
4	高速列车车体技术	3 000	7 000	10 000	北车集团

表7-18（续）

序号	课题名称	国家拨款（万元）	自筹（万元）	课题总投入（万元）	主持单位
5	高速列车牵引传动与制动技术	12 000	25 000	37 000	铁科院
6	高速列车网络控制系统	18 000	22 000	40 000	中科院软件所
7	高速列车关键材料及部件可靠性	5 000	12 000	17 000	前车集团
8	高速列车运行控制系统技术	16 000	33 000	49 000	北京交通大学
9	高速列车牵引供电技术	5 000	10 000	15 000	中国中铁
10	高速列车运行组织方案	5 000	3 000	8 000	北京交通大学

资料来源：科技部官方网站。www. most. gov. cn.

据统计，参与此次行动计划的有清华大学、北京交通大学等25所国内一流高校，中科院、铁道科学研究院等11所国内一流科研院所，牵引动力国家重点实验室、交流技术国家工程研究中心等国家级实验室和工程研究中心51家，调用院士68人、教授500余人、研究员200余人、工程技术人员上万人，凝聚国内最优秀的科研和产业资源，建立产、学、研、用相结合的创新体系，形成一系列的从基础研究到关键技术研发再到重要装备开发的系统工程，重点扶持唐山、长春、四方三大主机厂，永济电机、机辆所、株洲所、四方所等7家核心配套企业，并以主机厂为龙头，构建了辐射500余家配套企业的产业链。

（3）变革管理体制，重组南车、北车，为中国高铁出口奠定基础

2013年3月10日，全国“两会”期间，国务院公布了机构改革和职能转变方案，铁路实施政企分开改革，撤销铁道部，成立中国铁路总公司。

2014年12月30日，南、北车重组公告正式发布，新公司定名为“中国中车股份有限公司”，简称“中国中车”。2015年6月8日，中国中车股份有限公司股票正式登陆上海证券交易所与香港联合交易所，实现A+H股同步上市。

五、高铁技术追赶的中国情景

从以上研究可以看出，中国高铁技术从技术积累、技术引进、消化吸收、再创新，到自主创新的整个技术追赶历程，具有明显的中国特色。主要体现在：

（一）市场空间

1. 国内市场的需求是高铁技术追赶的原动力

中国高铁的技术追赶，与日本、韩国等新兴经济体的技术追赶所不同的背

景在于，日本、韩国等由于国内市场狭小，多以国际市场作为目标市场，而中国高铁的技术发展，一直以强大的国内需求作为引导。而这些需求又可以分解为：①市场本身的需求，如高铁在技术积累阶段，所面临的铁路“运力不足”的“瓶颈”，就是市场供给不能满足巨大的市场需求；②宏观经济环境提供的需求，如在高铁的引进、消化吸收、再创新阶段，恰逢国际金融危机，中国政府为缓解金融危机的影响，所采取的 4 万亿元的投资计划，投资重点之一即为重大基础设施建设，也拉动了对高铁的需求；③国家战略规划创造的需求，如中国先后在 2004 年、2008 年、2016 年出台了《中长期铁路网规划》，可谓铁路网规划的 1.0、2.0、3.0 版本，其中对高铁建设规模的规划不断加大。

以国内市场为主的特点，加之高铁的自然垄断性质，由政府而非最终使用者进行统一采购，使得中国高铁在技术追赶之初，所面临的是有稳定需求的市场环境，市场竞争程度与直接面临国际化竞争的行业相比更为缓和，为高铁技术的积累提供了更有利的生存空间，也赢得了更多的时间。

2. 多样化的国内市场的需求促进了技术追赶中的本地化创新

中国地域辽阔，国外的高铁技术和产品不能完全适用。而中国利用在普通铁路修建过程中积累的经验，对引进的技术进行消化吸收的基础上，还解决了长大编组、高寒环境、强风沙环境等针对中国特殊的气候、地质环境的产品。这一方面完善了高铁产品线，另一方面也填补了国际高铁技术的空白。

（二）技术体制

1. 中国高铁的技术追赶未遇到技术范式的根本性变革，是技术逐步积累的过程。

中国高铁发展较晚，在技术追赶过程中借鉴了很多新技术，但纵观整个高铁技术发展历程，技术发展一直比较稳定，中国高铁未在技术追赶过程中利用颠覆式技术进行“弯道超车”，而是利用前期的技术积累及消化吸收引进技术探索创新，为世界高铁技术的发展做出重要贡献。

从专利申请的角度来看高铁技术的发展（图 7-7），可以发现，从全球范围来看，自第一条高速铁路开通以来，高速铁路技术在各个国家的积极推动下不断更新换代，专利申请平稳增长。2006 年以来，由于中国高铁行业发力，使得全球专利申请量增长更加迅速。

图 7-8 展现了全球高速铁路领域主要国家专利申请状况，从中可以看出，最早发展高速铁路的日本、美国、德国等国家在数十年中，持续地进行相关开发研究，扎实地进行着专利布局，专利申请量平稳增长。中国专利申请量近年来猛增。

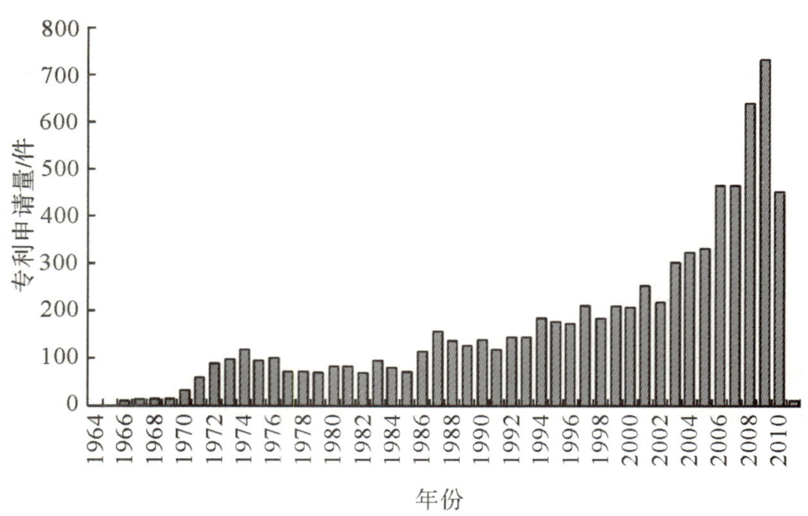

图 7-7　全球高速铁路专利申请趋势变化图

资料来源：闫晓苏，李凤新. 我国高速铁路的技术创新之路——基于专利数据的统计分析［J］. 科学观察，2013（5）.

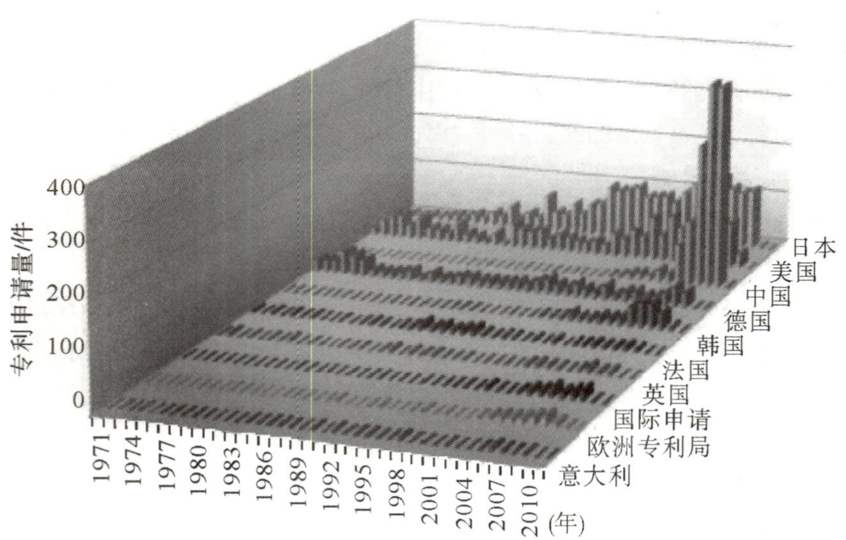

图 7-8　全球高速铁路专利申请量排名前 10 的国家/地区近 40 年专利总申请趋势图

资料来源：闫晓苏，李凤新. 我国高速铁路的技术创新之路——基于专利数据的统计分析［J］. 科学观察，2013（5）.

2. 中国高铁的技术追赶之路是由逆向工程到正向设计的过程

正向设计能力与逆向工程能力同属产品设计能力（Razavi、Jamali，

2010)，都是技术能力的重要组成部分。逆向工程是以仿制对象为起点，旨在破解特定仿制对象的技术规范或技术数据包，使自身产品尽可能接近仿制对象。正向设计则是以用户需求为起点，旨在首先完整理解产品工作逻辑以及产品设计与产品性能之间的关系，在此基础上开发适用于不同需求的产品系列。

中国高铁的技术追赶，一步一个脚印，经历了技术积累→技术引进→消化吸收→本土化改造→国产化改进→再创新→系统集成→自主创新→标准化的过程，凭借前期的技术积累和人才储备，对联合设计生产的彻底落实以及对研发的大量投入，实现了从逆向工程向正向设计的转变。

（三）制度转型

如前所述，中国高铁的技术追赶没有明显的颠覆性技术出现所提供的机会，但中国高铁仍在短短的十余年之间实现了技术赶超，一个非常重要的原因就在于采用了一种由政府主导的技术追赶模式。通过中国政府对经济的强有力管控，尤其是凭借铁道部特有的网运合一、政企不分的大一统体制，政府可以整合铁路系统内的企业、研究机构和高校，甚至囊括必要的路外资源，为中国高铁的技术创新创造了良好的外部条件，“集中力量办大事”，举全国之力实现技术赶超，政府的作用在产业政策、管理体制和市场结构三个方面得到了充分体现（表 7-19）。

1. 产业政策

产业政策明确了产业发展的目标及手段，国务院代表中央人民政府通过颁布国家发展规划纲要，确立轨道交通产业未来发展目标。在这一目标的指引下，铁道部、发改委、国资委等行业主管部门通过出台更加具体的产业政策来促进和保障发展目标的实现。

2. 管理体制

管理体制界定了政府与铁路系统内外，包括主机厂、配套企业、研究机构和高校等相关行动者之间的关系，根据每个时期产业发展目标的不同，行业主管部门通过调整管理体制侧重点，改变产业内部组织方式，尽可能调动可以利用的资源，帮助实现产业发展目标。

3. 市场结构

产业政策和管理体制的调整和改变，都会在由此形成的市场结构上体现，并通过企业与企业之间的竞（争）合（作）关系的变化得到最直观的反映。开放的还是封闭的，多元的还是垄断的，市场结构的不同形态，既是产业政策和管理体制施加影响的结果，也是体制内企业的生存环境和态势，当然也直接影响着行业的发展方向和创新的结果。

表 7-19　中国高铁创新不同时期政府作用的表现

时期	产业政策（目标与手段）	管理体制（政府与企业的关系）	市场结构（企业间关系）
技术积累期	扩能提速、自主研发	网运合一，部、局分级管理，政企不分	多元竞争
技术引进期	跨越式发展、市场换技术	网运合一、政企不分	—
自主创新期	自主品牌、全面创新	网运合一、政企不分	—

六、展望

自 2013 年起，中国高速列车行业面临的技术、市场和监管等环境开始发生一些重要变化，这些变化难免会对企业的竞争与合作关系产生影响，从而影响到企业创新能力的发展。

技术方面，新一代轮轨式高速列车在设计理念和关键技术上呈现出智能化、绿色化等一些新的发展趋势。另外，一些发达国家也正在探索和推进下一代高速轨道运输工具的研究，比如高速磁悬浮和真空管道运输等。市场方面，近两年，在“一带一路”建设背景下，中国高铁“走出去”的步伐开始加快，这对中国高铁企业提出了如何应对国际市场不同的运营环境以及与行业国际巨头同台竞争的挑战。监管环境方面，中国高铁产业监管环境在最近两三年的重大变化将给中国高速列车企业所处的竞争与合作体系及企业能力持续增长带来潜在影响。铁道部改革和南、北车合并，使得中国高速列车的需求方和供给方都是高度垄断的。

第八章　国内社交网络应用行业赶超周期研究

CNNIC（中国互联网络信息中心）第 40 次中国互联网络发展状况统计报告数据显示：截至 2017 年 6 月底，中国网民规模达 7.51 亿，其中手机上网使用率为 96.3%，手机上网比例持续提升，各类手机应用的用户规模不断上升。在移动互联网快速发展的大背景下，中国网民参与互联网环境下社交的形式发生了显著变化，各类社交应用的竞争异常激烈。本章结合不同阶段我国社交应用行业内的领袖产品及企业特征，着重分析国内社交应用行业的赶超原因。

一、社交应用概述

"社交"是指人与人的交际往来，是人们运用一定的方式传递信息和交流思想的社会活动。随着互联网业务的快速发展，人们的部分社交活动从线下转移到了线上，人们逐渐开始在互联网的虚拟平台上完成自我的社交活动。社交应用是指带有社交元素的互联网应用，包括社交网站（SNS）、微博和博客以及即时通信等应用。伴随着互联网环境的快速变化，社交类应用也处于不断变化的过程中，不同阶段社交应用行业的领袖企业逐步更迭。

早期的网民主要通过台式电脑和笔记本电脑的方式接入互联网。这个阶段的社交应用主要以社交网站（SNS）为主。社交网站是指帮助人们建立社会性网络的互联网应用服务，它通常是基于用户真实社交关系建立的沟通和交流平台，人们在该平台上展示自己并建立自己的社会关系。在我国，该类网站主要包括人人网、腾讯朋友、开心网和搜狐白社会等。国内访问量最大的社交网站是成立于 2005 年的人人网，它也是国内首家上市的社交媒体平台，故本章选取人人网作为社交网站的领袖企业分析对象。

微博（Microblog）即微博客的简称，是一个基于用户关系的信息分享、传播以及获取平台，用户可以通过 web、wap 以及各种客户端组建个人社区，以 140 字左右的文字更新信息，并实现即时分享。用户可以通过微博发表状态、上传照片、分享帖子，只是好友不限于朋友，所有的微博用户都能够看到。微博的发展也经历了一个高低起伏又逐渐变高的阶段，早期主要是个人用户的分享，主要集中在日常生活的社交分享方面，现在的微博已经成为很多普通网民参与政治、社会和经济生活的一种重要途径。微博的传播者多是专家学者、名人明星和传统媒体，其传播的内容也更多地倾向于社会动态、社会新闻、社会关注，涉及各类突发事件、国内外时事、民生问题、经济问题、文化娱乐等众多方面，具有一定的时效性和话题性。微博源于博客，更符合移动互联网社交的需要，主要有新浪微博、腾讯微博和网易微博等。其中，新浪微博的表现尤为突出。它已经成为很多官方媒体和热点事件的发声渠道，故本章选取新浪微博作为微博的领袖企业分析对象。

即时通信工具（Instant messaging），又被称为聊天软件、聊天工具等，是指能够通过有线或者无线设备登录互联网，实现用户间文字、语音或者视频等实时沟通方式的软件。即时通信工具既能够满足人们聊天社交的基本功能，同时又可以通过朋友圈等成为用户全方位社交的平台。截至 2017 年 6 月，即时通信用户规模达到 6.92 亿，占网民总体的 92.1%。其中手机即时通信用户为 6.68 亿，占手机网民的 92.3%。即时通信在网民中的覆盖率最高，传统的 QQ、MSN 和飞信以及近年来风靡的微信、易信和陌陌等社交应用都是典型代表。其中，微信表现尤为抢眼，它已经成为我国网民社交应用中的必备工具，故本章选取微信作为即时通信的领袖企业分析对象。

社交类应用产生至今，一直是互联网应用主角，但是起伏较大，变化很快。早期的社交网站（如人人网、开心网等）不论在覆盖人数还是在使用时长上，都位居各互联网应用的前列，但随着微博、微信等社交应用的兴起，社交网站遇到了前所未有的冲击，用户活跃度不断下降。在这个过程中，微博迅速崛起，已经成为人们重要的信息来源之一，同时也是社会重要的信息传播渠道，政府、企业、公众人物都使用微博进行营销或舆论引导，而随着微信等其他应用的发展，微博的部分功能也被替代或转移。2013 年，各类社交应用商业化是企业运作的重点。社交网站和微博加快商业产品的开发，通过增加游戏投入、开发商业广告来增加收入，同时与其他领域企业行业互通，实现资源共享，在扩大用户规模的同时增强盈利能力。微信则通过在线游戏、支付、付费表情等服务来拓展收入。截至 2017 年 6 月底，使用率排名前三的社交应用均属于综合类社交应用。微信朋友圈、QQ 空间作为即时通信工具衍生出来的社交服务，用户使用率分别为 84.3%和 65.8%；微博作为社交媒体，得益于名人明星、网红及媒体内容生态的建立与不断强化，以及在短视频和移动直播上的深入布局，用户使用率持续回升，达 38.7%。

二、社交网站领袖企业分析——以人人网为例

（一）人人网概述

社交网站（SNS）主要指帮助人们建立社会性网络的互联网应用服务。早期社交网络的服务网站呈现为在线社区的形式，用户多通过聊天室进行交流。随着Blog等新的网上交际工具的出现，用户可以通过网站上建立的个人主页来分享喜爱的信息。2002—2004年，世界上三大最受欢迎的社交网络服务类网站是Friendster、Myspace、Bebo。2006年第三方被允许开发基于Facebook的网站API的应用，使得Facebook随后一跃成为全球用户量增长最快的社交网站。

Facebook是一个典型的社交网站SNS（Social Network Site），于2004年2月4日上线，它的主要创始人是Mark Zuckerberg（马克·扎克伯格），网站的名字源于传统的纸质“花名册”。最初，网站的注册仅限于哈佛大学本科生部的学生；在之后的两个月内，注册扩展到波士顿地区的其他高校；第二年，很多其他学校也加入进来；2006年，Facebook社交网络开始通过用电子邮件注册的方式向全球公众开放，用户数量急剧增加；2007年，Facebook在不断完善服务的同时开始接受第三方应用软件，打造互联网开放平台；截至2012年5月底，Facebook的注册人数已经飙升至9亿人，成为当之无愧的全球第一大社交网络；2015年8月28日，马克·扎克伯格在其个人Facebook账号上称其单日用户数突破10亿。

Facebook公司是全球影响力最大的互联网公司之一，其网站是世界上最大的社交和照片分享网站。从业务上讲，Facebook是一家互联网公司，它的主要业务是互联网在线社交以及相关服务，致力于搭建社交和传播平台，在该平台上推出相关的功能和服务，如记事本功能、Facebook市场、移动平台、翻译应用、第三方网站登录服务以及位置服务等；同时，它的业务拓展到广告领域，主要有大横幅广告、订制式广告、第三方资源自主广告和虚拟产品的销售等；并且，Facebook公司的前瞻性科技研发计划主要包括人工智能、虚拟现实和internet. org，Facebook的人工智能研究主要涉及视频内容分析、智能回答问题、识别图像中的人物和物体以及自动生成图片等，这将提升互联网服务的智能水平；虚拟现实将成为智能手机之后下一个重要的个人计算和信息沟通平台，在虚拟现实游戏促进头盔硬件的销售和普及之后，未来有关网络教育、职业培训、远程医疗和远程购物领域等更多虚拟现实应用功能将会变成现实；通过internet. org计划，Facebook要让发展中国家的民众能享受到最基础的互联网信息服务等。由此可见，Facebook是一家不断创新和发展的互联网企业，它

在未来必将进一步引领我们的智能生活。

模仿 Facebook 而设立的人人网源于清华大学电子系的一个意外。2005 年清华大学电子系新生晚会入场券不够派发，该系学生会与校内网（人人网的前身）合作，通过实名注册的方式抽签派送入场券，大量学生开始注册，一下子打开了“校内网”在清华的知名度，之后“校内网”借助清华的名声，在全国各大高校完成了注册推广工作。它最初以大学生为目标群，以用户实名制为基础，开发了 3 000 所国内大学和 1 500 所国外大学，垄断中国大学生用户 80%以上的市场份额，成为我国社交网站的领头羊，甚至一度被贴上“中国 Facebook”的标签。

清华大学校内网成立于 2005 年 12 月 8 日，具有上传照片，发布个人状态与日志，分享站内外文章、视频、音乐等功能，通过提供这些功能为不同用户搭建了个人展示自我以及和熟人交流互动的平台。校内网在建立后的最初两年里得到了迅速发展，千橡互动集团公司在 2006 年 10 月将其收购；2007 年中国商业网站综合社区类网站综合排名中，人人网名列第七；2008 年人人网继续快速发展，并逐渐确立其在国内社交类网站中的领先地位，成为国内首屈一指，最具代表性的社交网站品牌；2009 年 8 月，千橡集团对外宣布其对校内网的一系列改革项目：启用“人人网”站名，更换新的图像标志，用户范围从最初只对大学生群体开放扩大为面向中学生、大学生和白领等，从而打破了校园这个范围对用户群的限制。2008 年 9 月人人网注册用户数量达到 3 000 万，2009 年 3 月注册用户已经达到了 4 600 万人，截至 2010 年 12 月底，人人网注册用户数量已经达到 1.7 亿。

2011 年 5 月 4 日，人人公司在美国纽约交易所首次公开发行，此次人人公司将旗下的社交网站“人人网”、团购网站“糯米网”以及网页游戏运营商“人人游戏”和“经纬网”整体打包上市，首次开盘每股价格便达到 19.50 美元，较发行价 14 美元大涨 39.28%，当日收盘报 18.01 美元，较发行价上涨 28.64%，首日市值达 71.2 亿美元；2011 年 9 月 27 日，人人网以 8 000 万美元收购视频网站“56 网”；它一度成为资本市场的宠儿，市值在中概股中仅次于百度；但是之后，随着微博和微信的逐步发展，人人网进入了阵痛期，人人网的累计激活用户的增速不断下降，甚至在 2014 年出现了增长停滞的现象，激活用户停留在 2.1 亿人，月度独立登录用户在 2012 年底和 2013 年初到达顶峰后出现大幅回落，用户黏性降低；2013 年 8 月，人人网正式将其曾在 2009 年吸引了数以亿计用户的偷菜游戏——“开心农场”从人人网开放平台撤下，停止服务器运营；2014 年 10 月 28 日，人人公司与搜狐公司达成最终协议，搜狐公司收购人人公司旗下“56 网”的在线视频业务；2015 年 1 月 30 日，人人网发消息称将下线站内信功能，2 月 2 日，针对关闭站内信功能，一篇名为《人人网，谢幕开始》的文章在微信等平台广泛传播，引发了一场关于“人人网谢幕”的风波。在移动互联网更多社交应用竞争的背景下，人人网用户数量大幅下降。如何吸引和留住用户成为它现阶段迫切需要解决的问题。

（二）人人网成为社交网站领袖企业的原因分析

自 2005 年以来，我国使用电脑和互联网的人数快速增长，社交网站也在此背景下快速发展。人人网能够从众多社交网站中脱颖而出，主要有以下原因：

1. 精准的市场定位

人人网最初的定位就是面向大学生的实名制社交网站，大学生们可以在上面建立个人主页，更新状态，发布照片，分享他人的新鲜事，和好友进行互动。由于定位准确，快速地吸引了大量的在校大学生用户，这也准确地表现了“校内网”（人人网前身）的内涵。以六度理论作为支撑，用户在朋友的朋友基础上，通过人人网的连接，逐步扩大自己的交际圈，促进了在校大学生之间的联系，人人网在短期内获得了超快速发展。

人人网能够在三年左右的时间里快速占领在校大学生市场得益于它精准的市场定位。在被千橡集团并购之后，它从“校内网”改名为“人人网”，原本希望进一步扩大覆盖面，意图转变为国内最大的实名制社交网站，但是，这一行为却使得人人网失去了原有的精准定位，模糊了社交人群，使“校内”这个受在校大学生追捧的特色鲜明的“核心价值观”被放弃，从个性鲜明的学生群体到覆盖人人，平台产品和内容距离学生群体越来越远，一味地盲目跟风造成了流量大幅下降的情况，最终形成原有核心用户的流失状况。人人网定位转变之后，新的大学生用户流量减少，而之前大学生用户基数也因为毕业进入职场而逐渐减少了对该社交网站的使用量，直接导致了人人网注册用户和活跃用户度的降低。

后来，人人网也意识到自身市场定位带来的一系列问题，于是重新实施了“回归校园战略”。但是由于其内容设置上存在的问题，导致用户使用不便。人人网首页出现的内容均由其所关注的好友提供以及公共主页提供，同一个学校的校友所发布的新鲜事也会被推送到用户首页。用户要想获得信息，必须首先在人人网上找到自己的同学和朋友，关注一定量的公共主页和小站等才能拥有“信息源”。如果所关注的好友、公共主页不到一定数量，或者所关注的好友或公共主页信息更新慢，那么出现在该用户首页的信息将会非常少，而且人人网中的话题多围绕校园生活，缺乏社会性、新闻性，没有深度，难以形成舆论影响力。随着更多社交应用的出现和竞争，人人网的市场定位优势逐渐减弱。

2. 丰富的内容创新

人人网初创之时，借鉴 Facebook 的内容模式以及准确的市场定位，获得了快速发展。上市之后盈利能力也处于上升阶段，通过在研发、营销和业务合作上的持续投入，人人网进入了高速发展的通道，一度成为中国社交网站的发展标杆企业，净营业收入在 2012 年较 2011 年同比增长 49.3%。

除了传统社交网站的基本功能之外，人人网也加大了内容创新方面的研发投入。比如，它推出了多款备受欢迎的游戏产品，如“人人派对”“人人农场”“开心农家乐”“开心水族箱”等，多款游戏的成功使得人人网在线游戏收入大幅上升；随着注册用户和浏览量的增加，也吸引了大量的广告商的关注；它在平台中设置了等级权限，用户使用平台越多，等级权限就会越高，也就拥有更多的特权，比如新添加表情包、隐身查看权等。这些内容上的创新都增加了人人网的营业收入和用户使用率。

但是，后期新内容创新动力补充不足，例如之前推出的游戏已经进入成熟期而新的游戏又没能取得很好的效果，在线游戏收入在 2013 年第三季度出现下降，直接导致相应收入在 2014 年出现大规模下滑，2014 年第四季度仅有 650 万美元的收入，同比下降 58.4%。等级设置的做法鼓励了一部分使用率较高的用户，但是对于使用率较低的低等级用户而言就不是好的用户体验；人人网的某些功能设置不合适，比如“过往的今天”功能，会随机推送给自己的好友在若干年前的今天所上传的照片，初衷是希望增加用户的访问量，但与此同时，当一些用户发现他几年前很囧（意指难看、不雅）的照片突然出现在其他好友的页面中时会非常尴尬，这就给用户带来了不好的用户体验。

因此，人人网在经历了前期的高速发展之后，也进入了停滞期。随着同行业其他社交应用的出现及快速发展，同时，大量网民从早期的台式电脑和笔记本电脑接入互联网转变为移动终端上网使用习惯的改变，人人网没有及时创新跟进，盈利能力变弱，盈利途径变窄，直接导致其营业收入从 2013 年开始大幅下降。

我国 1997 年成立了中国互联网络信息中心（CNNIC），专门统计我国互联网络发展的宏观状况以及用户的相关信息。截至 1997 年 10 月底，我国上网用户数仅 62 万，上网计算机数 29.9 万台。截至 2003 年 6 月底，我国上网用户总数 6 800 万，其中专线上网用户数 2 342 万，拨号上网用户数 4 501 万，ISDN 上网用户数 490 万，宽带上网用户数 980 万（备注：通过多种方式上网的用户被重复计算）。但是，截至 2017 年 6 月底，我国手机网民规模已达 7.24 亿，网民中使用手机上网的比例已经达到96.3%，手机上网比例持续提升，突出反映了移动互联网的主导地位，这也间接反映出社交应用的使用变化情况。在移动互联网占据主导地位的今天，相比之前的社交网站（SNS），微博和即时通信得到了更为快速的发展。

三、微博领袖企业分析——以新浪微博为例

（一）新浪微博概述

从产生时间上来看，微博的出现晚于社交网站但早于微信，介于两者之间。微博是一种浓缩版的博客形式。博客，又名网志，是一种由个人管理，不定期张贴新的文章、图片或影片的网页或联机日记，用来抒发情感、分享信息或者专注评论特定的课题或新闻。一个典型的博客是结合了文字、图像、其他博客或者网站的超链接及其他与主题相关的媒体的内容帖，它风靡于2005年左右。之后，随着移动互联网的发展，更符合个人移动终端使用需要的微博客逐渐取代了博客的地位。

微博（microblog）即微博客，是一个基于用户关系信息分享、传播以及获取的平台。用户可以通过WEB/WAP等各种客户端组建个人社区，以140字的文字更新信息，并实现即时分享。相对于博客主要是梳理作者在一段时间的所见、所闻和所感不同，微博更能表达出每时每刻的最新动态。国内的微博最初不归一家公司所有，在新浪、腾讯、网易等多家媒体都可以注册微博，注册需要实名注册，绑定邮箱、银行卡或者支付宝等，逐步实现了交流和支付一体化。

全球最早也最著名的微博当属美国的Twitter。它是一个广受欢迎的社交网络及微博客服务的网站，允许用户将自己的最新动态和想法以移动电话中的短信息形式发布，可绑定IM即时通信软件。所有的Twitter消息都被限制在140个字符之内。截至2012年7月1日，Twitter注册用户量为5.17亿。Twitter于2013年11月7日上市，IPO发行价定为26美元，高于之前的价格区间，开盘报45.1美元，较26美元的发行价大涨73.46%，上市首日收盘报44.9美元，较发行价上涨72.96%，市值达245亿美元。2015年2月，中国中央电视台春晚首次在Twitter等境外网站进行直播。此外，中国中央电视台还制作了历年春晚合集，并将其推向国际市场，可在Twitter等网站上看到，使更多的海外华人以及喜爱中国文化、渴望了解中国文化的外国人有机会看到春节联欢晚会。

2007年5月，国际上有上百家类似Twitter经营业务的公司，在此背景下，国内的微博业务也如火如荼地开始了。以校内网起家的王兴在2007年5月创建了中国第一家带有微博色彩的社交网络“饭否网”。腾讯公司看到了用户对

随时随地发布自己状态的需求后，于 2007 年 8 月 13 日上线了“腾讯滔滔”。2009 年 7 月中旬开始，国内早期的微博产品（饭否、腾讯滔滔等）停止运营，一些新的产品开始出现。2009 年 8 月中国门户网站新浪推出“新浪微博”内测版，成为门户网站中第一家提供微博服务的门户网站，微博正式进入中文上网主流人群的视野，微博效应正式逐渐形成。

广大网民通过微博这个平台，一方面可以浏览自己感兴趣的信息，另一方面又可以随时随地发布自己的动态供别人浏览。它的时效性很强，能快速地将最新发生的事件传播出去。同时，相对于强调版面布置的博客而言，微博只需要简单的文字、图片或视频信息，对用户的技术要求门槛较低，因此很快就得到了广大用户的认可和使用。除了广大普通网民，大批量的名人被各大网站招揽，他们也纷纷开通微博，在网络世界里聚集人气。由于它具有良好的时效性和便捷性，它快速地成为新媒体时代传播突发事件和热点新闻的重要途径之一。

CNNIC《第 28 次中国互联网络发展状况统计报告》数据显示，2011 年上半年，中国微博用户从 6 331 万增至 1.95 亿。截至 2013 年 6 月底，中国微博用户规模达到 3.31 亿。根据 2014 年 1 月的 CNNIC《第 33 次中国互联网络发展状况统计报告》数据，2013 年，微博、社交网站及论坛等互联网应用使用率均下降，微博用户规模较 2012 年底减少 2 783 万，微博使用率比上年降低 9.2%。伴随着微信、易信等即时通信工具的出现，微博逐渐开始衰退。2014 年 10 月，腾讯公司正式宣布将腾讯网与腾讯微博团队整合，退出微博；2014 年 11 月网易微博宣布关闭。至此，微博行业领域的三大巨头只剩新浪微博一枝独秀。现在说到微博，大家基本默认就是指新浪微博。

新浪微博是一个由新浪网推出，提供微型博客的服务网站，用户可以通过网页、WAP 页面和外部程序，上传图片和链接视频，实现即时分享的应用程序。新浪利用其传统媒体优势和全面的整体战略，在微博行业领域中取得了明显优势。2014 年 3 月 17 日上午，新浪微博正式登陆美国纳斯达克股票交易所，微博上市首日涨 19%收 20.24 美元，市值 40 亿美元。截至 2014 年 9 月底，新浪微博日活跃用户已达到 7 660 万人，月活跃用户更是达到了 1.67 亿人。新浪微博的功能主要有：发布信息、转发信息、关注和评论、搜索及私信。由于其操作的便捷性和时效性，使得它在微博行业中快速崛起。2015 年 1 月 20 日，微博开放 140 字的发布限制，变为少于 2 000 字都可以。2016 年 12 月 28 日，美国职业橄榄球大联盟宣布与新浪微博签署战略合作协议。2017 年 10 月 12 日，新浪微博宣布在未来会增加两大功能，即微博发布后内容可编辑以及博主对评论的先审后放功能。

除了广大普通网民之外，新浪利用了和博客类似的名人效应，吸引了众多名人进驻新浪微博；同时，还吸引了很多政府部门和企业官方机构在新浪开通微博，发布官方消息。政府方面主要利用微博征求民众意见，让民众发表观点建议，尽力在民众心中树立亲民民主形象；名人们主要通过微博发表自己正面积极有趣的信息以获得更多支持；新闻媒体利用微博发表精短新闻消息以扩大知名度。2009 年 11 月 21 日，针对昆明市螺蛳湾批发市场的群体性事件，在云南省宣传部副部长伍皓的主导下，云南省政府新闻办在新浪微博开设了国内第一家政府微博客“微博云南”，并在第一时间对“螺蛳湾”事件做出了简要介绍。“微博云南”开通之后，引起社会高度关注。11 月 23 日，《人民日报》载文，将“微博云南”称为国内第一家政府微博，并评论说，“现场直播”不一定只有电视上才有，突发事件现场的每个人都可以是“记者”，应对突发事件要“边做边说”，才有主动权。此后，各地政务微博相继开通。2014 年经过新浪平台认证的政务微博达到 130 103 个，其中包括 94 164 个政务机构官微，35 939个公务人员的个人微博。

（二）新浪微博成为微博领袖企业的原因分析

1. 先天的资源优势

新浪微博是在新浪门户网站和新浪博客的基础上发展而来的，具有先天的客户和产品战略优势。微博从发展伊始，就带有“新闻媒体”的特点，在新媒体时代通过关注、转发和评论信息功能，它发挥着快速传播社会热点新闻的作用，这种酷似新闻媒介的传播理念和传播模式给传统社交网站和新闻媒体带来了巨大的冲击。同时，新浪微博也借鉴了新浪博客的名人效应优势，吸引了众多大 V 和名人进驻，大大提高了新浪微博的知名度和关注度。比如徐静蕾、潘石屹等，甚至鹿晗的一条微博评论量过千万还得到了吉尼斯证书。

2. 准确的产品定位

新浪微博是一款为大众提供娱乐休闲生活服务的信息分享和交流平台。人们可以在这个平台上了解国内外时事、社会热点、娱乐资讯和生活点滴等内容，充分地满足了用户的好奇心和求知心理。微博主要基于信息性，媒体性较强，用户可针对微博信息进行评论、转发、收藏或点赞等产生互动，并可能因为共同的话题形成好友圈，从而具备社交属性。新浪微博还具有热门微博、热门视频和热点新闻的推送功能，能够帮助用户第一时间了解到最新的当前热点内容。同时，它也成了广大普通网民了解名人动态的重要渠道，从新浪微博的粉丝排行榜中可以看出，新浪微博关注度排名靠前的对象都集中在娱乐、体育和企业界。而且，它与时俱进，在短视频时代，又开通了和直播视频相关的配套服务，大大提升了新浪微博的关注度和用户活跃度。

3. 广泛的营销方式

早期的新浪微博大多是普通网民的生活日常状态实时发布，但到后期更多的是很多传统媒体的官方新闻和社会热点的发布平台。目前，新浪微博已经成为媒体监控和跟踪突发消息的重要来源之一。在此基本功能业务的基础上，微博还展开了多种形式的营销手段。新浪微博平台的商业化将主要依靠广告自助机应用增值分成，在广告方面，开发者可以通过“广告自助营销系统”申请微广告，系统自动投放广告，平台会按照用户的活跃度以及曝光数为开发者支付相应的广告收入，成了很多微博自媒体用户的额外收入。同时，微博还开展了微小说大赛、开发者大会、微博营销大会、大V论坛等多种形式和活动来提升它的知名度。

4. 快速的响应模式

“及时了解新闻热点”“关注感兴趣的内容”“获取到生活/工作中有用的知识和帮助”是用户使用微博的主要目的。微博用户之所以选择微博来关注新闻/热点话题，主要原因是微博的快速响应程度，在传播速度和深度上，微博都比传统的新闻媒体有天然的优势。而新浪微博一直都是各类重大新闻事件的首发源头，每逢遇到社会重大事件，新浪微博上的内容发送量都会出现显著上涨。在微博这样的社会化媒体出现之后，信息内容的传播是通过人与人之间的“关注”“被关注”网络，节点式一层层传播开来。这种传播方式覆盖面广、速度快，同时有信任关系的存在，信息的被接受程度比较好。用户主要看热门微博，关注感兴趣的人，在微博上看视频/听音乐，在微博上分享/转发信息，各种需求均可以在新浪微博上得到满足，它已成为人们生活中的一个主要沟通交流平台。在移动互联网时代，广大网民通过智能手机使用微博，随时关注微博动态，随时参与微博话题，新浪微博是他们移动互联生活中重要的一环。

四、即时通信领袖企业分析——以微信为例

（一）微信概述

在社交应用领域，整体网民覆盖率最高的是即时通信。即时通信（IM）在整体网民中的覆盖率达到了86.9%，传统的QQ、MSN和飞信等都是网民互联网交流沟通的重要工具，近年来伴随着移动互联网的快速发展，针对移动设备推出的移动即时通信工具迅速普及，如微信和易信等。

微信（wechat）是腾讯公司于2011年1月21日推出的一个为智能终端提供即时通信服务的免费应用程序。微信支持跨通信运营商、跨操作系统平台通过网络快速发送免费（需消耗少量网络流量）语音短信、视频、图片和文字，同时，也可以使用通过共享流媒体内容的资料和基于位置的社交插件"摇一摇""漂流瓶""朋友圈""公众平台""语音记事本"等服务插件。微信提供公众平台、朋友圈、消息推送等功能，用户可以通过"摇一摇""搜索号码""附近的人"以及扫二维码的方式添加好友和关注公众平台，同时将内容分享给好友，将用户看到的精彩内容分享到微信朋友圈。截至2013年11月底，注册用户量已经突破6亿，是亚洲地区最大用户群体的移动即时通信软件。截至2016年12月底，微信的月活跃度用户已达8.89亿。

微信是腾讯公司的一款业务产品。2017年3月22日腾讯公布的2016年财报数据显示，2016年全年，腾讯总收入为人民币1 519.38亿元，比2016年同期增长48%。腾讯公司董事局主席马化腾表示，2016年，腾讯通过一系列的战略举措巩固了行业领先地位，丰富了产品生态系统，提高了竞争力。QQ和微信通过让用户沟通和社交、便捷的享受内容和服务，巩固了其在中国用户生活中的平台地位。通过多款自主研发和获得授权的游戏，大大增强了公司作为全球游戏公司领导者的地位。移动支付服务的市场占有率和日均交易笔数均大幅提升，在商业支付交易上取得了快速发展。后续将进一步布局安全、云、大数据和人工智能方面的内容。

微信是近年发展起来的新型移动社交工具，微信将微信联系人与手机通信录捆绑认证，使微信好友与手机通信录好友建立"强关系链接"。微信发红包与抢红包更接近一种社交行为，人们以微信群为载体实现了群体社交。微信的交际圈限于好友之内，不仅可以单独交流、沟通，也可以通过朋友圈发表状态、上传照片、分享帖子等，但是只有好友可以看到，是比较私密的社交软件。同时由于微信也具有订阅号等公众账号，给用户推送优质信息而非大量营销信息，使得微信也具有了新媒体的传播属性。微信好友之间可以以语音、文字、搞笑图片等方式进行沟通，进一步丰富了用户间的交流。通过微信的"查看附件的人"的功能，用户可以搜索到特定地理位置范围以内的微信用户，并可以申请加其为好友，这种熟人和陌生人交友相互补充，大大拓展了微信用户的社交圈。目前，微信已经成为个人进行即时通信的首选工具。微信的传播主体分为个人和企业，个人用户可以通过查看朋友圈，了解好友动态，也可以通过即时通信功能，随时和朋友聊天，查看公众号所推送的消息。企业用户是商家在微信公众平台上独立申请的应用账号（微信公众号），商家可以通过微信公众号在平台上实现和特定群体的图片、视频、文字、语音的全方位沟通和互动，从而形成了一种方法简单、互动便捷的线上与线下微信营销模式。微信还与众多的第三方应用程序合作，从很多方面改变了人们传统的生活习惯。微信一经推出就因其入门简单、传播快速、成本低廉、内容丰富有趣等特点而深受用户喜爱。此外，随着移动互联网和移动支付时代的到来，微信支付大大方便了我们的日常生活。

（二）微信成为即时通信领袖企业的原因分析

1. 雄厚的客户基础

微信是基于用户间的强关联衍生出来的，它为智能终端的移动社交而生。用户在登录时会被关联手机通信录和 QQ 联系人等，这得益于腾讯公司庞大的 QQ 用户群体。因此，微信能够快速在众多用户间传播并使用。

2. 先进的技术优势

腾讯是我国最大的互联网综合服务提供商和服务用户最多的互联网企业之一。多年在互联网行业的经验，使得它具备了足够丰富的技术优势。人们通过微信可以快速发送语音短信、视频、图片和文字，支持多人群聊和视频聊天，大大方便了人们的社交方式。人们只需较少的流量和内存资源就可以方便、快捷和高效地进行社交活动。这都得益于它先进的技术优势。

3. 丰富的内容定位

人们通过微信不仅可以实现强关联下人与人之间的双向联系，同时还可以实现群聊，增加了社交参与者的数量，拓宽了使用者的社交范围。此外，人们还可以通过微信朋友圈分享自己的最新动态，能够很好地实现共享功能。人们还可以通过微信公众号获取更多的优质资源。企业或其他组织也可以通过微信公众号经营更多业务，大大提高了服务效率，提升了服务的附加值。在移动支付的大背景下，微信支付还能够绑定银行卡、支付宝以及许多第三方应用程序等，大大提高了人们的支付效率，改变了人们日常生活中的许多行为习惯。

4. 适宜的时代背景

微信是为移动终端而生的社交应用。随着移动互联网的出现及快速发展，微信在语音聊天、视频聊天和移动支付等多个领域快速发展。因此，企业研发产品也应该十分关注大的技术发展和应用趋势。

下篇

成都先进制造业创新
与人才管理变革研究

第九章 成都建设“中国制造 2025”示范城市的举措

先进制造企业离不开高新技术培育和企业管理创新。为此，本章首先研究依托高新技术的先进制造企业。

一、先进制造成本优势与国家的培育

（一）先进制造企业成本优势的四大来源

根据我国高新技术企业的发展现状，企业应该对自身的产品生产和管理过程中成本的降低高度重视。成本控制必须注重全过程的控制，不仅要控制生产成本，而且要控制产品寿命周期成本的全部内容。只有当产品的寿命周期成本得到有效控制，成本才会显著降低。综合来看，高新技术企业的成本优势主要来源有 4 个方面。

1. 产品生命周期管理

一般而言，越是处于生命周期的前阶段，能够确定的成本额越大，且功能、构件变更的容易程度越高，两种因素的结合，使这一阶段降低成本的潜力大增。

（1）低成本设计

当产品的设计说明书完成时，该产品的成本结构就已确定下来。对许多高新技术产品来说，到设计说明书完成时，该产品寿命周期成本的至少 80%已不可改变。为了最大限度地压缩成本，产品设计必须着眼于目标成本和目标利润。要根据市场调查或顾客订货协议估计产品销售价格，再由企业的目标盈利率确定产品的目标成本和目标利润。确定目标成本后，产品设计人员和操作人员就可以根据市场调查结果进行作业设计。如果完成产品全部作业的成本低于目标成本，则产品设计是可行的。否则，就要进行再设计，直到可行为止。

（2）卓越的开发过程

开发费用是高新技术产品的重大成本要素之一。高新技术企业在产品开发中应充分考虑市场定位，不能只片面追求技术性能的先进性。在计算机软件和医药产业领域，单位产品所分摊的开发成本超过了产品销售成本；在其他产业领域，单位产品所分摊的成本可能超过了其他的可控成本，如劳动力成本和管理费用。许多公司已经发现产品开发的生产率可以得到相当程度的提高，并且随之而产生的成本差异可能是非常明显的。

（3）高效的生产环节

生产环节中涉及的生产成本与企业的发展战略和经营战略密切相关。我国高新技术企业要集中有限的资本和技术力量，像日本本田公司培养发动机核心能力一样，重点发展自己的核心技术力量，提高生产环节的质量，降低产品成本。成本的形成依赖于物流供应、生产工艺流程实施、测试总装、质量检验、发货等一系列作业，而大多数作业与传统成本管理中的分配标准并不直接相关，必须通过成本动因分析，进行准确的产品成本核算，并通过不断优化作业降低成本。

高新技术企业产品升级换代快，产品库存管理对成本起着至关重要的作用。库存量过多，直接影响着设计优化的实施，因此必须建立高效的供应链，加快库存周转效率，不断降低库存水平。同时，通过与全面质量管理同步实施，实现适时生产管理（JIT），降低产品成本。

（4）产品质量与维护

进入使用维护阶段，在市场价格不断下降的基础上，产品成本压力不断增加，产品已经由设定的目标成本转变为市场压力下的目标成本。此时结合生产制造和维护等实际情况，对产品进行降低成本优化，提高产品成本竞争力显得尤为重要，可以通过消除冗余、优化系统设计、采用简易设计方案等方法降低单位成本。要对为提高客户满意度而付出的大量维护成本进行有效管理，在提高产品质量的基础上降低维护费用支出，建立信息内部通道，加快信息的传递速度，加强部门之间的横向联系，提高对顾客需求的回应能力，保证客户需求能及时得到满足。在产品废弃或升级时，应该对客户的追加成本及企业的替换成本进行核算，保证产品生命周期成本得到全面反映，准确核算产品盈利能力。充分利用销售平台，尽可能地增大销售收入，降低单位产品固定费用。

（5）卓越的技术

拥有卓越的技术是一种竞争对手不容易获取的优势。随着技术变迁，新的产品、新的行业不断涌现。从高新技术企业自身来看，随着企业规模的扩大，以前的目标市场容量将无法支撑企业进一步发展的需求，能够给企业带来利润的业务单元将逐渐减少，核心能力处于嫁接转移或向新领域的扩散之中。此时若不能很好地实现由技术创新带来的产品创新，则市场的局限性会阻碍企业的良性成长。由于技术领先者在技术与产品开发上投入了大量的资金以便通过差异化战略进行产品定位，它们通常不是低成本竞争者，竞争对手复制它们的差异化战略需要付出昂贵的代价。

2. 企业流程再造及供应链管理

企业流程再造（BPR）以顾客需求为导向，使企业的生产更好地满足顾客不断变化的需求。企业的流程是指为完成某一目标而进行的一系列逻辑相关活动的有序集合，强调工作是如何进行的，而不是工作是什么。在传统的劳动分工原则下，职能部门把企业的流程分割成若干环节，人们关注的焦点是单个的任务或工作。在现代市场白热化竞争的情况下，越来越显示出这种模式的弊端。而 BPR 思考和改造的对象正是企业的流程，是对现行工作方法及企业运作流程进行根本性反省和革命性创新。我国高新技术企业可以通过流程再造，找出自身在成本管理方面的漏洞，进行一场管理革命。

在流程再造过程中，有效的供应链管理是一个重要方面。随着全球经济一体化的不断推进，任何一个企业都不可能在所有业务上成为杰出者，必须联合行业上、中、下游企业，建立一条经济利益相连、业务关系紧密的行业供应链，实现优势互补，充分利用一切可利用的资源来适应社会化大生产的竞争环境，共同增强市场竞争实力。此时企业内部供应链的管理将延伸到面向全行业的产业链管理。供应链包含了原材料采购、制造、库存、订单处理、分销、货物运送和担保的成本，高新技术企业需要超越制造的范围来实现成本优势，使其他成本要素成为获得成本优势的源泉。在供应链管理的过程中，首先要在整个行业中建立一个环环相扣的供应链，使多个企业能在统一的管理下实现协作经营和协作运作，实现资源和信息共享，使每个企业均可以最小的个别成本和转换成本来获得成本优势。

3. 人力资本管理

对人力资源的合理利用是决定从业人员的科技素质和高新技术企业竞争成本的关键要素。随着高新技术企业日益依赖于企业员工的知识与技能，日益重视企业的研究与开发，日益重视市场的建构与发展，企业资产会越来越无形化。而无形化的实质是企业的经营优势不再仅仅取决于物质资本和金融资本，而更多地取决于人力资本。

人力资本包括了员工的全部知识和技能，特别是通过培训和实践所形成的各种技巧和新知模式，是企业核心竞争力的重要组成部分。在市场竞争日益加剧的环境下，高新技术企业对高级技术人才的使用和选择，反映出各经济类型高新技术企业在确定企业生产结构和发展模式上的重大区别。

为了增加人力资本，提高企业核心竞争力，企业的通行做法是以高收入、高福利吸引高素质人才，以高额奖金和红利刺激专业人员能力的高水平发挥。但是任何人在知识的获取和创新上都有其局限性，因此不断地发现瓶颈并加以克服的方式也具有局限性，其成本会不断提高。同时，将企业的核心竞争力建立在少数顶尖高手个人能力发挥的基础上，成本和风险都比较高。

在这种情况下，企业可以采用两种方法加以解决。一是知识专门化。知识专门化是提高知识获得效益的重要前提，通过将任务有效分解到相对较多的具有不同专业知识的个人，可以降低成本和风险，提高知识获得效率。但是知识专门化提高了知识的整合成本，这就需要企业制定相应的激励制度，促进员工之间的知识共享和学习。在信息技术和通信技术迅猛发展的现代社会，人与人之间的交流已经不再局限于面对面的交流，通过网络及其他高新技术工具的交流同样可以降低沟通和协作成本，促进知识的整合。二是建立双赢关系。高新技术企业依赖于每一位员工素质的提高来获得并实现经营优势，员工通过高新技术企业的不断发展使自身的人力资本不断提升，从而在劳动力市场中处于优先位置。高新技术企业注重员工的能力提升和职业生涯发展，将此作为员工忠诚于企业的回报。高新技术企业知识资本的增值和员工人力资本的增值同步发展，这是一种双赢的关系。

4. 规模效应

当高新技术企业实现了产品开发过程的全球化时，它们能够搜集来自世界各地的客户需求信息，在同一时间向全球所有的市场提供一种单一产品，而且同时规划了在成本最低的任何地方制造这种产品的灵活性，从而获得了明显的成本优势。

跨国公司可以通过协调和平衡所有活动的全球网络，连接所有机构的所有产品开发者、市场分析员和生产规划者，通过各方面的协同合作，使整个生产经营过程更加有效和快速。那些成功地把全球资源整合起来的大型公司，逐渐发展进入更加有力的和更具反应能力的经营运作，能够更进一步削减成本。这种新的制造规模的优势将提供一种较小规模的竞争者所不能实现的成本优势来源。成本优势的一半来源理所应当是生产制造，制造成本优势可以通过多种方式获得。规模经济性可以通过扩大产量实现，特别是当产品总成本中固定成本的比重很高时规模效应更大。当产量较高时，固定成本可以在更多的单位产品上分摊，从而降低了单位产品成本。

（二）国家对技术创新主体的培育

1. 新形势呼唤企业创新

当今世界，创新已经成为推动经济社会发展的核心驱动力，而创新的主体是企业。党的十八大报告提出实施创新驱动发展战略，引导创新资源向企业集聚，支持企业增强创新能力与核心竞争力。2013 年 1 月 28 日，国务院办公厅在《关于强化企业技术创新主体地位　全面提升企业创新能力的意见》（国办发〔2013〕8 号）中进一步明确要求，到 2015 年，基本形成以企业为主体、市场为导向、产学研相结合的技术创新体系；到 2020 年，企业主导产业技术研发创新的体制机制更加完善，企业创新能力大幅度提升，形成一批创新型领军企业，带动经济发展方式转变实现重大进展。

国家火炬计划重点高新技术企业（简称火炬重点高企）是从高新技术企业群体中优选出的骨干企业，是高新技术企业政策的一种延伸尝试，是高新技术企业培育体系的一个重要组成部分。新时期火炬重点高企评选工作正是在这个背景下对技术创新主体培育思考的一种践行。

2. 沃土培育现在进行时

从总体上看，我国企业技术创新能力还比较弱，与发达国家的差距还比较大，尚未成为技术创新的主体。随着高新技术企业政策在加大研发投入、提升企业自主创新能力方面的作用逐步显现，越来越多的科技企业通过提升自身技术创新能力加入高新技术企业队伍中，也有越来越多的优秀骨干企业从高新技术企业群体中脱颖而出。

高新技术企业政策有效促进了企业自主创新热情。2011 年高新技术企业累计拥有有效专利 65. 9 万件，其中发明专利 15. 1 万件，高新技术企业平均每万名从业人员拥有的发明专利数量为 100. 1 件，是全国就业人员人均水平（9. 1 件）的 11 倍；当年申请专利 28. 7 万件，其中，申请发明专利 11. 9 万件，发明专利申请量占全国发明专利申请量（52. 6 万件）的 22. 6%；当年授权 16. 9 万件，其中授权发明专利 4. 3 万件，发明专利授权量占全国发明专利授权总量（17. 2 万件）的 25%。

3. 新办法催生优秀企业

自 2008 年《高新技术企业认定管理办法》（国科发火〔2008〕172 号）颁布实施以来，火炬重点高企评选作为对新时期高新技术企业队伍的一种优选尝试，有了新的时代要求。原有火炬重点高企认定条件和《高新技术企业认定管理办法》中的一些内容已经不再适用。从企业内部角度，对企业技术创新能力、产业整合升级的要求，对企业盈利能力标准的调整，对企业社会贡献在新时期的要求，都应该在评选中有所体现；同时，从外部环境角度，在建设创新型国家新的历史时期，火炬重点高企评选工作的方向应聚焦在提升企业的自主创新能力与核心竞争力，促进高新技术产业升级发展的战略目标上。

为此，经过一年多的研讨准备与广泛征求意见，2010 年 7 月科技部火炬高技术产业开发中心（简称火炬中心）发布了新修订的《国家火炬计划重点高新技术企业管理办法》（国科火字〔2010〕179 号，简称“新办法”），在强化火炬品牌优势、评选方式、入选企业条件、管理程序等方面进行大胆革新，特别是对企业创新能力、行业带动性、营利能力和社会贡献四方面指标给予量化，为评选出更具创新竞争力和产业带动力的优秀企业做好了准备。新办法颁布后，2010—2012 年启动了三批火炬重点高企的评选工作，共评选出 2 154家企业。

4. 新办法体现新时期特色

火炬重点高企是从全国高新技术企业群体中优选出来的，是新时期高新技术企业政策在创新驱动方向上的延伸。它具备以下特点：

（1）火炬重点高企是国家创新驱动战略的一部分具体载体

从新办法的内容来看，火炬重点高企是顺应新时期国家创新驱动的一部分具体载体。新办法在关于火炬重点高企应满足的条件中第一次提到行业技术标准，将企业创新能力提升到标准战略层面，并在评选时尝试具体量化创新能力的考核指标；新办法提到的龙头企业、区域特色与示范作用条件则是从行业带动性角度提出的，强调的是产业聚集在单个创新主体中的量化体现。这些是对以往评选只注重营利能力的重要补充，也是战略性新兴产业比较显著的两个特征。

（2）火炬重点高企强调社会贡献，彰显社会责任

随着我国国民经济快速发展，企业已经从简单追求规模、追求效益的目标向追求社会责任、社会地位的方向转变，更多的企业开始形成自己的企业文化，以文化驱动经济发展已经不再是一个口号。评选中更加注重税收、人才等方面的企业贡献。它是新时期对“什么是优秀的高新技术企业”的一个全新阐释。

（3）火炬重点高企强调引导资源、优化配置

培育和发展火炬重点高企是火炬高新技术产业化及环境建设的重要内容。它的政策目标是在全国高新技术企业范围内，择优选择一批发展有特色的高新技术产业化骨干企业，引导其利用社会各类资源，使之做强做大、做专做精，成为提升自主创新能力、调整产业结构、转变发展方式、引领我国高新技术产

业跨越发展的中坚力量。

从政策配套的角度，将在火炬高新技术产业化及环境建设体系中对火炬重点高企在信息、宣传、人才、市场、资金等方面采取有针对性的帮扶措施，予以重点支持；对拟上市企业、产品或服务拟纳入政府采购的企业进行推荐。倡导地方对火炬重点高企给予重点扶持，有条件的地方可建立国家火炬计划重点高新技术企业专项扶持资金。这是新办法重要的延伸工作，是一项系统工程。它体现了在培育企业技术创新主体时，不仅要给予资金支持，而且要引导社会多方资源在地方经济中重新优化配置。这是一种有益的尝试。

（4）第一次尝试从四个方面量化

诠释火炬重点高企新办法提出申报企业必须是有效期内高新技术企业，且应满足十项条件。这十项条件可以归纳为四个方面：企业创新能力、行业带动性、营利能力和社会贡献。在具体实施时可根据新时期对创新主体的具体要求，对评选的权重进行适当调整。这将最大限度地保证评选的公平与效率。

5. 未来促进先进制造企业发展的政策思考

为了实现培育企业成为提升自主创新能力、调整产业结构、转变发展方式、引领我国高新技术产业跨越发展的中坚力量这一政策目标，需要政府、社会整合调动相关资源，进行优化配置，形成政策合力与社会资源的对接。

（1）优化企业发展的政策环境

逐步完善火炬重点高企培育考核评价体系及相关统计制度，评选“中国高新技术企业100新、100快、100强”，进一步向社会推荐，形成激励企业持续创新的长效机制。通过参展补贴、进出口银行贴息等政策工具，支持高新技术企业拓展国际市场。积极向证券市场和产权交易市场推介优质企业，向企业推介优质专业金融服务机构。结合中关村国家自主创新示范区建设，推动实施股权激励等试点。

尝试探索建立火炬重点高企的信用体系，建立诚信的火炬重点高企品牌。鼓励各地出台财政、人才、土地、知识产权、标准制定、品牌建设等方面的具体激励政策，保证培育效果。

（2）完善企业发展的服务体系

通过国家高新区、创新型产业集群、国家火炬计划特色产业基地、科技企业孵化器、大学科技园、软件园、加速器、技术转移机构、生产力促进中心、技术转移中心等机构和中国创新驿站等创新服务平台，在一些地区探索建立火炬重点高企的帮扶培育基地。组织财税、法律、评估、咨询、知识产权等中介机构，为培育火炬重点高企开展全流程、专业化服务。

（3）加大对火炬重点高企培育的环境建设经费投入

鼓励各地根据培育需要设立专项资金，用于火炬重点高企培育基地建设、信用体系建设等。我们看到，火炬重点高企作为高新技术企业中的优秀群体，它的品牌优势正在得到社会各界越来越多的认可，尤其是正在成为吸引产业资本、风险资本和银行信贷资本的蓄水池，成为优秀人才的聚集地，成为我国科技创新质量品质的代言人。

在技术创新主体培育的实践中，大力推进高质量发展。高举自主创新旗帜，以提升企业自主创新能力为核心，以支持和引导创新要素向企业集聚为重点，以优化发展环境为保障，发挥高新技术企业政策的导向作用，培育有潜力的科技型中小企业成长为高新技术企业；推动已认定的高新技术企业发展壮大，进一步发挥高新技术企业群体在“调结构、转方式”以及培育战略性新兴产业等方面的骨干作用，将是我们今后一段时期努力践行的方向。

二、先进制造企业基本概况

（一）2017 年高新技术企业中高技术产业制造业企业主要经济指标（按行业类别分类）

2017 年高新技术企业中高技术产业制造业企业主要经济指标（按行业类别分类）见表 9-1。

表 9-1　2017 年高新技术企业中高技术产业制造业企业主要经济指标

（按行业类别分类）

行业分类	入统企业数（人）	年末从业人员（人）	营业收入（亿元）	主营业务收入（亿元）	工业总产值（亿元）	净利润（亿元）
医药制造业	3 646	1 156 768	10 301.2	10 131.3	11 034.0	1 743.8
航空、航天器及设备制造业	532	367 319	2 990.1	2 925.2	2 890.0	207.8
电子及通信设备制造业	9 064	3 295 069	34 897.0	34 004.4	35 750.0	2 349.6
计算机及办公设备制造业	1 214	341 867	4 440.7	4 371.5	4 146.5	213.1
医疗仪器设备仪器仪表制造业	5 876	716 096	4 700.1	4 620.7	4 774.0	549.4
信息化学品制造业	48	17 914	258.7	251.9	248.3	14.0
信息服务	25 240	2 783 938	24 793.0	24 445.1	—	3 846.8
电子商务服务	75	23 902	358.8	352.6	—	39.5
检验检测服务	802	111 394	433.7	427.7	—	78.5
专业技术服务的高技术服务	1 351	475 550	5 570.8	5 533.6	—	475.8
研发与设计服务	2 194	263 892	2 439.6	2 402.3	—	208.7
科技成果转化服务	2 603	165 430	1 504.2	1 474.1	—	92.4

表9-1（续）

行业分类	入统企业数（人）	年末从业人员（人）	营业收入（亿元）	主营业务收入（亿元）	工业总产值（亿元）	净利润（亿元）
知识产权及相关法律服务	81	7 837	37.2	37.1	—	2.9
环境监测及治理服务	1 231	94 496	1 054.6	1 043.6	—	124.2

资料来源：根据科学技术部火炬高技术产业开发中心数据整理。http：//www. chinatorch. gov. cn/kjfw/tjsj/201810/e0758762d37442299dd3abab5ba17589. shtml.

（二）2019 年四川省部分高新技术企业名单

2019 年四川省部分高新技术企业名单见表 9-2。

表 9-2　2019 年四川省部分高新技术企业名单

序号	企业名称	发证日期	证书编号
1	成都天箭科技股份有限公司	2016/12/08	GR201651000683
2	四川巧夺天工信息安全智能设备有限公司	2016/12/08	GR201651000474
3	东方电气自动控制工程有限公司	2017/08/29	GR201751000468
4	成都康华生物制品股份有限公司	2016/11/04	GR201651000191
5	四川中地云智慧科技有限公司	2018/12/03	GR201851001047
6	中慧长源工程设计集团有限公司	2018/12/03	GR201851001279
7	四川七彩林科股份有限公司	2016/12/08	GR201651000354
8	成都立航科技股份有限公司	2016/12/08	GR201651000688
9	中国电建集团透平科技有限公司	2017/12/04	GR201751000725
10	际华三五三六实业有限公司	2016/12/08	GR201651000777
11	四川航天川南火工技术有限公司	2017/12/04	GR201751001318
12	四川乐飞光电科技有限公司	2016/12/08	GR201651000783
13	四川庆达实业集团有限公司	2017/08/29	GR201751000352
14	成都凯迪精工科技有限责任公司	2017/12/04	GR201751001331
15	四川新筑智能工程装备制造有限公司	2017/12/04	GR201751001085
16	成都铁达电子股份有限公司	2016/12/08	GR201651000463
17	四川通普科技有限公司	2016/12/08	GR201651000991
18	成都佳发安泰教育科技股份有限公司	2017/08/29	GR201751000394
19	中科中泽电子有限公司	2017/12/04	GR201751001495

表9-2(续)

序号	企业名称	发证日期	证书编号
20	中储粮成都储藏研究院有限公司	2016/12/08	GR201651000309
21	空间信息产业发展股份有限公司	2017/12/04	GR201751000827
22	四川东钢新材料股份有限公司	2016/12/08	GR201651000982

（三）2018 年成都市代表性先进制造业企业

根据 2018 年成都市企业 100 强名单，成都市有代表性的先进制造业企业见表 9-3。

表 9-3　2018 年成都市代表性先进制造业企业

序号	企业名称	主要产品	网址
1	鸿富锦精密电子（成都）有限公司	成都第三方检测服务，RFID 读写器，工业平板电脑、工控机、机床在线测头等	http://foxconnww. bzb. huangye88. com/
2	新希望集团	食品与现代农业、乳业与快消品、房产与基础设施、化工与资源（农业龙头企业）	http：//www. newhopegroup. com
3	四川一汽丰田汽车有限公司	主要生产柯斯达中型客车和普拉多越野车/高端制造	http：//www. sftm. com. cn
4	东方电气股份有限公司	大型水电、火电、核电、气电、风电及太阳能发电设备的开发、设计、制造、销售、设备供应及电站工程总承包能力/高端制造	http：//www. dec-ltd. cn/
5	中航工业成都飞机工业（集团）有限责任公司	歼 7、歼 5、歼 10（军用），天翅-1 无人机（非军用）；其他：插入式电控单体泵、电控高压共轨、WP16 电控组合式单体泵、WP1 电控组合泵式单体泵、电控混合燃料喷射系统、ECU30 电控单元/高端制造	http：//cac. avic. com/web/
6	四川空分设备（集团）有限责任公司	从事空气分离、天然气液化、多组分液化分离、低温化工等领域的技术研发、制造、安装、调试及工程总承包服务	https：//www. saspg. com
7	川开实业集团有限公司	多普勒电梯整机研发、制造、安装、维保等，安全阀、气（电）动调节阀、球阀、蝶阀、截止阀、止回阀等特殊控制阀及阀门附件	http：//www. cck-group. com
8	中国航发成都发动机有限公司	航空发动机及燃气轮机零部件/高端制造	http：//www. cegc. avic. com/

表9-3(续)

序号	企业名称	主要产品	网址
9	四川天邑康和通信股份有限公司	光通信产业和移动通信产业，专业从事通信网络物理连接及保护、移动通信网络优化系统及宽带网络终端设备的研发、生产、销售和服务	http：//www. tianyisc. com
10	成都鼎桥通信技术有限公司	TD-SCDMA 产品和解决方案的开发和设计	http：//www. td-tech. com/

三、四川省落实智能制造的支持举措

根据 2019 年 2 月 2 日《川报观察》报道，四川省经济和信息化厅公布四川省首批智能制造系统解决方案供应商名单，如表 9-4 所示。

表 9-4　四川省首批智能制造系统解决方案供应商名单

类别	供应商名单
综合	四川长虹智能制造技术有限公司
	四川成焊宝玛焊接装备工程有限公司
	四川绵阳鼎鑫智能装备有限公司
	四川省机械设计研究院
	工业云制造（四川）创新中心有限公司
	中电九天智能科技有限公司
	四川协同创新智能装备制造有限公司
食品饮料	成都永业有限公司
	泸州智通自动化设备有限公司
机械加工	四川普什宁江机床有限公司
仓储物流	成都西部泰力智能设备股份有限公司

智能制造系统解决方案是推广普及智能制造的关键手段，是促进智能制造水平提升的核心支撑。加快培育智能制造系统解决方案供应商，是《中国制造 2025 四川行动计划》和《四川省推进智能制造发展的实施意见》的重要内容之一。按照计划，到 2020 年，全省将培育 5 个以上主营业务收入超过 5 亿元、具有较强竞争力的系统解决方案供应商，智能制造生态体系初步形成。此次入选的 11 家企业分为综合、食品饮料、机械加工和仓储物流 4 个类别。其

中，综合类 7 家，食品饮料类 2 家，机械加工和仓储物流类各 1 家。

综合类 7 家：分别是四川长虹智能制造技术有限公司、四川成焊宝玛焊接装备工程有限公司、四川绵阳鼎鑫智能装备有限公司、四川省机械设计研究院、工业云制造（四川）创新中心有限公司、中电九天智能科技有限公司和四川协同创新智能装备制造有限公司。此类企业多是依托母公司强大制造能力而生，一方面服务于企业自身智能制造转型需要，一方面着力能力外化，为行业企业提供智能制造实施经验和解决方案。长虹智能制造在业内首次提出以IE（工业工程）+AT（自动化技术）+IT（信息化）的方法，为客户提供智能制造系统解决方案一站式服务，核心业务包括精益咨询、自动化、信息化三大模块。四川长虹智能制造技术有限公司的目标是力争 2020 年实现销售收入超 10 亿元，逐渐成为国内领先的智能制造系统解决方案服务商。

食品饮料类 2 家：分别是成都永业有限公司和泸州智通自动化设备有限公司。成都永业有限公司主要为食品饮料、医疗化工行业提供智能化单机装备、生产线和车间整体解决方案与集成等。泸州智通自动化设备有限公司则聚焦酒类企业酿造自动化、智能化的研发与应用。目前，该企业已建成两条白酒自动化酿酒生产线，正在泸州老窖、安徽金种子、四川理工学院中试基地等进行推广应用。

机械加工类 1 家：四川普什宁江机床有限公司。

仓储物流类 1 家：成都西部泰力智能设备股份有限公司。

智能制造技术不但涵盖自动化、先进制造、新一代通信和人工智能等多种支撑技术，还涉及诸多工业软件的集成应用，如智能装备应用、设备联网、数据采集、数据分析和业务流程优化等。智能制造既需要单一技术、装备的突破应用，还需要系统化集成创新。从上面的报道可以看出，四川省高度重视智能制造。

四、《成都市创建“中国制造 2025”试点示范城市实施方案》目标

2017 年 2 月 16 日，成都市政府新闻发布会宣布，工业和信息化部批复同意《成都市创建“中国制造 2025”试点示范城市实施方案》，成都由此成为全国第二批、西部第一批“中国制造 2025”试点示范城市，肩负着为西部树立制造强市典型样板的使命。

成都市的试点路径：以推进制造业转型升级和提质增效为中心，以供给侧结构性改革为主线，以打造有利于制造业创新发展转型升级的生态环境为着力点，以实施政产学研协同创新、军民融合体制创新、开放合作模式创新三个创

新试点为突破，实现传统制造向智能制造、生产型制造向服务型制造、资源消耗型制造向绿色制造转变。成都提出要用三年时间推进试点示范，计划到2019年达到示范要求，政产学研用协同创新、军民深度融合创新两大通道率先突破，在"创新能力""质量效益""两化融合""绿色发展"4个方面实现全国率先示范。具体到细节上：到2019年，成都工业供给侧结构性改革深入推进，新技术、新工艺、新装备广泛应用；电子信息、汽车、轨道交通、精密机械、航空航天、生物医药等重点产业完成数字化车间和智能工厂应用试点示范；基于工业互联网的众包设计、云制造等新型制造模式广泛推广；成为"互联网+"应用示范城市；先进清洁、低碳技术和高效节能设备广泛应用，制造业绿色改造升级取得显著成效。成都还将设立面向先进制造业、总规模不低于120亿元的产业投资基金，用于支持电子信息、生物医药、汽车、军民融合、轨道交通等产业发展。

2017年成都大力实施"蓉欧+"战略，推进"蓉欧+"陆港产业园建设，引进欧洲端及蓉欧快铁沿线国家和地区优势产业和技术研发企业，高起点规划、高水平建设中韩、中德、中法、新川、中古等国际产业合作园区，积极探索成德绵产业协同发展模式，推进成阿、成甘、成凉等飞地合作园区建设，在国际产能合作、产业精准扶贫等方面取得突破。

五、成都市落实《中国制造2025》示范城市的重要举措

成都市各相关部门要牢固树立创新、协调、绿色、开放、共享发展理念，大力推进供给侧结构性改革，深入贯彻制造强国战略，主动瞄准《中国制造2025》及《中国制造2025四川行动计划》，围绕建设国家中心城市，以实施"工业强基"行动为统揽，走工业2.0补课、3.0普及、4.0示范的"并联式"发展道路，进一步突出成都制造业创新发展比较优势，聚焦"创新型制造业示范城市"目标，以构建制造业创新体系为主线，打造现代新型制造业体系，实施政产学研协同创新、军民融合体制创新、开放合作模式创新三个创新试点，健全人才支撑、政策支持、组织保障三大基础支撑，推动成都市制造业创新发展、跨越发展，成为中西部贯彻落实《中国制造2025》的样板城市，在成都平原经济区、成渝城市群、中西部城市甚至更大范围中形成示范带动作用。

《中国制造2025》规划的目标主要引导和促进落实"制造强国"的任务和重点，综合考虑未来国际发展趋势和我国工业发展的现实基础条件，根据走中国特色工业化道路和加快转变经济发展方式的总体要求，采用了创新能力、质

量效益、两化融合、绿色发展 4 大类共 12 项指标。其中主要指标设计依据如下：

（一）体现创新能力的指标

加强自主创新能力是实现由工业大国向工业强国转变的核心，是实现我国价值链低端向高端跃升，加快推动增长动力向创新驱动转变的重要举措。《中国制造 2025》提出，到 2020 年掌握一批重点领域的关键核心技术，优势领域竞争力进一步增长，到 2025 年创新能力显著增长，在全球产业分工和价值链中的地位明显提升，四川也要在全球产业链和全国产业链中占有重要的一席之地。

制造业研发经费内部支出占主营收入比重参照 OECD 的统计数据。未来 10 年，以 OECD 统计的 1999—2012 年我国制造业研发投入强度年均增速 5.9% 进行测算，2020 年和 2025 年指标将分别达到 1.26%和 1.68%。

制造业每亿元主营业务收入有效发明专利数。据统计，2006—2013 年，我国规模以上制造业每亿元主营业务收入有效发明专利数从 0.16 件增加到 0.36 件，年均增长 12.4%，平均每年增加约 0.029 件。未来 10 年，按照 12.4%的年均增速测算，2020 年和 2025 年指标分别达到 0.83 件和 1.48 件；按照年均增加 0.029 件测算，2020 年和 2025 年分别达到 0.57 件和 0.71 件。为提高指标预测的准确性，取均值，2020 年和 2025 年指标分别达到 0.70 件和 1.10 件。

（二）体现质量效益的指标

工业发展质量效益指标主要包括制造业质量竞争力指数、制造业增加值率和全员劳动生产率增速三个指标。

（1）制造业质量竞争力指数。该指标为国内首创，是反映我国制造业质量整体水平的经济技术综合指标，由质量水平和发展能力两个方面 6 个维度 12 项具体指标计算得出。未来 10 年，预计国际市场需求不足的局面难有根本改观，传统低端产业竞争优势走弱不可避免，质量竞争力将继续保持中低增长速度，为此以年均增长 0.19 分（2010—2013 年平均增长 0.19 分）计算，2020 年和 2025 年分别达到 84.5 分和 85.5 分。

（2）制造业增加值率。受世界金融及经济危机影响，我国制造业增加值率 2008—2011 年下降速度较快，2012 年开始止跌回稳。从 2012 年情况看，制造业增加值率在发达国家一般为 35%以上，美国、德国、日本甚至超过 45%，我国仅为其一半左右。未来 10 年，我国制造业结构调整和产业升级步伐加快，重化工业和加工贸易比重降低，制造业将逐步向价值链高端提升，预计“十三五”期间制造业增加值率将走出低谷期，2020 年比 2015 年提高 2%，到 2025 年恢复到金融危机前的水平，比 2015 年提高 4%。

（3）制造业全员劳动生产率。我国制造业全员劳动生产率和发达国家存在较大差距，但增速远远高于仅为 0.5%~2%的美、日、德等发达经济体。未来 10 年，随着我国工业经济进入新常态，制造业增加值率增速将逐步放缓，而制造业就业人口规模将相对稳定和突出结构优化，制造业全员劳动生产率与制造业增加值变化正相关并略高于后者增长速度。预计“十三五”和“十四五”期间，制造业全员劳动生产率年均增速分别为 7.5%和 6.5%左右。

（三）体现两化融合的指标

未来 10 年，制造业信息化水平大幅提升，制造业数字化网络化智能化取得明显进步，两化融合迈上新台阶，宽带基础设施更加完善，数字化研发设计工具、关键工序制造装备数控化在规模以上企业得到广泛应用。

（1）宽带用户数。“十三五”期间，根据国务院颁布的《“宽带中国”战略及实施方案》发展目标，2020 年我国固定宽带接入用户将达到 4 亿户，其中家庭宽带用户约 3.3 亿户，固定宽带家庭普及率将超过 70%。“十四五”期间，我国固定宽带发展进入缓慢增长的饱和阶段，预计宽带用户年均净增规模在 1 100 万左右，据此估算，2025 年我国固定宽带接入用户将达到 4.8 亿户，其中家庭宽带用户将达到 3.9 亿户，固定宽带家庭普及率达到 82%，达到发达国家当前的平均发展水平。

（2）数字化研发设计工具普及率。参照 2011—2014 年数字化研发设计工具普及率年均 3.1%，并遵循指标超过 60%增速将放缓的普遍规律，预计“十三五”期间，数字化研发设计工具普及率年均增加 2.7%，“十四五”期间，数字化研发设计工具普及率年均增加 2.4%，2020 年和 2025 年指标将分别达到 72%和 84%。

（3）关键工序数控化率。参考 2011—2014 年关键工序数控化增长趋势，预计“十三五”期间指标年均增加 3.3%，2020 年指标达到 50%。“十四五”期间，遵循指标超过 60%增速将放缓的普遍规模，关键工序数控化率年均增加率 2.8%，到 2025 年指标达到 64%。

附件（表9-5）：

表9-5　成都市落实《中国制造2025》规划2017—2019年主要目标分解表

类别	指标	2017年	2018年	2019年	责任单位
创新能力	规模以上制造业研发经费内部支出占主营业务收入比重（%）	1.2	1.3	1.4	市经信委
	规模以上制造业每亿元主营业务收入有效发明专利数（件）	1.2	1.3	1.4	市科技局
质量效益	制造业质量竞争力指数	86	87.5	88	市质监局
	制造业增加值率提高（%）	比2015年提高1.8	比2015年提高2.5	比2015年提高3	市经信委
	制造业全员劳动生产率增速（%）	7.5左右	7.8左右	8左右	市经信委
	中国驰名商标和省市著名商标数量（个）	1 600	1 750	1 900	市工商局
两化融合	宽带普及率（%）	90	92	95	市经信委
	数字化研发设计工具普及率（%）	65	70	75	市经信委
	关键工序数控化率（%）	45	50	55	市经信委
绿色发展	规模以上单位工业增加值能耗下降幅度（%）	比2015年下降16	比2015年下降18	比2015年下降20	市经信委
	单位工业增加值二氧化碳排放量下降幅度（%）	比2015年下降11	比2015年下降13	比2015年下降15	市环保局
	单位工业增加值用水量下降幅度（%）	比2015年下降18	比2015年下降20	比2015年下降23	市经信委
	工业固体废物综合利用率（%）	68	75	80	市环保局

六、成都市建设“中国制造2025”取得的成就

（一）成都先进制造业发展现状

1. 先进制造业门类较为齐全

经过多年发展，成都制造业发展态势良好，已经形成较为完备的产业门类和工业体系。从国民经济行业分类标准的39个工业大类行业看，制造业有30个，成都均有涉及。在先进制造业类别中，成都已发展形成15种类别较为完备的先进制造业产业群，并逐步构建形成“五大支柱产业+五大优势产业+未来产业”梯次发展的先进制造业体系。

2. 集群化发展布局基本成形

2016年，成都提出“3+N”工业空间布局后，产业园区集约水平稳步提升，工业向园区集中度达70%以上。从重点产业园（集聚区）分布看，形成了16个先进制造业产业园、30个现代服务业和融合产业集聚区、6个都市现

代农业产业园；从产业空间布局看，2017 年，成都提出的“北改、东进、中优、西控、南拓”发展布局中指出，东进区域大力发展先进制造业和国际化生产性服务业。由此看出，成都先进制造业产业布局基本成形，集群化发展特征显著。

3. 先进制造业对经济带动作用显著

成都已培育形成的六大千亿产业集群（电子信息、汽车、机械制造、食品、金融、旅游）中，制造业占 4 个。近几年，先进制造业中以生物医药、航空航天、轨道交通、新材料等为代表的战略性新兴产业规模呈两位数以上的增长态势；2016 年，战略性新兴产业、先进制造业分别占工业总产值比重的 31%和 43%，先进制造业逐步成为引领成都工业经济发展的主导，为成都产业发展注入强劲发展新动能。

（二）成都取得的成就

2016 年，经国务院同意，成都成为全国第 6 个国家中心城市。为筑牢建设国家中心城市和国际化大都市的产业基础，成都进一步大力发展工业经济，制造业当仁不让地成为工业经济发展的支柱，而制造业转型升级也成为成都工业经济转型升级发展的必由之路。

2017 年，成都市政府颁布《成都市产业发展白皮书》。在发展目标上，该白皮书提出，通过五年努力，成都基本构建起以技术密集型和知识密集型为核心的高端高质高新现代产业体系，培育产业生态圈、生活服务圈、创新业态圈、企业协作圈，实现三次产业良性互动、融合发展，形成城市功能、城市空间与产业体系协调互哺的发展新格局。

培育先进制造业新优势，供给侧结构性改革深入推进，制造业整体素质大幅提升，智能化、绿色化、服务化水平明显提高。创新生态体系加速构建，科技创新和成果产业化水平明显提升，高新技术产业培育实现新突破。2017 年，成都市制造业主营业务收入突破 1. 8 万亿元，规模以上工业增加值增速达 9. 2%。最重要的是，到 2022 年，战略性新兴产业增加值占地区生产总值比重将达到 50%，初步建成全国重要的先进制造业城市。

2017 年 7 月 2 日，成都国家中心城市产业发展大会召开，为建设全面体现新发展理念的国家中心城市产业发展谋篇布局。这是非常关键的一次会议，会上成都决定打破圈层结构，将中心城区范围扩大至原一、二圈层的 11 个行政区加高新区、天府新区，形成“中心城区+郊区新城”的空间层次。除了城市经济地理被重塑外，成都的产业经济地理格局也重铸出炉。

全成都市统筹布局建设 66 个主导产业明确、专业分工合理的产业功能区，全面提升城市能级。重点产业园（集聚区）分为国家级新区及开发区和产业新城两部分，66 个产业园涵盖了先进制造业、现代服务业和融合产业、都市现代农业，覆盖了成都 22 个区（市）县。其中，国家级新区及开发区共有 14 个产业园区，先进制造业产业园共有 16 个产业园，都市现代农业产业园共有 6 个产业园。

2018 年 4 月 10 日，简阳市东溪镇凉水村，总投资 160 亿元的“年产 40 万辆新能源纯电动乘用车及 4GWh 锂离子动力电池”项目正式开工，简阳空天产业园的建设序幕也由此拉开。空天产业园的定位为高端装备及智能制造基地，重点发展智能制造装备、航空航天装备及相关的新能源新材料产品制造产业。而目前，该园区已经签约引进总投资约 289 亿元的长江汽车、星空年代、思威等 4 个重大产业项目。

在成都高新西区，总投资超 100 亿美元的格芯 12 英寸晶圆厂正在加速建设。2017 年 5 月，格芯与成都共同推动实施 FD-SOI 生态圈行动计划，在成都建立基于 22FDX 工艺的世界级生态系统。目前，芯原微电子、上海复旦微电子、国科微、瑞芯微电子等多家集成电路设计企业已采用了 22FDX 技术，加入生态圈计划。格芯的长期合作伙伴马来西亚友尼森集团也宣布在成都增加投资——国内外上、中、下游企业，都因为“格芯”这块金字招牌，向成都高新区聚集。

同时，《成都电子信息产业功能区总体规划》正在抓紧编制，这将是首个编制完成的产业功能区总规划。以电子信息产业主体功能区为核心，成都市将形成协同发展的电子信息产业布局，构建电子信息产业生态圈，并将聚焦发展集成电路、新型显示、智能终端、网络通信和新经济（基于新一代信息技术）五大重点行业，重点发展关键组件、整机终端、软件开发、创新服务等产业高端，一般性材料、零部件等配套环节在区域统筹布局，不断提升成都电子信息产业全球竞争力。

2018 年 4 月 25 日，青白江区欧洲产业城举行“华鼎国联动力电池产业化基地项目”开工仪式。该项目计划建成国内最先进的年产 4 000 吨高性能三元正极材料和能量密度达 260 瓦时/千克的 30 亿瓦时动力电池生产线，实现年产值 30 亿元以上。

为了释放政策红利，开启新一轮产业大发展，紧接着成都市发布“产业新政 50 条”：筹建成都创新创造研究院；推动设立知识产权法院；设立规模 1 000 亿元的成都发展基金；高标准超前规模部署 5G 通信网络；设立成都新经济发展推进工作机构……13 个部分 50 条具体政策，包括了人才集聚培育、技术创新供给、土地资源保障、财政金融服务能力、数据资源支撑、降低企业成本、优化产业生态等促进产业发展各方面。

2018 年 1 月，哈工大机器人科技产业园项目在龙泉驿区建成亮相。今后，这里将成为四川首个集机器人研发成果展示、机器人科普教育、机器人双创孵化等多功能于一体的产业中心，在构建机器人“创新+创业+产业”联动发展生态圈和科技创新创业链的同时，还将打造国内一流的专业机械智能制造基地。

2017 年 10 月 19 日，成都生物医药产业再次迎来“重磅消息”。来自国际制药巨头辉瑞制药、中国科学院旗下的科辉创新和成都先导药物开发有限公司的新药研发项目落户成都天府国际生物城。其中，首批投资规模约 3 000 万元，将致力于研究代谢、炎症和癌症相关疾病方面的新型药物。

按照规划，成都将推动传统制造向智能制造、生产型制造向服务型制造、资源消耗型制造向绿色制造转变，在“创新能力”“质量效益”“两化融合”“绿色发展”4 个方面实现全国率先示范。

第十章　成都先进制造企业知识创新驱动机制研究

一、成都先进制造企业发展的影响因素

影响一个产业发展的因素，根据产业的不同，会有不同的表现。先进制造业是在工业产业的基础上发展起来的，是在第二产业中排在前端的新兴产业，是制造业不断吸收电子信息、计算机、机械、材料以及现代管理技术等方面的高新技术成果，并将这些先进制造技术综合应用于制造业产品的研发设计、生产制造、在线检测、营销服务和管理的全过程，实现优质、高效、低耗、清洁、灵活生产，即实现信息化、自动化、智能化、柔性化、生态化生产，取得良好经济收益和市场效果的制造业总称。先进制造业最鲜明的特点是具有产业先进性、技术先进性和管理先进性，因而总的来说，先进制造业发展的影响因素主要有以下几个方面：

（一）人力资本因素

先进制造技术是传统制造技术的升级或者依据企业、市场需求新发明的技术。这种复杂的新技术对劳动者的素质提出了更高的要求。此外，高素质人才也是先进制造业企业技术与产品更新的源泉。

人力资本对先进制造业发展的影响主要体现在人力资本的素质方面。所谓的素质由两方面构成：一方面是劳动者所掌握的知识技能以及实践经验的多少，另一方面是劳动者在活动中所体现的力量。作为先进制造产业，高附加值高技术含量以及先进的管理水平的产业特征要求劳动者必须具备较高的素质，而产业的发展以及技术创新更需要充分运用劳动者的知识技能以及实践经验，先进制造业企业的核心竞争力正是由此而来。

在促进产业发展的人才政策上，成都可谓力度空前，明确表示对国际顶尖人才团队来蓉创新创业可给予最高 1 亿元综合资助；对“两院”院士、国家“千人计划”“万人计划”专家等来蓉创新创业或做出重大贡献的本土创新型

企业家、科技人才，可给予最高300万元的资金资助。对市域实体经济和新经济领域年收入50万元以上的人才，按其贡献给予不超过其年度个人收入5%的奖励；对新引进的急需紧缺专业技术人才和高技能人才，3年内给予每人最高3 000元/月的安家补贴。同时，全日制大学本科及以上毕业生，凭毕业证来蓉即可申请办理落户手续。外地大学生来蓉应聘，可提供青年人才驿站，7天内免费入住。对毕业5年内在蓉创业的大学生，给予最高50万元、最长3年贷款期限和全额贴息支持。

（二）投资因素

对先进制造业影响较大的投资方式主要有两种，一种是固定资产投资，另一种是国外直接投资（FDI）。

固定资产投资是购买或建造固定资产的经济活动，它对制造业的影响主要体现在两方面：宏观上，通过购买固定资产，能够增加社会总需求，从而引起社会总产出的增长，从而有助于制造业企业的发展，同时，固定资产投资可改善社会的基础设施建设，为制造业发展创造一个良好的发展环境，促进制造业的发展；微观上，固定资产的投资可以提高企业的运营效率，降低外部成本，提高附加值，保证企业内部资源的合理配置。

外商直接投资（FDI）可以为当地的经济发展提供资本支持，同时引进了国外先进的管理经验以及技术水平，推动当地行业创新能力提高，改善当地产业结构。

（三）技术因素

先进制造业的特点是广泛采用先进制造技术和管理技术，在制造和理念方面保持着最新的水平，而这些技术主要源自行业的研究与开发。先进制造业包含电子信息、机械制造、生物医药等多个行业的多种先进技术，不同的行业技术发展的程度有所不同，因此发展的门槛也各有高低。采用较为系统、成熟的高新技术的制造业企业，在新的地区进行发展，速度一般较快。采用较为新颖、还有待实践检验的高新技术的制造业企业，则需要一定的过渡期，才能达到预期的效果。

（四）产业集聚效应

产业集群区域不仅仅是企业数量的增加与集中，更重要的是表现为显著的人才、资本和管理的集中。人力资本、物质资本的集中管理有利于减少投资风险并避免投资者信息不对称造成的投资选择失误。产业集聚效应可以通过规模经济和范围经济有效降低产业集群内先进制造业企业的成本。

产业集聚对先进制造业的影响有三点：

一是外部经济使企业获得外部经济效益。产业集聚可以促进企业提高协作效率，细化生产分工，提高劳动生产率，同时有助于企业减少原材料的交易费用，降低生产成本。

二是创新效益。由于产业集中，行业间可以迅速获得最先进的技术和信息，不同的企业的人群相互交流与合作，有助于激发创新能力，导致知识性技术外溢。

三是竞争效益。根据波特的企业竞争优势“钻石模型”，影响企业竞争优势的主要有生产要素、需求条件、相关与支持产业、企业战略结构和竞争对手，而这些方面产业集群都可具备。

（五）政策因素

在任何国家或地区，政策都是影响该地产业发展格局的关键因素。不同的国家或地区，政府会根据自身条件采取适应自己地区的政策来扶持和促进某一种类的产业，以达到最好的发展效果。先进制造业由于其自身的特点，需要依托大量的资金、人力，需要产业集聚的助力，因此受到的政策影响巨大。

成都作为四川省的省会城市、国务院确定的国家重要高新技术产业基地、西南地区重要的商贸物流中心和综合交通枢纽，一直以来都得到了政府的高度重视。经过多年的发展，2016 年，经国务院同意，成都成为全国第 6 个国家中心城市。党的十九大报告提出“加快建设制造强国，加快发展先进制造业，推动互联网、大数据、人工智能和实体经济深度融合”，先进制造业成为制造业转型升级的重要途径。党和国家对先进制造业十分重视，成都市政府对此也是认真贯彻落实。2014 年 12 月 9 日，成都市出台《关于加快发展先进制造业实现工业转型升级发展若干政策的意见》（下面简称《意见》）。该文件从推动产业升级、支持技术创新、提升企业实力、推动载体建设、加强要素保障五个方面，制定出台 28 条扶持先进制造业发展的政策措施。《意见》以成都工业“1313”发展战略为逻辑线索，积极构建 1 个“层次分明、优势突出、生态高效”的现代工业产业体系，形成“突出发展、加快发展、优化发展”3 个层级，重点推进 13 个产业发展。按照计划，将优先支持电子信息、轨道交通、汽车、石化行业，加快发展航空航天、生物医药、新能源、新材料、节能环保产业，优化发展冶金、食品、建材、轻工产业。其具体做法主要包括：①对新进企业和已落户企业给予多种优惠和大量资金支持；②对工业设计予以多层奖励；③对进行市场拓展的企业进行补助；④允许农村集体建设用地发展工业。《意见》自 2015 年 1 月 1 日起施行。

2017 年 7 月 2 日，成都国家中心城市产业发展大会召开，为建设全面体现新发展理念的国家中心城市产业发展谋篇布局。会上决定打破圈层结构，将中心城区范围扩大至原一、二圈层的 11 个行政区加高新区、天府新区，形成“中心城区+郊区新城”的空间层次。除了城市经济地理被重塑外，成都的产业经济地理格局也重铸出炉。全成都市统筹布局建设 66 个主导产业明确、专业分工合理的产业功能区，全面提升城市能级。重点产业园（集聚区）分为国家级新区及开发区和产业新城两部分，66 个产业园涵盖了先进制造业、现代服务业和融合产业、都市现代农业，覆盖了成都 22 个区（市）县。其中，国家级新区及开发区共有 14 个产业园区，先进制造业产业园共有 16 个产业园，都市现代农业产业园共有 6 个产业园。

二、成都企业可以借鉴的共生创新模式

亚历山大·布雷姆等人所著的《创新管理的演变：国际背景下的发展趋势》研究了共生创新模式，值得成都借鉴。

（一）共生关系

生物学中“共生”概念指两种不同生物之间所形成的紧密互利关系；在共生关系中，一方为另一方提供有利于生存的帮助，同时也获得对方的帮助；两种生物之间的利害关系可以分为共栖、互利共生、寄生。这种不同物种之间为了生存而形成的联盟，并不是所有的都是有益的。Douglas（2010）将这个观点运用于企业合作的研究中，企业中共生关系的焦点应该放在每个参与者创造利益方面，而且所创造的利益能够经受得住考验；这种共生关系可以更好地协调各个参与者之间的利益关系，平衡参与者之间的冲突。

Douglas（2010）指出，生物共生系统存在的核心就是互惠主义。例如，每个参与者所提供的服务的成本与所获取的收益都能够使用主管设定的单位来进行解释。例如，每个主体提供了 10 个单位的服务，然后得到 30 个单位的回报，那么所有主体的收益能够获得 20 个单位的净收益。在这种持久的共生关系中，如果所有参与者都意识到他们所获得的收益几乎是等同的，该模式就达到了生物学中所说的互惠共生关系。

但如果交易的某一个参与者获取的收益大于其他人，那么就会导致生物学上所谓的偏利共生现象，也就是参与者之间利益分配不平衡的现象。偏利共生会使利益链条上的某个参与者对合作持消极态度，而某个参与者所获得的利益增加往往都是以其他参与者的利益相应减少为代价的，当参与者对利益差异或不平衡都能接受时，这种共生关系还会继续存在，因为整个共生关系仍然会从合作中获利。

由于环境变幻莫测，参与者的收益也会随之变动，而共生关系也可能变成分裂式合作，双方关系转换为对立，也就是参与者在共生系统中的获益都有可能缩减。一旦出现这种状况，除非出现其他因素能够继续维持共生合作的存在，否则这种合作状态就会走向消亡。对立关系会造成合作伙伴之间的利益博弈，也有可能导致参与者建立新的合作关系，产生新的利益联系。而不论是哪一种情况，都会导致创新的产生。

与生物学中一样，“共生”通常是指合作双方互利共赢的合作关系。然而，平衡的合作关系不会有效地促进创新的产生，而只会出现规模较小的渐进式改进，因为作为既得利益者，合作双方都能够从现有合作中获得较大的利益，都不愿意改变现状。然而，当合作处于偏利共生状态时，参与者会从自身利益出发，寻求各种各样的创新来促使合作重新回到平衡状态，或者可能终止合作而选择其他解决方案。最后，当双方处于对立合作状态时，合作双方都无法获得预期利益，那么他们就会拥有更强烈的创新动机，努力地去改变现状，要么使合作恢复到互利和平衡状态，要么彻底放弃现有合作关系。

以上共生关系可用图 10-1 来解释。

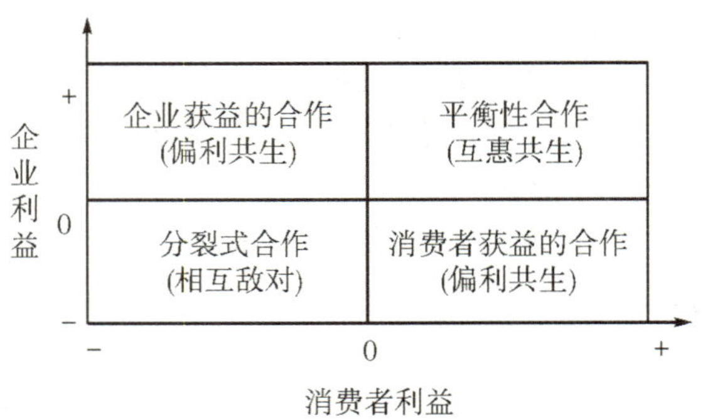

图 10-1　企业利益与消费者利益的共生关系

（二）共生创新的网络

内部合作、消费者合作、价值网络合作、开放式合作、生态合作五种类型的合作是企业实现创新和获取竞争优势的关键。对于企业而言，这五种类型的合作对于创造和创新都是非常重要的，而企业则必须通过卓越的设计和管理来维持合作的顺利开展，不论是产品、服务、沟通、商业化等过程，还是其他需要创新的地方，都需要对企业的合作网络进行管理，以促进突破性想法的产生。因此，为了实现协同创新的目标，管理者必须深入了解网络各个参与者的实际情况，知道他们的创新目标和创新类型（渐进性与突破性），以及明白参与者加入合作网络的目的，努力地维持和促进网络共生关系的平衡和发展，使网络成员都获取理想的成果。

企业可设计网络管理方案，并挑选网络管理者；设计并实施组织和网络的架构来强化网络管理；通过实验不断检验企业的合作模式。同时也需要在重要的市场中提升企业本地化的能力，建立战略联盟，为新市场创造新网络。这些网络包括研发、生产、服务支持等，努力探索走向新市场的方法，以及相应的重新配置资源手段和调整企业的运营模式。

三、成都企业可以借鉴的平台创新模式

亚历山大·布雷姆等人所著的《创新管理的演变：国际背景下的发展趋势》研究了平台创新模式，值得成都借鉴。

平台是将两个或者更多有明显区别但又相互依赖的利益群体整合在一起，并为之提供共同的解决方案，以降低交易成本，提高网络价值的制度安排形式。其核心特征为：①整合性，即整合异质性的利益群体，更大范围地降低交易成本；②网络性，即激励不同利益群体之间的互动性，通过互动性创造差异化；③归属性，即交易成本降低和网络价值提高，会增加平台的转换成本，这使得平台的多归属性很少见。

平台商业模式具有赢家通吃（Winner-take-all）的超级威力和创造性破坏的本质。从赢家通吃的层面来讲，平台以整合为基础，实现了对相关产品和服务的系统设计与市场供给，使得本来存在多个细分需求的市场被整合起来，实现了对消费者碎片化需求的整体满足，赢得了全部或者大多数的市场份额；从创造性破坏的方面来讲，平台经济不是在垂直产业链基础上的创新，而是对现有产业链和价值链的破坏与重塑，以平台为核心，搭建了服务于平台的“圈环形产业链”。

平台创新的基础是交易成本和网络价值，平台创新的主体包括产品、服务、外部性。平台创新的方式有以下三种：①产品终端化，即在边界延伸的过程中降低交易成本；②网络价值化，即在激发利益群体之间正外部性的同时提供价值；③服务商品化，即通过提供激励正外部性，降低负外部性的服务，构建平台的利益核心。

在平台经济中，产品是利益群体进入平台的通道和载体，其功能的转变决定了产品不再是核心的利润来源和创新基础。在平台经济中，产品创新的核心在于最大范围的终端化布局，以延伸平台边界，降低交易成本。产品终端化要求产品的覆盖率提高，这样才能吸收更多的利益群体，激发网络价值。终端化

的产品在创新时应遵守以下原则：第一，低价，即最大限度地降低消费者进入平台的交易成本；平台发展需要足够多的用户数量，低价的产品能够最大限度地积累用户。第二，开放原则，即从单一的产品和用户体验到以平台为核心容纳多样性的用户体验，开放的平台容纳了多样异质性产品和丰富的网络价值；移动互联时代的手机生产商以打造开放的生态系统为核心业务，推动产品的生产和销售；核心业务的转变，需要企业对产品创新从产品本身的成本和价值转移到生态系统的运营成本和网络价值。第三，用户最大化，即平台具有“赢者通吃”的现象，谁拥有了最大数目的用户，谁就拥有了整个市场。这要求平台经济下的产品创新，必须以吸引用户为出发点，而不是以合理化利润为出发点。

平台创新的方法主要有三种：产品终端化、网络价值化、服务商品化。

产品终端化：在平台经济背景下，产品创新的核心问题在于定价机制——在多变利益群体中决定对谁收费、对谁补贴，而不同的定价模式可以产生不同的效果。企业应该选择对价格比较敏感的一方进行补贴，对价格相对不敏感的一方进行收费，通过对价格敏感方的补贴，实现产品终端化布局，铺设产品与平台之间的管道。

网络价值化：产品因为其功能的转移——从价值传递者到平台终端者，在平台价值中贡献下降，要寻找新的价值基础。网络价值作为新的价值来源，理应成为核心的选择，因为其构建了平台的价值体系。网络价值来自正外部性，其创造的价值超越了产品和服务本身，来源于利益群体间的互动性。这种互动性所创造的价值，具有独特性、不易模仿性和多样性的特点，形成了平台企业的核心竞争优势。在对网络价值进行创新时要遵循以下两个原则：第一，激励网络价值，即平台创新的核心原则在于能够促进正外部性的持续发生，任何有可能损害生态系统的创新方式都是不可取的。第二，平台企业要采取管理措施，补贴补足品生产企业，激励补足品源源不断地供给，刺激产品与补足品之间的网络价值。例如苹果的 APP STORE 与音乐提供商、软件开发商、内容提供商的“三七分成”策略，激励了外部资源在平台上的整合。总之，网络价值的创新核心在于最大限度地激发网络价值。

服务商品化：平台经济中的服务不同于产品经济中的服务，是促进网络价值提升的服务。在平台上，企业为了提升网络价值，会就平台的交易规则、行为规范、配套服务等进行设计，目的是用规范约束负的外部性，用服务激励正的外部性。基于产品的服务和基于网络价值的服务存在本质的差异，服务商品化就成为平台创新的核心基础。服务商品化创新的基本原则：第一，服务的开发有利于激励网络价值。平台生态系统的繁荣需要不断地激励网络价值，相关配套服务的开发必须能够激励网络价值。第二，对有平台潜力的服务进行慎重定价。在激励网络价值的平台服务中，有一些服务可能本身具有平台的潜力，例如杀毒软件。之所以要对这类服务定价慎重考虑，原因在于：一旦有竞争对手将类似的服务平台化，企业将因为定价不当而丧失优势，甚至损坏平台存在和发展的基础。以 360 杀毒软件为例，将其杀毒服务免费化进而终端化，直接导致杀毒软件行业的颠覆和瑞星等竞争对手的发展危机。第三，服务的创新需要结合平台的运行规则，通过对服务的创新来增加平台竞争力。以淘宝的大平台为例，淘宝通过吸引消费者和商家，建构两个利益群体之间的网络价值，为了降低两者之间的交易成本（不信任所带来的成本），通过支付宝提供中介和信用保证。

在服务创新中，核心问题在于创新和利润创造不能以损害网络价值为代价：服务的创新要选择互动链中的关键位置，但是定价不能选择关键位置，因为这会直接干扰利益群体互动的意愿，增加利益群体参与平台的交易成本；另外，服务创新不能损害平台运行的规则。

四、成都企业可以借鉴的合作创新模式

亚历山大·布雷姆等人所著《创新管理的演变：国际背景下的发展趋势》研究了合作创新模式，值得成都借鉴。

促进创新的途径有很多，而大多数方法都需要进行某种形式的合作，尤其是与消费者之间的合作。即使是一些极富创造力的个体，在将发明变成产品推向市场时，也需要与其他人合作。为了创造价值和进行创新，企业会与消费者或其他伙伴进行合作。这种合作创新一般有五种类型：

（一）内部合作

指协调企业内部的研发、市场、运营等部门。创新源于突然浮现的新想法，可以是偶然的，也可以是有目的的，然而创新往往是将很多假设进行整合，这种想法需要创造者的天赋，也需要具有灵机一动的机遇，但是要把想法变成创新，就需要组织内部之间良好的合作。不同部门、地域、联合投资伙伴之间的合作是提升企业创新绩效的关键驱动因素。无论是产品设计、建立生产线、确定产品配方，还是定价策略、销售和市场信息、客户服务方针、促销方案等，都需要大量有效的内部合作，进而帮助企业获取竞争优势。企业必须将内部各种复杂的职能部门和操作流程结构化，传统的产品开发过程通常是先将思想转化为具体概念，加强与其他市场伙伴合作的有效性，是组织创新过程中

的大势所趋，也会为创新的产生提供一个必要的条件。

（二）消费者合作

与消费者共同创造，即针对消费者对于商品独特性和个性化的需求。企业与其消费者进行共同创造，应包含四个过程：与消费者深入交流互动，并承诺会站在双方立场上考虑问题；需要创造能够便利获取的工具和信息；提供给消费者知情的选择权和风险评估方面的信息；信息透明化。不少学者认为共同创造过程中，消费者的积极性决定了他们对于创造产品的期待程度，也就是如果能成功吸引了消费者的关注，那么共同创造行为就成功了一半。企业与消费者之间的密切交流合作也是共同创造价值过程所必需的，但是要想从中获取更高的收益，就需要对共同创造过程进行细致的规划和严格的管理。

（三）价值网络合作

协调与利益相关者之间的价值创造和价值传递过程。也就是组织为了实现创新，而与市场中的参与者进行深入合作与互动，创建响应的合作平台。这些参与者可以是经销商、供应商或者其他利益相关者，所有这些参与者共同构成了价值网络，创造并向消费者传递价值。同时，价值网络还包括存在合作关系的企业参与者，因为这些企业意识到通过企业与企业之间的合作能够显著提升它们的创新绩效。

价值网络的主要参与者是企业，企业与企业之间的关系是非常复杂的，要想完全理解每个企业的诉求、行为模式、合作意愿等是非常困难的，并且每个企业都会与网络中其他企业进行合作，每个企业间的合作都拥有自身的特点。价值网络的复杂性可以导致五个方面的结果：全球化进程加快、组织拥有扁平化的网络、混乱的价值链、政府干预的加剧、消费者多样化程度的提升。这会给公司带来更大的发展机遇，同时它们也需要做好应对风险的准备。为了创新，企业愿意进行合作；为了获取更多的创新理念和解决方案，企业也愿意推动价值网络向更加开发的合作类型演进。

（四）开放式合作

邀请所有参与者参与到创新过程中。这种类型的合作更为开放，可以是与彼此熟悉的合作伙伴进行面对面的沟通，也可以是在虚拟平台上的互动交流，甚至合作者无须直接接触，以间接的形式进行合作。早期典型的利用开放式合作进行价值创造的例子就是开源软件的开发，如 Linux 软件开发人员利用因特网进行交流，他们可以自由地合作开发想要的软件，或是企业所需要的软件。事实上，开源软件代码的目标不是为了获取价值，而是要促进创新的产生，从根本上达到价值创造的目的。如 2001 年宝洁公司开始实施名为“联结与发展”的项目，通过与外部企业合作进行创新，宝洁公司获得了大量有效的开放性创新机遇，“为了创造价值，可以与任何地点的任何人进行合作，来加快宝洁公司创新的步伐，以实现企业的发展目标”。

以群体智慧为基础的众包的另一个应用是市场预测。未来充满不确定性，参与者的收益也是不确定的，而通过评估参与者的收益变动情况可以对市场价格进行预测，因为价格是反映这些事件的最佳预测结果。另外一个常用的众包方法就是在网上向广大受众展示一个问题，并且寻找可能的解决方案。这种为创新而进行的开放式合作，已经随着互联网的发展而迅速扩展。Nambisan 和 Sawhney（2007）提出了应对开放式创新合作的管理模式，他们认为涉及两个关键点：参与者之间的结构组成（集权管理或组织分权）和创新问题的本质（明确的、结构化的或是不确定的、崭新的）。这就形成了四种不同的创新合作模型：交响乐团式（集权/确定）、创造性集市（集权/不确定）、新潮车站（分权/确定）以及拥挤中心（分权/不确定）。后两种模式属于开放式合作，因为相对于集权的模式，分权的模式更加开放，合作也都是非正式的。

开放式合作的形式多种多样，从真实到虚拟，从单个参与者到多个参与者，从直接到间接，甚至一些参与者都不知道其他参与者的存在。虽然开放式合作也存在各种风险，但是开放式合作的成功案例非常多。作为创新的重要组成部分，如果辅以良好的创新管理，开放式合作就能成为促进创新成功的重要动力。

（五）生态合作

生态是由所有参与者组成的一个集体，所有的参与者通过协作的方式集合在一起，满足各自的需求，并且能够影响他们所处的环境，同时也会被生态环境影响。生态合作包括行业协会、关注特定知识领域的学术团队，或是通过交流解决问题的产品使用者，也包括通过其他形式的合作来满足其需求的团队。公司、供应商、经销商、消费者、监管机构以及其他开发资源的合作者，通过这些团体之间的互动，能够形成一个实质性的价值创造和促进产生的知识生态系统。

在多数情况下，这种生态环境是自发产生和运行的，参与者自我管理。但是为了获得成功，生态合作也必须得到有效的监管。苹果公司对生态合作非常推崇。2008 年苹果公司开始运营它的 APP 商店，在这里苹果公司与大量的第三方应用供应商进行开放式合作，这些应用供应商为 iPhone 手机的使用者创造各种各样的应用。Google 拥有大量的软件开发者，通过良好的内部合作，这些软件开发者致力于提高其搜索引擎的效率以及开发新产品。Google 所开发的新产品首先都会推出测试版本，供消费者使用并反馈。这是一种与消费者之间的合作，授权给消费者，并能够吸引更多的消费者参与。Google 的收益主要来自它的价值网络，其中包括与广告商、广告机构的合作——它们（广告商、广告机构）以富有创造性的方法来吸引消费者（眼球的数量）关注它（Google）的产品和服务。Google 还经常会在一些工作上采取开放式合作，如“将 10 变为 100 计划”，该计划就是 Google 向虚拟世界提出问题，然后对回答进行筛选，来获取最优解决方案。总之，Google 在其业务范围内的各个方面都与合作者建立了直接的生态系统，并且还能够与其他生态系统互动。

五、成都企业可以借鉴的开放创新模式

亚历山大·布雷姆等人所著的《创新管理的演变：国际背景下的发展趋势》研究了开放创新模式，值得成都借鉴。

熊彼特是第一个提出创新概念的学者，他认为创新是由企业内部创造的，需要在一个封闭的环境中实施。然而随着时代的发展，企业所推崇的最佳实践模型——封闭式创新，在动态的环境中受到了挑战。外部环境中，日益激烈的竞争压力、越来越短的产品生命周期、巨额的研发支出以及企业内部较低的创新成功率，这些因素都迫使企业寻找其他可能的创新途径。除了外部压力外，还有其他因素促进企业内部从封闭式创新向开放式创新转变。还有很多内部原因也导致企业开展开放式创新，其中一个因素就是经验丰富的员工流动性越来越高，虽然这不利于企业知识产权保护。此外，个人风险投资的兴起，也为企业中有雄心大志的员工提供了机会，使他们将其创意商品化，进而成为他们所在公司的竞争对手。同时，企业与供应商之间的合作关系也进一步加速了企业向开放式创新转变的步伐；信息技术的迅速发展也使企业能够从网络中心以较低的成本获取有价值的知识与信息。因此，以前相对封闭的纵向一体化战略已经过时，专业化、模块化以及外包和网络合作越来越重要。适应开放式的创新战略，需要提升企业吸收能力，不断调整组织结构，不断创新企业文化。

开放式创新认为企业边界是可以对外开放的，企业可以利用外部的创新资源来强化创新成功的可能性，开放式创新可以减少产品的开发时间，削减成本开支，能够使企业快速地从创新中获益（Seinta，2007）。为了满足开放式创新的需求，企业需要同时关注与外部的合作（内部到外部的过程）和消化吸收（外部到内部过程）。开放式创新的定义为：“企业能够通过内部和外部资源进行创新，并且可以通过内部和外部两种路径进入市场”（Chesbrough，2003）。

表 10-1 和表 10-2 是评估和衡量开放式创新是否成功的定量和定性的关键指标。

表 10-1 评估开放式创新是否成功的关键指标（定量）

类别	关键指标
产出	对外许可强度
	吸收强度
	基于外部创意和技术的产品投资回报率
时间	外部专利的生产力
	培训成本
	法律上的维护成本
	调整成本
时间	上市时间
	内部周转时间
	半衰期
知识	外部专利的比例
	实施外部创意的比例
	投入产出比
	转化强度
	内部专利利用水平
合作	合作者数量
	外部合作伙伴的周转率
	员工招聘数量
	外部化比率

资料来源：亚历山大·布雷姆，埃里克·维亚尔多. 创新管理的演变：国际背景下的发展趋势［M］. 孙永嘉，陈劲，译. 北京：清华大学出版社，2016.

表 10-2 衡量开放式创新是否成功的关键指标（定性）

类别	关键指标
开放性文化	外部伙伴激励
	员工的开放性
	异变性

表10-2(续)

类别	关键指标
学习过程	吸收能力
	执行能力
	员工激励
结构	沟通
	交互管理
	总体状况

资料来源：亚历山大·布雷姆，埃里克·维亚尔多. 创新管理的演变：国际背景下的发展趋势［M］. 孙永嘉，陈劲，译. 北京：清华大学出版社，2016.

第十一章　成都先进制造业赶超创新发展策略研究

进入21世纪以后，伴随着科学技术的突飞猛进，各行各业都在发生着巨大的变革以适应市场竞争。从英国提出物联网，到德国的工业4.0，先进技术的应用让我们能够以一种前所未有的方式，获得具有巨大价值的产品和服务，或者引发深刻的洞见，进而引发全球市场新一轮的科技革命和产业变革。

一、先进制造业的内涵及成都的发展重点

先进制造业是相对于传统制造业而言的，指制造业不断吸收电子信息、计算机、机械、材料以及现代管理技术等方面的高新技术成果，并将这些先进制造技术综合应用于制造业产品的研发设计、生产制造、在线检测、营销服务和管理的全过程，实现信息化、自动化、智能化、柔性化、生态化生产，取得很好的经济、社会和市场效果的制造业的总称。具体表现在：

（一）电子行业

微电子、计算机、信息、生物、新材料、航空航天、环保等高新技术产业广泛应用先进制造工艺，包括先进常规工艺与装备、精密与超精密加工技术、纳米加工技术、特种加工技术、成形工艺和材料改性等先进制造技术和工艺。

（二）装备制造

机械装备、汽车、造船、化工、轻纺等传统产业广泛采用先进制造技术，特别是用信息技术进行改造，给传统制造业带来了重大变革，生产技术不断更新，设计方法、加工工艺、加工装备、测量监控、质量保证和企业经营管理等生产全过程都渗透着高新技术，CAD、NC和柔性制造技术在制造业中已得到了广泛应用，使其发生了质的飞跃，产生了一批新的制造技术和制造生产模式。

成都市先进制造业旨在构建“层次分明、优势突出、生态高效”的现代新型制造业体系，突出发展电子信息、汽车（含新能源汽车）、轨道交通、航

空航天、石油化工产业，加快发展生物医药、精密机械及智能制造装备、节能环保、新材料、新能源产业，优化发展食品、轻工、建材、冶金产业。以成都天府新区、成都高新区、成都经开区三个国家级开发区为龙头，N个区（市）县工业园区为主体，加快建设“大创造”“大智造”“大车都”工业板块和一批工业集中发展区，规划建设龙泉山东侧工业走廊，形成龙头引领、多点支撑的“3+N”工业发展格局。

二、成都市先进制造业发展规划

成都市先后于2014年、2017年发布了《关于加快发展先进制造业实现工业转型升级发展若干政策的意见》《成都市建设“中国制造2025”试点示范城市实施方案》，明确指出成都市先进制造业的发展应是主动瞄准《中国制造2025》及《中国制造2025四川行动计划》，围绕建设国家中心城市，以实施“工业强基”行动为统揽，走工业2.0补课、3.0普及、4.0示范的“并联式”发展道路，进一步突出成都制造业创新发展比较优势，聚焦“创新型制造业示范城市”目标，以构建制造业创新体系为主线，打造现代新型制造业体系，实施政产学研协同创新、军民融合体制创新、开放合作模式创新三个创新试点，健全人才支撑、政策支持、组织保障三大基础支撑，旨在推动制造业创新发展、跨越发展，成为中西部贯彻落实《中国制造2025》的样板城市，在成都平原经济区、成渝城市群、中西部城市甚至更大范围中形成示范带动作用。

三、成都先进制造企业创新路径

先进制造业是在传统制造业基础上，吸收信息网络、先进材料和现代管理等最新成果，广泛应用于产品研发、生产和服务全过程的新型现代产业。制造业的发达程度对于一个国家的发展至关重要。发达国家综合国力之所以强大主要就是由于其拥有世界一流的制造业。从某种意义上说，世界各国的经济竞争主要是制造业的竞争。在中国，制造业是国民生产总值中的最主要组成部分。近年来，随着全球制造业向中国西部的不断转移和自身加速发展，四川制造业逐渐建立起比较优势和竞争优势。成都作为四川省的省会城市、由国务院确定的国家中心城市，发挥着四川制造业转型和先进制造业发展的带头作用。先进制造业是“制造业”向“智造业”转变的结果，由于具有技术先进性、集中性，不仅需要企业自身整合资源、抓住机遇，还需要政府和社会的大力帮扶与支持。因此，成都先进制造业的创新路径应该包含以下几个方面：

（一）政府方面

1. 强化组织领导

先进制造业的发展和创新要遵循市场引导、政府推动的原则。成都市政府应当组织有关部门及专家编制行动方案，并结合实际制定相应实施方案和意见，把先进制造业基地建设工作纳入各级政府部门的目标责任制考核内容。各有关部门紧紧围绕工业倍增方略，加快对先进制造业基地建设的组织实施，落实推进先进制造业基地建设的各项政策举措。

2. 强化基础设施

基础设施的建设是先进制造业发展创新的土壤，因此政府需要优化综合运输网络布局，着力提高公路、铁路等交通设施的通行速度和运能，创造更优的投资硬环境。加快发展一批新的电源项目，统筹电源和电网的协调发展，构筑以大型电厂为支撑、110 千伏环网为主网架的电力安全保障体系。鼓励建立共用的技术开发中心、产品检测中心、商品展示中心等公共平台。加快园区建设，充分发挥制造业产业集聚的优势，按照产业链配套的要求，集中力量建设产业布局合理、功能完善、主业突出、产业配套、管理规范、环境优美的工业园区，成为承接国际先进制造业转移和国内外大企业投资的新平台。

3. 投资融资保证

先进制造业是技术和人才的集合体，需要大量的资金才能支撑。政府需要加大财政支持力度，充分发挥工业发展基金引导作用，支持和鼓励制造业的技术创新和技术改造。积极引导和鼓励民间资本投向先进制造业，大力支持有条件的民营企业从国内外资本市场融资，鼓励跨国公司和外地大企业集团以独资、控股和并购等方式来成都投资，努力探索多元化投融资渠道。引导和鼓励各级金融机构支持先进制造业基地建设和技术创新。

4. 加强知识产权保护

先进制造业是技术高密集的产业，这些企业的核心竞争力取决于其技术水平的高低。制造业企业技术创新的研究开发以及科技成果的运用离不开优良的知识产权制度保障环境。知识产权制度在促进社会科技进步和推动制造业企业创新方面，发挥着十分重要的作用。对于政府监管而言，为了提升全民创新能力，提升知识产权创造，改善知识产权运用、保护和管理，应加强知识产权保护力度，规范知识产权政策，为知识产权保护提供制度保障。同时，针对目前社会上普遍存在的信用危机，制定相应的科技信用政策，形成科技信用体系，从制度规范层面约束和规范科技项目主体的行为，从宏观环境上不断促使他们提高诚信水平。

（二）企业方面

1. 夯实技术创新

先进制造业企业应当意识到企业能够为其客户创造的价值最终决定了企业的竞争优势，但客户对这种价值的认可以及价值的大小则取决于技术创新力，这也是企业的核心能力。市场竞争归根到底依然是技术竞争，而产品竞争和服务竞争只是在技术竞争之上的附加。而通过产品和服务竞争无非是在提高产品质量的同时降低产品成本，在现代成熟的市场中，其所带来的价值增加是非常有限的，通过技术创新带来新产品的开发所形成的价值才是无限的。企业应当积极建立技术中心和研发机构，争取建立一批国家级企业技术中心和工程研究中心。加快建设技术转移服务平台，为高新技术成果尽快转化提供便捷服务。有条件的企业还可以到国外设立研发机构，同时争取更多的跨国公司在本地设立研发机构。加大研发投入，增加制造业研发投入（R&D）占销售收入的比重。加强工业设计，大力推广应用先进制造技术。积极采用国内外先进技术标准，主动接轨国际制造业的生产标准体系，推进产品的国际标准认证。鼓励优势行业和企业制定或参与制定国际标准。

2. 加强产业间协作创新

全球化不仅仅是在全球范围内开展经济业务，更是企业与员工、合作伙伴等利益关系人之间的深度协作与融合。而目前科技创新面临的新问题就是多领域融合交汇所造成的资源重复浪费，导致了企业创新效率的降低。在制造业全球化程度逐步加深的情况下，企业要放弃原来“独立开发、高度机密、与世隔绝”的单独开发创新模式，而应该重视创新协作网络，在具体实践过程中，在行业内搭建产业协作创新平台，逐步细化到区域产业间协作创新，将网络协作的效用最大化，充分利用网络内的资源，提高创新效率，增强企业的核心竞争力。

3. 创新金融服务，加强风险意识

在资金上，探索普惠特惠金融政策相结合来支持制造业企业创新，积极发挥国有资本增信功能，做大融资担保平台；加强银企矛盾协调，采取有效措施防范和化解资金链等风险。在服务上，建设制造业企业互联互通平台，为全省制造业企业提供高效便捷的信息化服务，支持公共服务平台及产业联盟组织建设。定期召开服务重点企业协调会、会商会，加大制造业企业维权支持力度，帮助化解发展难题，鼓励制造业企业服务模式创新，支持科技制造业企业技术创新，支持制造业企业贸易便利化，激发企业投资活力，不断营造成都市制造业企业发展的良好环境。

4. 培养优秀人才

创新是一个企业生存和发展的灵魂。企业的竞争关键在于是否具备持续的创新能力，而核心人才是提供企业持续创新能力的不竭动力和源泉。先进制造业企业要树立“人才是第一资源”的观念，加强人力资源开发工作，意识到创新的主体是人，企业的竞争力主要来源于技术骨干创新行为。企业要重视人才的培养、引进和使用，努力构筑各类人才脱颖而出的激励机制，营造争先创新的良好氛围。着力培育一支素质高、善经营、懂管理、适应国际竞争需要的企业家队伍，大力引进和培养一批先进制造业发展所必需的经营管理人才和工程技术人才，培养和造就一大批中高级技工和熟练工人，为先进制造业基地建设提供强有力的人才支持。

四、正确把握成都先进制造业发展重点

党的十九大报告提出，要深化供给侧结构性改革，加快建设制造强国，加快发展先进制造业，推动互联网、大数据、人工智能和实体经济深度融合，在中高端消费、创新引领、绿色低碳、共享经济、现代供应链、人力资本服务等领域培养新增长点，形成新动能，促进我国产业迈向全球价值链中高端，培育若干世界级先进制造业集群。

先进制造业是我国制造业转型升级的重要途径，将成为我国参与国际竞争的先导力量。我国先进制造业的发展已有一定基础，但与美国等国家的先进水平相比仍有较大差距。如果战略正确、措施有力、实现协同创新，经过10~20年的努力，我国先进制造业将有较大发展并在某些领域领先。

先进制造业将成为引领我国制造业由大变强的利器。中国工程院院士柳百成表示，先进制造技术是制造业及战略性新兴产业的基础技术，对发展经济和国家安全至关重要。制造技术已成为我国制造业发展的薄弱环节，要十分重视发展先进制造技术。

朱森第认为，未来十年我国制造业的制造将更加个性化，更加凸显服务特色，制造过程更加趋于友好和开源，基于网络的制造更加活跃和普遍，制造将成为效率更高和质量更好的经济活动。应密切关注以下一些革命性技术的发展：再生能源（新能源）；新材料：复合材料、各种材料的制粉技术；大容量储能技术（氢储能）；能源互联网（分布式电网）；分散式制造（网络制造、云制造）、定制化生产、集群效应、利基思维；生物技术、纳米制造技术；数字制造技术、智能集成制造技术；增量制造技术。

（一）未来成都先进制造业的主要发展领域

2018年7月，成都出台了《成都市高质量现代化产业体系建设改革攻坚

计划》，将先进制造业作为主攻方向之一。

而上述攻坚计划显示，先进制造业将是未来成都发展的重要支撑——成都将力争在2020年分三个层次培育产业集群，分别是万亿级的电子信息产业、8 000亿级的装备制造产业和5 000亿级的医药健康产业，以及新型材料和绿色食品两类千亿级产业。

未来成都的主要发展领域呈现出“5+5+1”具体模式，即5大重点产业、5大重点领域和1个产业体系相结合。

（1）5大重点产业：电子信息、装备制造、医药健康、新型材料和绿色食品。以电子信息、装备制造、医药健康、新型材料和绿色食品产业为重点，全面推动产业集群成链发展，在产能规模、研发创新、标准品牌等方面提升核心竞争力，到2020年，建成电子信息万亿级产业，培育装备制造、医药健康万亿级产业，壮大新型材料和绿色食品千亿级产业。

（2）5大重点领域：会展经济、金融服务业、现代物流业、文旅产业和生活服务业。成都将围绕建设消费市场引领、创新要素集聚、辐射带动明显的国家服务业核心城市，充分发挥新兴服务业引领转型发展、支撑经济增长的重要作用，着力发展会展经济、金融服务业、现代物流业、文旅产业和生活服务业五大重点领域，全面推进服务业供给侧结构性改革，深入推进新兴服务业质量提升，推动生产性服务业向专业化和价值链高端延伸、生活性服务业向精细化和高品质转变。到2020年，培育形成会展、金融、物流、文旅、生活服务5个千亿级产业。

（3）1个产业体系：发展新经济，培育新动能。成都将坚持以研发新技术、培育新组织、发展新产业、创造新业态、探索新模式为基本路径，深刻围绕智能经济、绿色经济等六大经济形态和智慧城市建设、绿色低碳发展等七大应用场景，大力推动数字经济与实体经济深度融合，全面构建“人工智能+”“大数据+”“5G+”“清洁能源+”“供应链+”为核心的高技术含量、高附加值开放型产业体系，着力将成都建成最适宜新经济发育成长的新型城市。

（二）未来成都先进制造业企业的发展趋势

1. 产业生态圈逐步完善

成都也正规划建设先进制造业功能区。在产业要素有效供给方面，成都出台了产业新政50条、民营经济政策25条以及电子信息、医药健康产业高质量发展的实施意见等系列政策文件，以专业化精细化政策体系和要素集聚加快产业发展，实现多个企业聚集发展。2018年，京东方高世代AMOLED、安谋科技、比亚迪新能源汽车、国科量子通信设备等195个先进制造业重大项目落地成都，药明康德生命健康产业园、紫光成都存储器制造基地等 143 个重大项目开工建设，规模以上工业增加值增长 8.5%。

2. 全力培育创新生态链，机器人作用越发重要

机器人产业是融电子信息、网络、数据、智能为一体的高技术产业，近年来中国制造业的转型升级产生了对其的巨大市场需求。成都应该抓住此次机器人产业转型的机遇以及制造业转型升级对机器人的巨大市场需求，在发展机器人产业的同时利用机器人技术推动成都先进制造业的发展。

目前，机器人已在涉及国民经济的 110 个行业种类中广泛应用。未来，机器人+人工智能将使制造业更加柔性化、智能化，使制造业生产组织形式和生产模式发生颠覆性变革。比如，机器人嵌入视觉、超声等自主决策技术，各种感知系统形成的数据的深入融合，实现机器人自动规划、作业、分检等。同时运用网络技术，通过大数据进行社会的系统分析，加上多传感的融合，视觉、导航、传感、控制等，形成智能制造。

五、成都市先进制造业企业的发展策略

为适应社会需求与城市未来规划，在市场中不落人后，最大化享受到政策及环境福利，成都先进制造业企业发展策略主要有以下几点：

（一）筑牢自动化、数字化基础，关注个性、节能新目标

“中国制造 2025”的目标是实现制造大国向制造强国迈进，深入推进工业化和信息化深度融合。德国已经在推进“工业 4.0”，“工业 4.0”的本质是基于信息物理系统（CPS）实现“智能工厂”，使智能设备根据处理后的信息，进行判断、分析、自我调整、自动驱动生产加工，直至最后的产品完成等步骤，最终使消费者需求能够得到满足，实现消费者个性化需求，也就是以智能制造为代表的新一轮工业革命。但是就现实情况来说，中国制造业尚处在“工业 2.0”后期的发展阶段，眼下必须要在“工业 2.0”方面补课，做好自动化；努力普及“工业 3.0”，做好数字化技术的应用，这样才能为将来进入“工业 4.0”筑牢基础。尤其是机械行业，应该从数字化、数控一代做起，把整体水平提上来。

成都先进制造业企业在普及自动化、数字化的同时，也要关注世界工业潮流，国内的企业家需要关注一些新的目标。制造业技术的目标包括产品性能、效率和质量、绿色和节能、服务四个方面，企业家们已经意识到产品质量的重要性，但在绿色、服务、个性化等方面可能还需要多学习。例如，用智能注塑机做出来的塑料产品，节电量超过 60%，耗能少了，效益高了，所以说通过一

些智能技术去追求绿色节能的目标，实际上也是对产品和企业的一种提升。

（二）学会开放与分享

智能制造是一个过程，在这个过程中不能忽略人的因素，也要关注节能、服务、个性化等新目标，更需要开放和分享的态度。而对于国内多数企业而言，自动化、数字化仍是重要基础和现实追求。

先进制造业需要开放创新的精神。不管一家企业做的设备多么先进，在世界上多么有影响力，都不可能完全主宰整个行业。在努力发展智能制造的过程中，要进步和突破，就必须采用开放系统。美国的许多制造企业提倡积木式创新，就是把不同生产要素模块化，由不同的企业进行研发与生产，随后再像搭积木一样组装起来，最终形成一个完整的产业链条。智能科技是一个复杂的协作系统，单打独斗的创新时代已经过去，需要多个单位紧密协作、开放协作才能创新和进步。谈到开放，就不得不说说与之关系密切的分享经济。许多学者研究表明，人们现在已经感受到消费资料的分享所带来的好处，比如滴滴打车、拼租拼车等。同理，生产资料也可以分享。举例说，一些工厂有非常好的设备，但是利用率很低；另一些企业恰好需要做一个新的零部件，而花钱买一整套生产设备实在不划算，这时候就需要分享。制造业的分享经济模式就是通过以租代买、按时计费、按件计费的方式，降低购买设备的成本，让中小企业可以低成本、低门槛地使用一些更优质的先进制造资源。

（三）政、产、学、研协同，不断培养先进制造业创业人才

坚持围绕先进制造业产业链部署创新链，突出企业创新主体地位，打通政、产、学、研协同创新通道，探索形成“双创行动引领+制度改革突破+平台模式升级”的“成都路径”。企业在此同时，要强化内部引智育智，健全人才培养体系，把握人才引进、培育、扶持、服务 4 大关键环节，注重培养和引进海内外高层次人才、高科技人才、高技能人才与企业经营管理人才、高素质教育人才等，制定更加开放、有效的人才激励手段，建立适用的企业人才奖励基金，激发创业、创新、创造活力。

第十二章　成都先进制造业人才的创造力与工匠精神培育研究

2018年7月，成都市发布了《成都市高质量现代化产业体系建设改革攻坚计划》，明确指出先进制造业将是成都市未来发展的重要支撑，要求以电子信息、装备制造、医药卫生、新材料、绿色食品等产业为重点，全面推进产业集群向产业链发展，在产能规模、研发创新、标准品牌等方面提升核心竞争力，到2020年，建成万亿级电子信息产业，培育万亿级装备制造、医药卫生产业，加强千亿级新材料和绿色食品产业。可以看出，先进制造业正在加速集聚成一系列新兴产业集群，对产业工人和人才的需求数量更多、质量更高。因此，如何提高先进制造人才的创造力和工匠精神具有重要的现实意义。

一、先进制造业人才的创造力

（一）创造力的含义

创造力指的是个体产生新想法、发现和创造新事物的能力，也是成功完成一项创造性活动所必需的心理素质，由知识、智力、能力及优良的个性品质等复杂多因素综合优化而成。一个人是否具有创造力，是区分人才与非人才的重要标志。创造新概念、新理论、更新技术、发明新设备、新方法和创造新作品等行为都是创造力的表现。

中国机械工业联合会专家委员会名誉主任、国家制造强国建设战略咨询委员会委员、工信部智能制造专家咨询委员会主任朱森第认为，先进制造业是不断吸收信息、机械、材料以及现代管理等方面的高新技术，并将这些先进的技术综合应用于制造的各个环节和全过程，实现优质、高效、低耗、清洁、灵活生产，从而取得很好的经济、社会和市场效益的制造业的总称。

在先进制造业中，其先进性体现为产业先进性、技术先进性与管理先进性，应大力吸纳那些有创造力、有批判精神、善于解决问题和善于学习的人。不管人工智能和物联网的快速崛起对未来会产生怎样的影响，成都的先进制造业都仍然需要大量创造性人才，因为人类的创造力、远见和驱动力是先进制造业的主要驱动力。

（二）影响先进制造业人才创造力的因素

在先进制造业中，产业人才的管理和培养是最重要的。根据对相关文献的分析和归类可知，先进制造业人才的创造力主要受以下三个因素影响：

第一，先进制造业人才的知识储备。任何创造都离不开知识，丰富的知识储备有利于更多更好设想的提出，科学地分析、识别、简化、调整、修正以及实施与检验。先进制造业的创造型人才往往注重吸收相关制造业知识并进行巩固、掌握专业技术、实际操作技术、积累实践经验、扩大知识面、运用知识分析问题。

第二，先进制造业人才的智能。智能是智力和多种能力的综合，既包括敏锐、独特的洞察力，高度集中的注意力，高效持久的记忆力和灵活自如的操作力，还包括掌握和运用创造原理、技巧和方法的能力等。

第三，先进制造业人才的人格。这部分涵盖了先进制造业人才的意志、情操乃至教养等方面的内容，是在个体生理素质的基础上，在一定的社会历史条件下，通过社会实践活动形成和发展起来的，是创造活动中所表现出来的创造素质。先进制造业人才所处制造业企业的行业、企业文化以及作业、活动等都会对其产生一定的影响。

（三）先进制造业人才的创造力特征

先进制造业人才需要在日常工作与作业中，将所在制造业的产业先进性、技术先进性与管理先进性体现出来，也就是说，先进制造业人才需要在生产、技术研发或者管理活动环节中产生创新行为。这部分人群往往具备以下的创造力特质：

（1）个人主观意识强，对事物具有不寻常的独特见解。也就是通常所讲的聚合思维，即善于利用已有定论的原理、定律、方法，解决问题时有方向、有范围、有程序的思维方式。个体在进行思维活动时，既需要发散思维，也需要聚合思维。任何成功的创造性都是这两种思维整合的结果。

（2）变通能力强，思维反应敏捷。能做到随机应变，举一反三，反应既快又多，能够在较短的时间内表达出较多的观念。这样的不易受功能固着等心理定势干扰的个体，往往能产生超常的构想，提出新观念。

（3）有一定的个性化倾向。综合前人研究结果可以发现，高创造力的人群具有如下一些人格特征：兴趣广泛，表达流畅，具有幽默感，反应敏捷，思辨严密，记忆力超群，工作效率高，从众行为少，爱独立行事，自信，喜欢研究抽象问题，生活范围较大，社交能力强，抱负水平高，态度直率、坦白，感情开放，不拘小节，给人以浪漫印象。

（四）提升先进制造业人才创造能力的现实意义

心理学家彭聃龄认为，创造能力和模仿能力是两种不同的能力。动物能模仿，但不会创造；模仿只能按现成的方式解决问题，而创造力能提供解决问题的新方式和新途径。人的模仿力和创造力有明显的个别差异。有的人擅长模仿，而创造力较差；有的人既善于模仿又富有创造力。了解这一点对选拔和使用人才具有现实意义。

模仿力和创造力有密切的关系，人们常常是先模仿，然后再进行创造。长期以来，大众头脑里、心理上对创造行为有着一种根深蒂固的误解和成见，认为创造活动太深奥，高不可攀，深不可测，是少数有“天才”的发明家、科学家才能做到的事情，不是一般人所能企及的。但模仿活动给个体的感知是更能做到的，所以制造从学习、模范开始，是很多早期制造业的路径。回顾先进制造业的发展历程，在早期制造业中的技术领先人才正是先通过观察、模仿先进者的生产制造技术，然后才提出独创性的创新改良。在这个意义上，模仿也可说是创造的前提和基础。

现今，成都的计划是加快形成以人工智能、大数据、5G、清洁能源、现代供应链等新经济为主要形态的开放型产业体系，聚焦高端绿色智能，进一步提升先进制造业能级，将力争在2020年分三个层次培育产业集群，分别是万亿级的电子信息产业，8 000亿级的装备制造产业和5 000亿级的医药健康产业，以及新型材料和绿色食品两类千亿级产业。先进制造业必须依靠行业人才进行技术、管理手段等多方式的创新，才能摆脱模仿的桎梏，为企业腾飞铺好坚实基础。

（五）提升先进制造业人才创造能力的方式

提升先进制造业人才的创造能力，应围绕电子信息、装备制造、医药卫生、新材料、绿色食品等先进制造业产业，部署创新链。先进制造业企业应做好责任人主体，根据市场导向，做好产业、企业文化教育及工作环境设计，保障其行业人才的创造能力有受到教育培训及发展的机会。具体操作方式有以下几种：

（1）加强政、产、学、研、用交流与实践。创造必然首先是具有丰富创造活动体验的实践过程，其次该实践过程还应该有独创性的成果。因此，创造是伴随着独创性成果出现的、具有丰富创造性体验的实践过程。只有多领域跨界的交流与实践经验，学先进制造产业的创新产物才会更具有生命力。成都应发挥行业骨干先进制造企业的主导作用和高等院校、科研院所的基础作用，建立一批制造产业的创新联盟，开展政、产、学、研、用协同创新，攻克一批对产业竞争力整体提升具有全局性影响、带动性强的关键共性技术，加快成果转化，这一个循环能帮助更多人才在实行创造行为前积累更多经验。

(2) 提升产业人才的思维流畅性、变通性和独创性，注重培养其求异思维和求同思维，提高其创新设计能力。成都正不断在传统制造业、战略性新兴产业、现代服务业等重点领域开展先进制造业产业示范，全面推广应用以绿色、智能、协同为特征的先进制造技术。信息化、复杂过程和系统设计等许多新知识技能出现在制造业领域，产业内优秀员工应努力提高其求同存异思维，以便更好地在产业内进行发展。

(3) 激发产业人才求知欲和好奇心，培养敏锐观察力和丰富想象力，以及培养善于进行变革和发现新问题或新关系的能力，同时建设若干具有世界影响力的先进制造业创新集群，培育一批专业化、开放型的先进制造企业。在制造业内围绕生产、管理等环节发展各类创新教育，设立相关奖项，激发产业内人才进行技术、方式创新的积极性和主动性。

二、先进制造业人才的工匠精神

(一) 工匠精神的内涵

工匠精神是指一种职业精神，它是职业道德、职业能力、职业品质的体现，是从业者的一种职业价值取向和行为表现。“工匠精神”的基本内涵包括敬业、精益、专注、创新等方面的内容。敬业是从业者基于对职业的敬畏和热爱而产生的一种全身心投入的认认真真、尽职尽责的职业精神状态；精益则是精益求精，是从业者对每件产品、每道工序都凝神聚力、精益求精、追求极致的职业品质；专注是内心笃定而着眼于细节的耐心、执着、坚持的精神。这些都是一切“大国工匠”所必须具备的精神特质。“术业有专攻”，一旦选定行业，就一门心思扎根下去，心无旁骛，在一个细分产品上不断积累优势，在各自领域成为“领头羊”。除此之外，“工匠精神”还包括追求突破、追求革新的创新内蕴。古往今来，热衷于创新和发明的工匠们一直是世界科技进步的重要推动力量。

工匠们喜欢不断雕琢自己的产品，不断改善自己的工艺，享受着产品在双手中升华的过程。工匠们对细节有很高要求，追求完美和极致，对精品有着执着的坚持和追求，把品质从 0 提高到 1，其利虽微，却长久造福于世。

分析工匠精神的内涵不难看出，工匠精神是一种以产品品质为导向的价值追求，属于价值观的范畴，具体来说，工匠精神就是工匠的职业价值观。对于中国制造业，“工匠精神”就是追求卓越的创造精神、精益求精的品质精神、用户至上的服务精神。

李克强总理在2016年的政府工作报告中提出了“鼓励企业开展个性化定制、柔性化生产，培育精益求精的工匠精神，增品种、提品质、创品牌”。这是在政府工作报告中首次提出“工匠精神”。

（二）培养先进制造业人才“工匠精神”的意义

1. 有助于先进制造业不断发展以及竞争力的提升

对于先进制造业行业来说，保持自身先进性不单单是生产设备的先进、原料品质的升级、技术流程的升级，更是工作态度的升级、职业精神的升级，企业和从业者能力的升级，因此，绝不能忽视人的主观能动性对于先进制造行业的重要性。工匠精神的内涵是精雕细琢、精益求精、不断完善，这种价值追求虽然是建立在产品品质上的，却能够促使先进制造业企业同员工一道不断改进设备、原料、工艺，激发产业人才不断提升自我。由此可见，为人才注入“工匠精神”是先进制造业保持活力的重要驱动力。

2. 有助于先进制造业企业扩展市场与提升利润

在当前，先进制造业企业所追求的是不断的生机和动力，始终都抱着避免成为市场“跟屁虫”的尴尬层次的想法，期望规避被市场淘汰的风险。对先进制造业的优质从业者灌输将产品精品化、不断打磨的思想，可以间接提升产业产出品质，形成对其他产品的品质优势，完成产品的新陈代谢和品质升级，在激烈的市场竞争中可以尽可能多地占领市场份额，也能赢得广大顾客的良好口碑，从而创立知名品牌，通过品牌效应获得更大的利润空间。

3. 有助于先进制造业优质从业者的个人职业发展

现今，中国制造业仍存有许多以次充好、粗制滥造现象，质量低劣产品难以完全扫除，各种产品安全事故频发。先进制造业如果仅仅拼产量而不顾质量，那么只会使产业人才敷衍了事，在降低产品品质的同时，对所从事的职业也会失去热情。培育先进制造业人才的“工匠精神”，就是为了避免因为简单机械重复下产生的职业倦怠，不让人才丧失其职业发展的方向和动力。在先进制造业中注入“工匠精神”，能为制造业从业者提供好的价值规范，为大制造业行业提供榜样。

（三）先进制造业人才提升“工匠精神”的时代机遇与意义

近年来，“中国制造”不断提升产品品质，受到越来越多的国内外消费者认可。在此过程中，一大批“大国工匠”“劳动模范”以及他们身上的“工匠精神”发挥了重要作用。

当前，国家正在实施制造强国战略，大力推进先进制造行业发展。在市场上，制造行业应该有粗放型的劳动力、有技术型的劳动力、有创新型的劳动力，也要有“工匠精神”型的劳动力。

据2018年大国工匠与劳动模范研究所数据，我国就业人员中高技能人才仅有4 700多万人，占整个就业人员的6%，弘扬“工匠精神”是促进先进制造业人才队伍建设改革的需要。在“中国制造2025”的战略向中高端迈进的背景下，中国制造业人才亟待提升和吸纳学习“工匠精神”，克服传统制造业大而不强、产品档次不高、创新能力不足的困境，可以从这个时代机遇中产生。

（四）我国先进制造业人才“工匠精神”缺失的原因

市场活动的参与者，无论是买方还是卖方，其本质都是靠利益驱动、靠物质保障的，而不是靠精神力量主推的。我国先进制造业人才“工匠精神”缺失的原因主要有以下几点：

第一，大多数中小先进制造业企业无法承担高端工匠成本。现如今国内大多数行业产能严重过剩，同一产业区域聚集效应显著，竞争激烈。企业为了争取订单，不惜以低于成本的价格进行竞争，然后再通过各种方法来压低成本是惯常的做法。大多数中小企业因此只能从事低利润、低附加值的低端制造业。除此之外，追求精益求精的“工匠精神”往往会牺牲掉生产的速度，使效益大打折扣，因此培养人才“工匠精神”很难落到实处。

第二，国内市场整体消费能力未能负担起工匠型劳动力生产产品。与发达国家先进制造业产品市场相比，中国收入水平、消费能力相比而言较低。在羡慕和钦佩德国、日本企业先进制造的优质产品时，也要意识到国内市场和消费者总体上还不能承受精品制造的价格。强行在供给侧进行产品升级和创新，是不符合市场规律的。当然，国内市场对高端产品的需求肯定是存在的，但与发达市场相比，在总需求中的占比太低，在目前产能过剩、消费不足的大环境下，并不足以驱动企业专门培养系列人才去服务于这样的需求。

第三，国内先进制造业多数中小企业人力资源不愿提供精益劳动。大多数先进制造业的中小企业仍同传统制造业一样，实行的是计件工资。在这样的工资制度下，对劳动者来说，产品数量必然比质量重要；对企业来说，要控制质量会很难或成本很高。如果“工匠精神”不能给劳动者带来切实的利益，全社会再怎么加以宣扬，“工匠精神”也只会是一种稀缺资源；如果劳动者通过提供高端的创新型的劳动力能获得切实利益，则“工匠精神”不需要推动也可自发产生。精神力量固然可以鼓舞人，但不应也不能代替市场的调控和配置作用。

（五）为先进制造企业人才注入“工匠精神”的措施

成都市在近年出台了《“成都工匠”培育五年计划》，从工匠培育顶层设计入手，做出了工匠人才培养、引进、竞赛、评价、使用、激励、保障等一整套制度安排。“成都工匠”主要是指在成都重点发展的五大先进制造业和五大新兴服务业中，具有工艺专长、掌握高超技能，技艺精湛、精益求精，严谨细致、专业敬业，长期坚守在生产服务一线岗位，并在本领域、行业内具有较高公认度和示范引领作用的产业工人代表。

预计到2022年，培育评选成都市级工匠3 000名、区（市）县级工匠7 000名，基本构建起一支能够支撑和引领成都现代产业发展，结构优化、素质优良、具有强大竞争力和影响力的工匠人才队伍，传承和发扬“工匠精神”，创响“成都工匠”品牌。梳理多方举措，为先进制造企业人才注入工匠精神的措施如下：

（1）肯定先进制造业人才的个人价值。在产品、品牌、专利等命名方面要有所体现，不能让制造业从业者成为默默无闻的“技术苦力”。“成都工匠”除享受成都市政府关于技能人才的有关优惠政策外，市级相关部门和成都市工会组织正陆续推出工匠“礼遇”，比如一次性奖励2万元现金、大病医疗专家服务、机场高铁VIP通道、省内外疗休养、国内外技能提升交流等。

（2）加快职业教育的优化升级。目前，中国培养制造业从业者的主要基地是各类职业院校。相比于传统手工业时代的学徒制，现代学校职业教育普遍实行“理论化”的培养方式，应在教育过程中对“工匠精神”进行课程设置，以保证人才培养与市场需求的对接。

（3）建立和健全先进制造业工匠型人才的考核和认证体系。应对制造业从业者的工作予以客观公正的评价，例如能力及资历上的鉴定。在制度设计上，将“成都工匠”纳入成都市人才体系总盘子和成都市高质量现代化产业体系建设改革攻坚计划，形成关于工匠人才培育、评价、使用、激励、引进和保障的一整套政策体系。

（4）构建良性竞争的文化。举办公开、公平、公正的产品品质大赛或技能大赛，鼓励良性竞争、互相切磋，让制造业工匠型人才充分展示自己的工作能力与工作成果，实现个人价值。在发展路径上，着力构建工匠人才递进梯次培育评选体系，打通“成都工匠”向上成长为“四川工匠”“大国工匠”的通道。

第十三章　成都先进制造业的学习力和人才管理变革研究

一、先进制造业人才的学习力

（一）学习力的含义

学习力是指个体或企业、组织学习的动力、毅力和能力的综合体现。学习力是把知识资源转化为知识资本的能力。

个人的学习力，不仅包含学习者的知识总量，即个人学习内容的宽广程度和组织与个人的开放程度；也包含它的知识质量，即学习者的综合素质、学习效率和学习品质；还包含它的学习流量，即学习的速度及吸纳和扩充知识的能力；更重要的是看它的知识增量，即学习成果的创新程度以及学习者把知识转化为价值的程度。

中国目前是制造业大国但仍不属于制造业强国。要想扭转这一局面，先进制造业的发展必不可少，而发展先进制造业所需要的是改革与创新。改革创新活动对人才的需求很大，同时要求人才能与时俱进，在技术、管理理念及方式等各方面做到知识的不断更新，尤其是对其所在领域最前沿知识的不断学习。

先进制造业人才的高学习力有利于以最快速度，最短时间学到本制造业领域的最新前沿知识，获得新信息，也有利于加强“组织学习”，为所在制造业形成具有特色的组织文化，集思广益，获得最大成效。除此之外，也可以最快速度、最短时间把学习到的新知识、新信息用于先进制造业企业变革与创新，最大限度地满足市场和客户的需要。

（二）学习能力的特征

通过对相关文献资料的整理，我们认为学习能力有以下几个重要特征：

第一，个体学习具有自主性。个体生命会自觉、自愿地去学习，而不是被迫去学习。只有这样，在学习先进制造业相关前沿知识的时候，才会摆脱不愿突破传统的保守思维，勇于吸纳新知识。

第二，个体学习具有能动性，是个体积极地富有创造性地去学习，而不是简单地吸收知识、信息。同时还要会消化，要善于将所学知识转化成个体所需要的物质和精神能量。

第三，个体学习具有创造性，学习的最终目的是推陈出新、吐故纳新、融会贯通，是为了创新和创造，而不是“死读书，读死书，读书死”。

先进制造业主要包含两种类型，分别是：①传统制造业吸纳、融入先进制造技术和其他高新技术尤其是信息技术后，提升为先进制造业的产业。例如，数控机床、海洋工程装备、航天装备、航空装备等。②新兴技术成果产业化后形成的新产业，并带有基础性和引领性的产业。例如，增量制造、生物制造、微纳制造等。因此，进行自主性、能动性、创造性的学习，是人才必不可少的本领。

（三）学习力的要素及构成要素

学习力是由三个要素组成的。这三个要素分别是学习的动力、学习的毅力和学习的能力。学习的动力体现了学习的目标；学习的毅力反映了学习者的意志；学习的能力则来源于学习者掌握的知识及其在实践中的应用。见图 13-1 所示。

学习力：
- 动力——目标
- 毅力——意志
- 能力——知识+实践

图 13-1　学习力的要素

同理，先进制造业人才是否有很强的学习力，完全取决于其是否有明确的奋斗目标、坚强的意志和丰富的理论知识以及大量的实践经验。

学习力的模型如图 13-2。这个模型揭示了学习力和其三要素的内在联系。这个模型表述出学习力是其三个要素的交集，只有同时具备了三要素，才能具有真正的学习力。先进制造业人才有了努力的目标，其只是具备了“应学”的动力；先进制造业人才具备了丰富的理论和实践经验，也仅是具有了“能学”的力量；先进制造业人才学习的意志很坚定的时候，其也不过是有了“能学”的可能性。只有将三者合而为一，将三者集于一身，才能真正地拥有学习力。

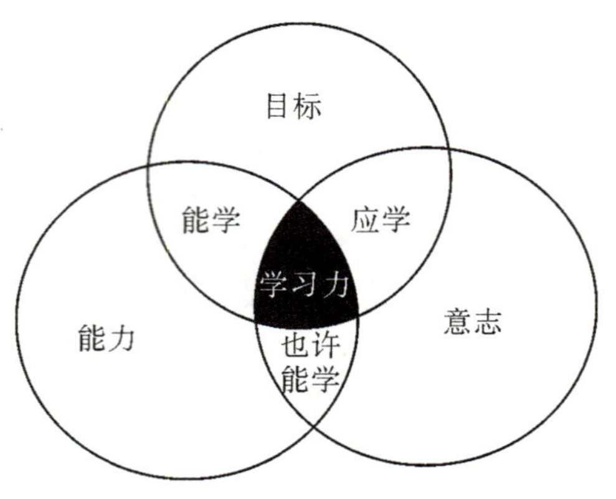

图 13-2　学习力的模型

因研究的视角不一，各学者对学习力构成要素的说法不一。美国哈佛大学 W. C. Kirby 教授（2005）在长期的教学实践中，丰富了学习力的内涵，并出版了专著《学习力》。他认为学习力应该是包括学习动力、学习态度、学习方法、学习效率、创新思维和创造力的一个综合体。此外，他提出：学习力还包括兴趣、好奇心和创造等非智力因素。此类“综合体说”也是本章对学习力构成要素的阐释。

（四）提升先进制造业人才学习力的意义

当今先进制造业企业的市场竞争实质上是其制造业产品的竞争，产品的竞争本质上就是技术的竞争，而技术的竞争在一定意义上只能归结到人才的竞争上。

人才具有时效性。当今世界，知识老化、世界知识技术变化的速度越来越快，学习力是其不断进步的保障。人才其实是一个动态的概念，它不是一成不变的，不是永恒的。它需要不断地晋级，不断地发展。只有人才的学习力不断地加强，不断地提高，才能保证人才的新鲜度，这样的人才才是信息时代的人才，才是真正意义上的人才。所以，人才竞争的背后隐藏着学习力的竞争。

（五）学习力评价指标与激励机制

1. 先进制造业人才的学习力评价指标

在先进制造业中，人才的学习力评价指标可以从其所在制造业企业是否具有共同愿景、所在企业信息沟通渠道是否畅通、有无知识共享与互动等方面进行评价。

第一，共同愿景。推动先进制造业企业迈向未来的动力不是物质，而是优秀员工的知识储备与能力。共同愿景是学习型文化的基础、核心，是指导企业和员工行为的哲学。在学习型组织的开始阶段，可能一部分成员持有相同的愿望，但是只有人人都衷心向往的愿望，才能成为组织的共同愿望。这需要经历培养的过程。因此，建立共同愿景是制造业企业经营者的首要职责，是学习型组织成功的法宝。学习型组织的建立，对先进制造业人才的影响极大。

第二，畅通的信息渠道。在先进制造业企业内部，员工所需的各种信息一般会通过三种渠道得到有效沟通。首先是纵向信息沟通，即沿着企业的指挥链在上下级之间进行，使领导同其下属成员之间保持信息畅通；其次是横向信息沟通，指的是团队以及内部成员之间同一层次所发生的沟通，如先进制造业企业营销部门向生产部门提供市场供求信息，研发部门向营销部门了解社会对新产品设计质量的反馈意见，其主要功能是使系统之间协调配合和相互了解；除此之外，还有斜向信息沟通，即不同系统、不同层次人员之间的沟通，如质量管理部门、技术部门的领导与生产部门的员工就产品质量、加工技术等事项进行信息沟通。

无论哪种沟通，及时、有效都是原则，即所传递的信息恰是接收者工作所需要的信息，信息接收者对信息的理解与信息发出者传递的信息含义相同或近似，接收者充分了解了当前的情况和今后工作的趋势。

第三，知识共享与互动。在先进制造业中，优秀员工已深刻认识到群体互动式的学习效率远远优于单个个体的学习效率。先进制造业企业人才在个人单向学习的同时，更注重双向甚至多向学习，学习的基本单位变成团体而不是个人。企业成员之间常常通过非正式方式（或场合）交流成功的经验，探讨业务技能和创新，互相帮助去学习所需的新技能。这样，企业内部形成了动态的知识流，完成了由个体知识、集体知识、隐性知识到显性知识的相互转化，在转化中不断产生新知识，实现了知识创新。人才个人的知识在隐性知识和显性知识的相互转化过程中逐渐上升，扩大为组织的知识，进而提高了知识使用的效率。

2. 先进制造业人才的学习力激励机制

当下，成都市出台了政策、规划，旨在将现有产业融合、重组，鼓励行业间互联合作，激发先进制造业企业创新活力，推动制造业向着高质量发展。对于人才的学习力激励，我们认为应从以下三个方面进行：

第一，行为、榜样激励。激发先进制造业人才的创造性思维，激励其提出新见解和看法：促进优秀员工对问题的思考，并对员工的意见及时予以反馈。除此之外，应建立先进制造业人才中学习行为的榜样，促进企业的学习氛围。由于个体需要是多层次的，因而激励也是多方面的。企业中的管理阶层知道哪些激励对员工的影响微乎其微甚至完全不起作用，于是不断调整自己的激励实践，想办法尽可能地培养学习氛围。知识共享能给先进制造业人才带来自我价值实现的满足感，使之成为一种内在的需要，而不是一种外在的要求。

第二，关怀、表扬激励。提倡先进制造业人才的冒险和实践精神，支持其进行不懈的尝试，允许员工犯错误，并把错误看成是最好的学习机会。

第三，动机、兴趣激励。支持先进制造业人才学习，鼓励其向同事分享知识，并把员工将新知识带到部门中看成是宝贵的资源和财富。从上到下建立健全评估和激励体系，对组织成员的学习和创新给予支持和奖励。

二、成都先进制造业人才所需要掌握的新技能

伴随着全球产业转移和人工智能技术的兴起，我国制造业正从粗放型制造向高端制造转型升级，正在向“智造时代”进军。李克强总理在 2019 年的政府工作报告中指出，要打造工业互联网平台，拓展“智能+”，为制造业转型升级赋能。“赋能”只能靠科技和高技能人才驱动。先进制造业更多地依靠高科技和高技能人才的驱动，传统的劳动密集型制造业将被淘汰，基于科技创新和人力资本的智能制造将成为主流和趋势。

首先，智能生产系统将完成大部分的简单劳动，人将被从生产线上解放出来，不再需要生产线上的“螺丝钉”。智能工厂里的员工不再是简单的操作工，而主要是产品的设计者和智能生产系统的管理者，需要极高的分析问题、解决问题的能力。其次，由于生产流程的动态性，小批量、个性化生产将成为主流，产品的最终形态将与生产者密切相关，而不是像传统工业生产中那样只与设计者有关。新的业态将模糊设计者与制造者之间的界限，跨学科能力成为新的人才特征。每个生产者都将成为产品形态的设计者、创造者，所以一线的生产者也需要掌握丰富的产品全面知识。最后，《中国制造 2025》明确提出十大重点领域，每个领域都需要大量的高端技能型人才。与传统的高技能人才不同的是，他们不仅要有精湛的操作技能，更应具备对智能网络高度的理解与运用能力。

三、先进制造业人才的发展形势

（一）技术技能复合型人才备受关注

“智造”时代，产品生命周期大大缩短、产品需求高度定制化，加之全球不同市场的竞争日益激烈，要求生产结构更具柔性和灵活性，而传统的“机电一体”自动化生产方式下无法达到这样的柔性程度，由智能设备组成的

"机电软一体化"的工艺单元型工厂结构将是克服现有挑战的关键因素。这急需复合型人才的培育，搭建合理的机械、电气、计算机与网络人才平台，构建机电软一体化复合型人才新的知识体系。同时，新设备、新工艺、新材料的出现和广泛应用，迫使制造业人才必须跟上新科技节奏，快速学习，加速应用。在新的业态下，单一型技工的简单重复操作已不能适应岗位要求，整个行业对技术技能复合型人才的需求倍增。

（二）从单纯劳动力输出到人机结合的智慧劳动方式

国务院在2017年颁布的《新一代人工智能发展规划》中提出人工智能发展战略的态势，认为当前人工智能已进入"以深度学习、跨界融合、人机协同、群智开放、自助操控为基本特征"的新阶段，智能化制造、数字化制造、网络化制造成为制造业转型升级要解决的核心问题。随着智能网络和智能机器人的广泛应用，传统蓝领重复性、低水平的工作将被机器人代替，人机结合的工作场景将成为常态，一线操作的技工人才的工作也将从简单的执行转为涉及更加复杂而重要的控制、操作和规划等多个层面的工作，一线技术技能人才也需要会简单调试程序代码，劳动方式也要向智能化转变。

（三）人才融合将成为一种趋势

数字技术使得生产模式实现了线上线下融合，优化了生产过程的集成性、生产的高效率和需求的个性化融合。在智能制造时代，工作场景将被重构和重新定义，劳动者将和管理者共同参与到分析问题、解决问题的工作中，两者的界限将越来越模糊。这对劳动者即一线技术技能人才的综合素质提出了新的要求。以往的技术人才只专精于技术的状况已无法满足生产的需求，生产人员要具备更高的管理、规划能力，才能保证生产的高效进行。

四、如何激励先进制造业人才

心理学家认为，人的一切行为都是由动机支配的，动机是由需要引起的，行为的方向是寻求目标、满足需要。动机的根源是人内心的紧张感，这种紧张感是因人的一种或多种需要没有得到满足而引起的。动机驱使人们向满足需要的方向前进，以消除或减轻内心的紧张感。心理学家的研究表明，人的动机是由他所体验到的某种未满足的需要或未达到的目标所引起的。这种需要和目标，既可以是生理或物质上的，也可以是心理或精神上的。

在心理学领域，关于激励的理论有很多，学术界和企业常用的有马斯洛的需要层次理论、赫茨伯格的双因素理论、麦克利兰的成就需要理论、弗鲁姆的期望理论和亚当斯的公平理论等。

过去国内的很多企业更习惯于用提高薪酬的方法来达到激励目的，这种单一的激励手段，在一定时间内可能比较奏效。但从长远看，短期的物质激励只能作为阶段性措施。按照需要层次规律，人的需要伴随着物质生活的不断丰富，必然会向更高层次发展，因此激励措施也需要有针对性地做出调整。同时，单一的物质激励可复制性强，一旦其他企业给出更高的薪酬，这种激励反而会成为员工要求加薪的砝码。

在探索如何激励创新型企业人才的道路上，很多国内外企业都做出了自己的尝试，其中华为的“股权激励制度”和联想的“多跑道多层次激励机制”是比较典型和成功的。华为通过股权激励制度，允许员工用自己的奖金换购公司的股权，这一做法既节约了公司的成本，也牢牢锁定了公司的中高层管理人员和核心技术人员，大大降低了核心人员的流失率。与此同时，这一激励机制使得新一代华为员工有了更高的工作积极性，提升了每个员工的工作绩效，从而保证了企业持续、高速地发展。联想的多跑道多层次激励机制缩短了管理人员和业务人员的薪酬差距，使得有能力的员工将自己的精力更多地用在自己的岗位上，基层的岗位员工也能获得很高的自我价值。在此基础上，联想公司针对不同层级的员工，设计了灵活多样的激励机制，使得不同种类的需求都能得到最大限度的满足。

先进制造业是一类新兴的复合型产业，既具有传统制造业的一切特征，更具有创新型企业的很多特点。在激烈的市场环境下，先进制造业企业推进核心人才培养建设，是发展的内在需求，也是实现互利共赢的重要保障。先进制造业企业应坚持人才的主导地位，在人性化管理中，建立完善的薪酬制度、考核机制，并通过多样化的激励措施，实现积极有效的正向激励。因此，具体而言，先进制造业企业核心人才激励机制的构建，主要在于以下几个方面：

（一）完善薪酬制度，形成长效激励

人才的激励，离不开科学合理的薪酬制度。为此，在核心人才的激励中，应完善薪酬制度体系，形成长效激励。首先，优化薪酬制度，建立完善的职位价值评估体系。通过岗位价值创造，对核心人才的价值进行评估，并给予与之匹配的薪酬待遇，以更好地匹配核心人才的价值创造。其次，优化薪酬体系，细化薪酬结构。在薪酬结构设计中，应包括基本工资、激励制度和福利待遇，通过建立完善的奖励机制，更好地激励核心人才的创造力。最后，长效机制的形成，需要形成完善的薪酬激励制度，通过“层级递增”的薪酬模式，使薪酬的差异化更明显，能够更好地激励人才，创造岗位价值。

（二）健全考核机制，强化激励效能

绩效考核制度的建立，是提升激励效能的重要保障。为此，创新型企业，

一是要完善绩效考核指标，细化考核内容，提高绩效考核的可操作性。对于创造力、创新力、组织力的考核，要将考核指标细化，确保考核的公平、公正性，这是实施绩效考核的重要基础。二是要强化绩效考核结果的执行，并将绩效考核与薪酬待遇、职务晋升等挂钩，以更好地形成激励效能。三是注重核心人才创造力、创新力的考核评价，强化绩效考核在激励人才发展中的重要作用。此外，激励考核机制要注重人性化管理，通过构建命运共同体，更好地发挥考核机制在人才激励中的重要作用。

（三）创新激励机制，采取激励措施

激励措施的多样化，能够更好地满足核心人才的内在需求。为此，在创新激励机制的构建过程中，一是要转变传统的以物质激励为主体的激励模式，在物质激励的基础之上，加入精神激励，并在企业发展中，将企业股权等授予相应职工，能够更好地激励核心人才，为企业发展创造动力；二是要根据岗位特点、岗位价值，给予核心人才与之配套的发展资源，并建立多样化的发展空间及平台，让核心人才获得归属感和幸福感，也是激励机制构建的重要内容；三是改善核心人才的工作环境，在条件允许的情况下，提供人文关怀和怡情健身的设施等，让核心人才在工作中得到更好的保障。

第十四章　成都先进制造业赶超创新研究——以爱乐达航空为例

成都爱乐达航空制造股份有限公司成立于 2004 年 3 月，公司位于成都高新技术产业开发区（西区），2017 年 8 月在深交所创业板成功上市，股票代码：300696。公司立足航空制造领域，主要从事飞机零部件及发动机零件的生产，以及军用飞机和民用客机零部件的精密加工业务，主要产品为肋、梁、接头、支座、框、应急门、扰流片、副翼、机轮舱、地板梁，曾获中航工业集团下属飞机制造单位“优秀供应商”荣誉。

公司成立十余年来，累计参与了 20 多种型号涉及 5 000 余项航空零部件的配套研制及生产，积累了丰富的精密加工经验，并形成了一批广泛应用于公司主营业务的核心技术和专利。

公司主要受托加工产品在飞机上的应用如图 14-1 所示。

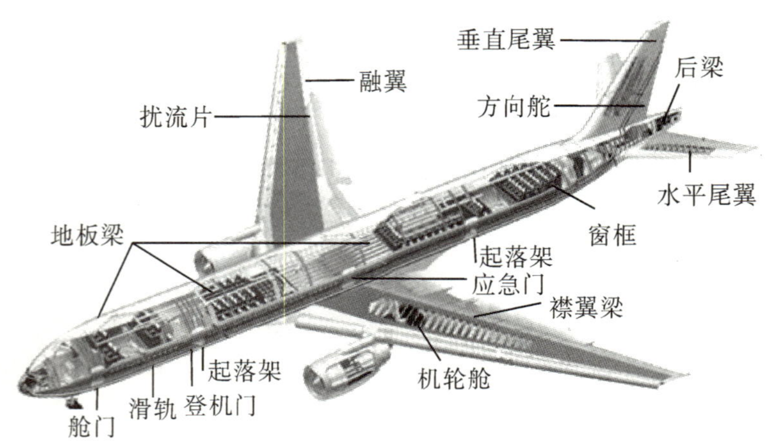

图 14-1　爱乐达公司主要产品在飞机上的应用示意

一、爱乐达企业发展历程

成都的航空航天产业已处于国内第一梯队水平，本地有知名的航空航天军工企业，实力雄厚，其中的龙头企业为成飞集团，正承担着国家重点型号航空发动机的研制任务。目前在成都市范围内的航空制造相关企业约有 36 家。

成都爱乐达航空制造股份有限公司的企业发展历程要从 2004 年讲起，距今已顺利走过了十几载的岁月。2004 年 3 月成都爱乐达航空制造设备有限公司成立，于 2007 年入驻成都高新技术产业开发区西部园区。

公司自 2008 年开始通过相关航空质量体系认证，不断进行技术学习、升级，已取得 AS9100D 等质量管理体系认证、武器装备质量体系认证，并已通过无损检测、表面处理、热处理特种工艺的 NADCAP 认证。爱乐达现已建立较为成熟的质量管理体系、适应航空零部件生产特点的管理模式、较完善的工艺技术制造规范以及专业的制造技术团队，于 2010 年被认定为国家高新技术企业，具备了初步赶超同行业企业的资格。

2015 年公司完成股改，更名为“成都爱乐达航空制造股份有限公司”，开始了其在航空航天制造业领域的快速追赶阶段，并于 2017 年在深交所创业板上市，2018 年特种工艺无损检测、表面处理、热处理通过 NADCAP 认证。

十几年的时间，成都爱乐达航空制造股份有限公司由小变大、由弱变强，从当初的十几个人、几台普通机床，到今天的 300 多人、80 多台五轴（四轴、三轴）加工中心；从最初只能做简单工装到今天具备直接承接各型复杂飞机重要部件的生产；从开始办厂时 100 多万元资产到今天 7 个多亿的总资产、6 个多亿的净资产；从最初的四处“找米下锅”到今天成为多家航空主机厂（所）的合格供应商、成为中航工业集团下属某主机厂在机加工领域唯一的战略合作伙伴，逐步向龙头企业迈进。

成都爱乐达航空制造股份有限公司在赶超同行业部分企业后，专注内省分析自身核心竞争力，确立了通过不断利用自身的技术优势、经营管理优势、客户合作优势等来保持企业市场竞争力的战略。

（一）技术优势

航空零部件制造是集设计、工艺、材料、加工、质量控制等专业技术为一体的高端制造，其产品具有承受载荷大、结构形状复杂、零件种类多、制造精度高、质量要求严、加工难度大等特点。航空零部件生产集合了材料切削、刀具制造、虚拟仿真、切削变形控制、多轴数控编程及优化处理、型面精确检测等多领域技术，其中关键、复杂零件的生产更是多领域技术的集合交叉运用。

针对航空产品制造的特点，公司在十余年制造经验的基础上，集中优势资源，致力于航空关键、复杂零件以及小批量柔性生产的研发设计，不断探索制造新技术，研究新方法，形成了一批自有的核心关键技术和专利。该类核心技术和专利从工艺优化、质量提升、加工效率、成本控制等方面增强自主研发和技术创新水平，降低制造成本，大幅提高工效，进而提升公司综合竞争能力。截至2018年上半年，公司已获授权的专利有9项，其中1项发明、8项实用新型技术，另有多项专利申请正在审核中。

（二）经营管理优势

由于航空零部件加工材料（铝合金、钛合金等）本身价值昂贵，一旦加工出现废品，其损失往往需要数个同样的合格零件加工收益才能弥补。因此，高良品率和高效率生产既是航空工业自身的要求，也是航空零部件制造企业盈利的关键。

在质量管控方面，公司自成立以来，制定了“质量第一，用户至上；持续改进，追求卓越”的质量方针，目前公司已陆续通多个质量管理体系认证，并通过多个民机单位、军工单位和科研院所的供应商综合评审，以及波音、空客和IAI供应商综合能力延伸审查。全面的质量体系认证和供应商综合能力评审不仅奠定了公司产品在航空领域的准入基础，也是公司产品质量优势的重要体现。截至2018年上半年，公司产品良品率达到99.50%以上，处于行业先进水平。

在生产管理方面，公司严格按照航空产品相关制造标准，独立设计和编写了适用于航空产品柔性生产特点的生产推进管理系统，用于产品生产安排及生产进度控制管理。通过该系统可对成百上千个不同产品生产进行合理的安排和跟踪，能及时准确地检测到生产线上每一个零件停留的时间以及生产环节，掌握其生产和质量状态，从而提升产品生产效率和质量控制水平。截至2018年上半年，公司引进了国际先进的ERP智能化信息管理系统，通过信息管理手段提升生产计划的可靠性，优化生产工序流程、降低损耗、提升技术工艺设计效率、优化资源配置，规范整体制造流程，从而提升公司整体管理水平。

（三）客户合作优势

公司现有客户覆盖中航工业集团下属多家军机主机厂、中航飞机、成飞民机等多家民用客机分承制厂，以及一批航空装备主修厂和多家科研院所。公司产品得到客户一致认可，在飞机零部件精密加工领域享有较高的声誉，多次获得中航工业集团下属飞机制造单位颁发的“优秀供应商”称号。经过多年潜心经营，公司已与行业内主要客户建立了广泛而深入的合作关系。

同时，在深入贯彻军民融合发展战略背景下，中航工业集团下属某主机厂与公司建立了战略协作关系，将进一步推进公司拓展航空零组件制造和热表处理等业务，从而增强公司整体协作能力和市场综合竞争能力。

二、企业所在航空航天制造业行业分析

爱乐达公司所在的航空航天制造业整体处于军用以及民用航空制造市场需求持续增长的态势下，航空零部件制造企业的市场发展空间较为广阔。

军用航空制造市场需求的持续增长得益于军用航空装备更新换代（内容略）和我国政府高度重视军民融合发展两方面。

军民融合发展方面，2017 年 1 月中央成立了以中共中央总书记习近平为主任的军民融合发展委员会，大力推动军民融合。中共中央、国务院、中央军委印发《关于经济建设和国防建设融合发展的意见》，明确指出："深化国防科技工业体制改革，进一步打破行业封闭，立足国民经济基础，突出核心能力，放开一般能力，推进社会化大协作，推进军工企业专业化重组。扩大引入社会资本，积极稳妥推进混合所有制改革试点。加快引导优势民营企业进入武器装备科研生产和维修领域，健全信息发布机制和渠道，构建公平竞争的政策环境。"2017 年 6 月，习近平总书记主持召开中央军民融合发展委员会第一次全体会议，进一步明确把军民融合发展上升为国家战略。2017 年 6 月，中航工业集团印发《关于深入贯彻落实国家军民融合发展战略的决定》，明确要求"充分利用社会优质资源，构建强核心、大协作的航空产业军民融合发展新模式，提升航空产业社会化整体协同能力"，即提高协作配套规模。

而民用航空制造市场需求的持续增长得益于国际航空转包生产份额增长和国内航空制造需求两方面。

民用航空制造业方面，国际航空转包生产份额增长。经过 100 多年的发展，全球航空制造资源向少数企业集中，并逐步形成了垄断竞争的局面，波音和空客基本垄断了干线飞机市场，而巴西航空和庞巴迪则在支线飞机市场占有较大份额，其他航空制造企业主要为以上企业提供零部件转包和分包服务。波音公司 2016 年《当前市场展望》报告预测，随着中国国内航空租赁公司、低成本航空公司等新兴商业模式的不断成熟，以及消费者消费方式的持续演进，中国将引领世界航空市场发展。未来 20 年中国将需要 6 810 架新飞机，总价值达 1.025 万亿美元。而根据国际贸易补偿约定，我国外购干线飞机和支线飞机快速增加将有利于国内航空制造企业获得更多的转包和分包订单。

国内航空制造需求方面，有数据显示，2019 年春运前 23 天民航全国发送

旅客人次比 2018 年同期增长 10.04%，为各交通方式中增速最大的。其中正月初六、初七连续单日运输旅客超过 200 万人次，为历年春运最高。业内人士预计，中国迈入航空出行时代，居民航空出行需求空间可观，预计 2019 年行业净利润增幅超过 30%。从历年航空旅客周转量与 GDP 来看，航空旅客周转量与 GDP 高度相关。从趋势来看，两者拟合度高，经济发展是催生航空出行需求的内在动力。

在航空器需求增长加速的背景下，我国自主飞机型谱建设已具雏形。目前，我国已成功研制和生产的支线飞机包括新舟系列（MA600、MA700）和涡扇支线飞机 ARJ21；国产干线飞机 C919 已于 2017 年 5 月成功首飞，即将实现量产。自主飞机型谱的建设为我国飞机零部件制造行业的发展提供了更为广阔的市场空间。未来随着波音、空客的国际采购力度加大和国内航空零部件制造主体的多元化发展，一批实力雄厚、工艺完整、技术质量上乘的民营企业将可能获得波音、空客直接供应商认证。

据成都市政府新闻办数据，2018 年成都市 37 个行业大类中有 30 个行业增加值实现增长，行业增长面为 81.1%。其中，航空、航天器及设备制造业增加值的增长 31.2%，在 37 个行业大类中增加值的增长幅度最大。成都市范围内航空航天制造业处于三驾马车并驾齐驱状态，注册地在成都市的航空、航天器及设备制造业上市公司如航发科技、海特高新和爱乐达等公司正各领风骚。

航发科技公司从事航空发动机及其燃气轮机零部件、轴承的研发制造、出口转包等业务。2018 年以来，公司逐渐收缩工业民品业务，集中精力做好内贸航空和外贸转包两大业务。公司现有 900 多种、3 300 余台门类齐全的加工设备及试验检测仪器，拥有 20.6 万平方米各类加工厂房；具备航空发动机、燃气轮机产品研制所需的工程设计、加工制造、理化检测及各类综合性能试验能力。

海特高新在航空新技术研发与制造方面，以公司航空研发制造设备为平台，以公司掌握的航空新技术研发能力和生产资质为条件，主要从事航空机载电子、机械附件、地面测试设备和飞行模拟器的研制。目前主要产品有发动机电子控制器（ECU）、直升机救援电动绞车、驾驶员脉冲供氧系统、导航测试系统、B-737D 级全动飞行模拟器等。2018 年实现净利润约 4 000 万元，同比增长约 30%。

爱乐达作为航空零部件制造领域的优势民营企业，随着自身加工实力和产品质量控制水平的不断提升，在行业格局调整中将居于优势地位。2017 年 9 月，在中航工业集团领导的见证下，中航工业集团下属某主机厂与爱乐达公司签订指导性战略合作协议，合作范围为：航空零组件机械制造（包括军机、无人机、民机等机型）、航空零件热表处理（包括外包给其他方产品的热表处理）。公司将借助本次战略合作，进一步拓展产品制造和热表处理等相关业务开展，推进军民融合的具体实施，从而增强公司整体协同能力和市场综合竞争能力。

三、爱乐达企业经营现状

爱乐达立足并专注于航空制造领域，坚持“军民融合，一体两翼”的发展思路，以航空制造为主体，开展军机和民机精密制造业务，在航空关键、复杂零件数控加工、热表处理等特种工艺方面精耕细作，延伸航空零件大型蒙皮成型、航空复合材料零件制造、飞机部件装配等业务，实现“零件—组件—部件”的战略规划，致力于成为国际知名的航空制造企业。

公司至今已参与了20多个型号共3 000余项航空零部件的配套研制及生产，涉及多个军用机型以及B737、B747－8、B787－9、B767、A320、A350、C919、ARJ21、新舟700、G280公务机等民用机型，产品主要包括飞机起落架、登机门、应急门、扰流片、副翼、机轮舱、方向舵等部件的肋、梁、接头、支座、框等零件。经过多年潜心经营，凭借技术创新优势、高水平的生产管理及质量控制，公司已与行业主要客户建立了广泛而深入的合作关系，客户覆盖中航工业集团下属多家军机主机厂、成飞民机等多家民用客机分承制厂以及一批航空装备主修厂和多家科研院所。

爱乐达现有特色经营模式主要可以划分为采购模式、生产模式、销售模式三个方面：

（一）采购模式

公司主要为军用飞机主机厂和民用客机分承制厂提供航空零部件精密制造，目前主要为来料加工，需公司自行采购的材料主要为各种刀具、切削液、导轨油等辅料，在公开市场容易取得，供应充足稳定，且公司采购金额较小，一般采用就近、性价比优选原则向相关单位采购。

（二）生产模式

公司为订单定制生产模式，生产组织按客户来料及交付进度计划进行，产品制造完工后向客户交付。产品制造过程中涉及特种工艺处理，前期该环节主要采取交回客户自行处理（客户自身有处理能力时）或客户指定的单位处理（客户自身无处理能力时）。随着公司热表处理和无损检测子项目后期陆续投产，公司将自行完成产品制造过程中的特种工艺处理工序，完成航空零部件整个流程制造，直接交付装机产品。

（三）销售模式

经过十余年的积淀，公司根据航空产品制造特点，建立了一套在飞机的设计阶段就与主机厂、设计单位、分承制厂紧密合作的研发导向型销售模式。公司设置市场部，组织合同评审、负责收集整理客户产品需求、售后服务等，形成高管牵头、技术研发部支持、市场部执行的直销模式。随着公司新增业务和产能的扩大，公司适时扩充市场部的职能，继续由公司高管牵头，发挥技术团队优势，进行有针对性的市场开拓和维护，提升公司业务开拓的成功率，稳定与客户的长期合作关系。

四、企业赶超与创新政策保障

爱乐达的政府补助包括与资产相关政府补助和与收益相关政府补助，具体有贷款贴息、上市奖励、固定资产投资补助、进口设备补助、稳岗补贴等。其中，与资产相关的政府补助，是指公司取得的、用于购建或以其他方式形成长期资产的政府补助；与收益相关的政府补助，是指除与资产相关的政府补助之外的政府补助。

爱乐达也享受到了四川省高新技术企业税收优惠，其于2013年10月25日经四川省科学技术厅、四川省财政厅、四川省国家税务局及四川省地方税务局共同认定为高新技术企业，证书号GF201351000104，2016年12月8日取得换发的高新技术企业证书，证书编号GR201651000670。根据《中华人民共和国企业所得税法》及《中华人民共和国企业所得税法实施条例》的有关规定，爱乐达自取得该证书年度起3年内可享受按15%的税率计缴企业所得税的优惠政策。

此外，爱乐达还享受到了西部地区鼓励类产业企业税收优惠。根据《财政部、国家税务总局、海关总署关于深入实施西部大开发战略有关税收政策问题的通知》（财税〔2011〕58号）、《国家税务总局关于深入实施西部大开发战略有关企业所得税问题的公告》（国家税务总局公告2012年第12号）的规定，对西部地区的鼓励类产业企业自2011年1月1日至2020年12月31日减按15%征收企业所得税。四川省经济和信息化委员会《关于确认民航成都信息技术有限公司等31户企业主营业务为国家鼓励类产业项目的批复》（川经信产业函〔2015〕282号）确认爱乐达主营业务属于《西部地区鼓励类产业目录》中的鼓励类产业。经成都高新区国家税务局以成高国税通（510198160481035）号文件批准，爱乐达享受了西部地区鼓励类产业企业15%所得税优惠税率。

企业技术开发费税前加计扣除优惠方面，根据《中华人民共和国所得税法》（主席令第 63 号）、《中华人民共和国所得税法实施条例》（国务院令第 512 号）、《企业研究开发费用税前扣除管理办法（试行）》（国税发〔2008〕116 号）、《财政部、国家税务总局关于研究开发费用税前加计扣除有关政策问题的通知》（财税〔2013〕70 号）等有关规定，经爱乐达所在地国家税务局审核，爱乐达 2014 年度、2017 年度享受企业技术开发费税前加计扣除优惠政策。

五、企业赶超创新的过程

爱乐达现有产品主要分为系统液压件类、结构类、装配类、发动机类、其他类产品。系统液压件类产品主要为起落架、机翼、机轮舱等部位系统液压件；结构类产品覆盖飞机机身各个部位，包括梁、框、肋、接头、支座等多种类型结构件；装配类产品涉及零部件衬套、轴承、花键以及结构部件的装配；发动机类产品涉及风扇机匣、中介机匣、燃烧室外涵机匣等零件；其他类产品主要包括飞机地面保障设备、航空工装等。

从爱乐达的企业发展历程看，其赶超创新过程可以分为以下三个阶段：

第一阶段（2004—2009 年）：模仿创新阶段。这个阶段以模仿为特点，爱乐达企业研发投入较少，靠模仿同行业企业生产制造经营运行，主要是消化、吸收和引进技术，通过学习培训、聘请专家和外出考察等方式逐步掌握了钛合金、铝合金及不锈钢等航空材料加工方面的一系列工艺技术并通过相关航空质量体系认证，积累了一定企业经验。本阶段是对企业初期进入本行业的一个引导。

第二阶段（2010—2015 年）：合作创新阶段。本阶段爱乐达企业延续了对一些优良技术以及管理模式的模仿，并强化了对核心领域的技术创新，不断消化引进技术并聚焦于路径导航创新。企业不但对加工区、测量质检中心、检测线、生产线、理化试验室进行优化，又先后从德国、意大利、韩国、奥地利、中国台湾等地引进了一部分高端精密制造设备。与此同时，公司逐步与成都其他航空航天企业、科研院所等建立了合作创新关系。本阶段政府投入较上阶段有所减少，企业自身的技术研发投入加大。

第三阶段（2016—2018 年）：自主创新阶段。本阶段爱乐达企业注重自主创新，针对航空零部件单件小批量、高难度、高技术的特点，公司集中优势资源，致力于航空关键、复杂零件以及小批量柔性生产的研发设计，不断探索制造新技术，研究新方法，形成了一批自有的核心关键技术和专利，且广泛应用于公司主营业务中。同时，针对公司已有产品，从工艺优化、质量提升、加工效率、成本控制等方面不断进行探索，提升技术创新水平，降低制造成本，提高生产工效，从而提高产品订单获取能力。尤其是在航空钛合金产品加工方面，现有的内腔高精度盲孔加工技术实现了特殊结构产品的生产，该技术目前在国内处于明显优势地位。

与此同时，2018 年初，公司在原有管理系统基础上，引进了国际智能信息化 ERP 管理系统，从生产计划管理、生产流程改进、采购成本控制、技术工艺创新、设备资源配置以及人力资源管理等方面实现全面信息化管理，采用信息管理手段提升生产计划的可靠性。注重引进和人才开发，为科技人才创造良好的工作和生活条件；优化生产工序流程、降低损耗、提升技术工艺设计效率、优化资源配置，规范整体制造流程，从而提升公司整体管理水平。

从爱乐达企业所拥有的技术方面看，其创新特色在于自主设计。截至 2018 年底，爱乐达自主设计了适用于航空产品生产特性的生产推进管理系统，用于产品生产安排及生产进度控制管理。该系统可对成百上千个不同产品生产进行合理的安排和跟踪，能及时准确地检测到生产线上每一个零件停留的时间以及生产环节，掌握其生产和质量状态。该系统的应用大大提升了公司产品生产效率和质量控制水平。

2018 年初，公司募投热表处理和无损检测生产线子项目的热处理、表面处理、无损检测特种工艺正式通过美国航空航天和国防合同方授信项目的 NADCAP 认证，并陆续通过了部分主机厂特种工艺确认，产品试制已获认可。公司热表处理和无损检测生产线获得正式运营资质，航空零件制造全流程正式打通，公司完成了“零件工序加工→成品零件”的跨越，从而具备直接交付装机产品能力。产品将逐步由单个零件向小组件、大部件迈进。公司完成了某无人机机翼、挂飞吊舱部件装配，并已合格交付。切实推进“零件—组件—部件”战略规划的实施，公司产业链条逐步延伸。后期随着该生产线的正式投产，公司特种工艺处理瓶颈得以突破，公司盈利能力提升，同时还可根据产能情况接受外部业务，从而形成公司新的利润增长点。

着眼未来，公司上市所募集资金主要用于数控加工中心产能扩建、特殊工艺生产线建设以及研发中心升级。数控中心扩能项目将新增零部件机械加工产能 96 万小时/年；特殊工艺生产线建设项目将新增热表处理及无损检测处理产能各 80 万平方分米/年，突破产能瓶颈的同时增添新的盈利增长点；研发中心的升级将强化公司市场竞争力，并为公司产品拓展提供支撑。项目达产后，公司有望新增年收入 1.97 亿元，实现营业收入和综合实力的升级。

六、企业支持创新的文化

爱乐达秉承着“尊重个人，秉持诚信；依靠团队，追求卓越”的企业精神，牢固树立航空产品质量第一的思想，拥有本公司自己的创新文化。决策层希望每个职工都明白优质的航空产品质量是公司立身之本，创新是企业发展之魂。

在支持创新方面，爱乐达在本公司出台了一些奖励、表彰政策，倡导学习并鼓励创新，并将对提高生产效率、产生良好经济效益的创新给予重奖，以达到激励公司员工的目的。

七、企业的人力资源管理策略

爱乐达始终重视生产计划管理、生产工序流程改进、成本控制、技术工艺创新、设备资源和人力资源管理。在人员管理方面，爱乐达注重关心员工生活、了解员工诉求，秉承着“专业务实，创新高效”的人才理念，而在人力资源管理各环节也有自己的一些策略。

在招聘方面，爱乐达除了线下招聘外，还与智联招聘和前程无忧进行了一系列的合作。

在培训方面，爱乐达按期组织新员工开展入职教育培训。公司坚持“先培训，后上岗”的原则，实施厂级、车间级、班组级“三级教育培训模式”。培训内容包含以下八大方面：

第一，促进新员工了解公司的发展历程；

第二，讲述培养员工职业道德操守和阳光心态与阳光视角的故事；

第三，员工工作岗位要求和公司政策制度篇；

第四，《变“要我改善”，为“我要改善”》的6S基础管理知识；

第五，启迪员工树立“没有真诚心相待，哪会有笑脸相迎”的客户服务观念；

第六，“不怕千只狼就怕撒谎”的安全管理要素及安全经济学理论和员工应知应会的安全通识；

第七，从品质的字面古意义理解到ISO的起源；

第八，公司保密知识PPT课件的分享等。

此外还为每位新员工派发《员工入职索引》和《员工宣誓词》并进行了入职培训考试，以保障培训效果的质量。

在晋升方面，爱乐达不断完善人才培养机制，为有作为的员工提供更高更好的平台，让有发展潜力的员工能够脱颖而出，快速成长。

在奖励方面，爱乐达在薪酬奖励制度上让员工不断分享公司发展的成果。

在人才开发方面，爱乐达通过人才培养和人才引进两个途径，逐步完善、构建一支能适应公司未来快速发展需要的人才队伍。对于一些比较稀缺的人才，公司通过建立有竞争力的薪酬及激励体系，吸引高水平人才加盟。

此外，针对公司年轻员工多的特点，爱乐达也投入资金开展了许多年轻人喜闻乐见的活动，丰富员工的业余文化生活，进一步提升公司的凝聚力。

八、企业绩效

爱乐达坚持以航空制造为主体，主要从事军用飞机和民用客机零部件的精密制造，以及航空地面工装的设计制造业务。产品涉及中航工业集团下属企业的多种机型，至今已参与了20多个型号累计5 000余项航空零部件的配套研制及生产。2018年实现净利润约7 000万元。

在企业盈利方面，从业绩来看，2014—2016年，爱乐达航空公司实现营业收入6 498.96万元、1.05亿元和1.19亿元；同期净利润为3 385.31万元、6 550.99万元和6 818.36万元。据爱乐达2018年上半年年报，公司实现营业收入7 252.10万元，同比增长13.78%；营业利润4 493.52万元，同比增长13.21%；归属上市公司股东的净利润3 894.73万元，同比增长8.32%。

在财务状况上，2018年爱乐达公司总资产比报告期初增长7.82%，归属于上市公司股东的所有者权益增长7.14%，归属于上市公司股东的每股净资产下降36.92%，主要系报告期内资本公积转增股本，股本增加所致。

在市场占有率方面，爱乐达公司在民营企业中占优势地位，而由于历史原因，我国飞机主机厂和分承制厂主要分布在四川、陕西、辽宁、贵州、江西、上海等区域。2014—2016年，爱乐达来源于四川区域的收入占比分别为93.58%、96.97%和94.30%。

在生产以及研发方面，由于爱乐达公司主要为军用飞机主机厂和民用客机分承制厂提供航空零部件加工服务，目前主要采用来料加工模式，加工所需原材料铝合金、钛合金和不锈钢等主要为客户提供。航空零部件加工所需铝合金、钛合金和不锈钢等材料通常为特种型号，价格通常远高于普通铝、钛、不锈钢的价格。根据估算，公司所加工的飞机零部件中，铝合金产品加工费与材料价值之比通常在1∶1左右，钛合金及不锈钢产品加工费与材料价值之比通常在1∶2.5左右。加工中一旦产生废品，公司需承担已发生的加工成本和对应的材料损失，则需要多个产品的加工收益方能弥补。

2018 年，公司通过一系列创新的技术工艺、优秀的加工流程管理和严格的质量管控，产品良品率达到 99. 50%以上，处于行业先进水平，使得公司具有良好的盈利能力和订单获取能力。但由于航空零部件型号繁多，加工难度大，加工过程中稍有不慎即产生废品；同时随着募投项目热表处理和无损检测生产线子项目的逐步投产，公司首次开展特种工艺处理业务，需要不断摸索、积累经验，在生产过程中可能存在零件报废的风险。

在管理费用方面，2018 年管理费用同比增加 36. 96%，其中研发费用上升较多，主要系加大研发投入以及研发人员薪酬增加所致。员工薪酬包含职工工资、奖金、按规定的基准和比例为职工缴纳的医疗保险费、工伤保险费和生育保险费等社会保险费和住房公积金等，爱乐达职工还参加了由政府机构管理的社会保障体系中的基本养老保险和失业保险。折旧费、长期待摊费用摊销上升，主要系管理用固定资产加固、新厂房装修费待摊增加所致；业务招待费增加，主要系公司扩展市场业务增加所致；保险费上升，主要系公司新增加车辆所致。

第十五章　成都信息产业赶超创新研究——以川大智胜为例

一、公司简介

四川川大智胜软件股份有限公司是我国空中交通领域主要的技术、系统和服务供应商。公司成立于2000年11月，2008年6月在深圳证券交易所中小板上市。

公司以“产学研深度融合”和“军民融合”为特色，长期坚持自主创新，将图形图像技术应用到航空与空中交通管理、飞行模拟、三维测量与人脸识别、通用航空、智慧城市和文化科技等领域，以自主研制的大型实时软件为核心，形成系列重大装备和系统。空管产品市场占有率居国内厂商首位，获国家科技进步一等奖1项、二等奖3项，部省级科技进步一等奖3项。

二、主要财务指标

2015—2017年，公司实现的营业收入分别为2.61亿元、3.15亿元和2.67亿元，公司净利润分别为3 240万元、3 890万元和4 540万元。公司股票产生的每股分红分别是0.16元、0.17元、0.20元，现金分红分别为3 000万元、2 710万元和2 710万元。

2017年，公司实现营业收入2.67亿元，较2016年度减少4 939.78万元，同比下降15.63%，主要受公司业务方向调整，收缩了毛利率较低的信息化业务，本期“信息化及其他产品与服务”收入较上年同期减少5 604.02万元，以及公司新业务的部分产品开始投放市场逐步实现营业收入共同影响所致。归属于母公司的净利润4 544.48万元，较上年增加655.38万元，增长16.85%，主要系本期毛利率较低的信息化产品与服务收入减少，新业务的部分产品开始投放市场并实现收益，公司主营业务整体毛利率较上年增长4.56%影响所致。公司总资产总计15.28亿元，负债总计1.72亿元，净资产13.56亿元，归属于母公司的净资产 13.12 亿元。

三、主要业务概述

（一）航空与空管业务

该类业务包括：①空中交通管理业务；②为航空公司训练在职飞行员的“飞行模拟机培训服务”；③智能化机场业务。该类业务的主要产品有：①民航空管自动化系统；②军航管制中心系统；③军民航多通道数字同步记录仪；④飞行情报系统、流量管理系统；⑤航空公司飞行员培训服务（飞行模拟机培训）等。该领域 2017 年推出的新产品有：三坐标低空监视雷达、军民航空域管理系统、机场智能站坪塔台等。

（二）虚拟现实（VR）和增强现实（AR）

该类业务包括：①塔台视景模拟机；②飞行指挥模拟训练系统；③飞行训练模拟机；④空军战术级（航空兵）作战仿真系统。这些产品的共同特点：高端专业应用、难度大、效果好、创新突出、技术水平属国际先进，获得高等级国家和军队科技奖励，但是市场较小。2017 年公司实行“战略转型”，将 VR、AR 针对专业部门的“To B”业务，转变为针对青少年科普的高端训练产品，在四川省科技馆示范应用，取得了很大成功，全国多地希望引进。这就突破了一个巨大的“To C”市场，将成为公司业绩高速上升的重要支撑之一。

（三）“人工智能”业务

人工智能业务是报告期内全球发展最快的业务，也是公司核心竞争力领先的业务。2017 年公司的人工智能业务除原有的“基于车辆自动识别的城市智能交通”产品外，已经开发成功一批具有较高技术门槛和成本价格优势，并有一定规模应用示范的新产品。2018 年内获得批量订单的新产品达到 5 种，包括：

1. 基于“物联网+”和人工智能的大型园区

2017 年，公司已中标近 1 000 万元（如高校校园车辆自动管控系统）智能管理系统。

2. 基于半三维识别的高校学生宿舍刷脸门禁

由于使用了公司研发的“三维注册、二维识别技术”（简称“半三维识别”）技术，不仅识别正确率高，而且对出入学生的姿态要求不高，学生倍感方便。在北京某“985”大学的示范工程，因学生网上点赞众多，得到 30 多家国外媒体和国内主流媒体的正面报道，并得到教育主管部门重视。第一轮示范的两所大学（北京 1 所、四川 1 所）已正式招标，公司中标，中标金额近

1 000 万元。2017 年，已在北京、四川的近 20 所高校试用，2018 年在采购安装方面，有 5 000 万元到 1 亿元的合同额。

3. 铁路“人、证、票”自助查验通道

该系统于 2015 年末在成都东站投入试用，已经历 3 次春运近 800 万旅客通行的考验，是我国铁路最成功的基于人脸识别技术的示范工程之一。截至 2017 年底，已经中标签约成都东站、重庆北站等 7 个站共 60 个通道，合同金额近 1 000 万元，2018 年起将在更大范围推广。

4. 基于高精准度“地—空通话语音识别”和空中态势感知的空管指挥安全监控机器人

航空运输高速发展，繁忙的机场日起降航班已达千架次以上，加上飞越航班可达 2 000 架/日以上，管制员长时间通过地空通话同时指挥放飞数十架飞机，工作负荷很重，容易忙中出错，出现安全事故，因此必须从技术手段上防止安全事故发生。这就迫切需要开发能自动识别理解“地—空通话”，实时感知当前空中交通态势，自动判断管制员指挥或机长应答是否有误，并及时自动提示或报警的“地—空指挥监控机器人”。其中难度最大的技术是“地—空通话自动识别”理解和感知空中交通态势自动理解，公司已于 2016 年 12 月投入开发。2017 年底“地—空通话自动识别”正确率达 97% 以上，已远超国内外投入开发的其他院所和企业。2017 年，该机器人系统已在西南某大机场空管部门投入试用，成功后有望大范围推广。

5. 空管训练产品中的机器人机长

空管训练产品如雷达管制模拟机、程序管制模拟机、塔台视景模拟机都配置了多个“机长席位”，即由专业人员（“教员机长”）来操纵“机长席位”计算机，同时扮演数架至数十架飞行航班机长，与接受模拟训练的管制员对话，接受管制员指令并在机长席位键入命令，让模拟机完成训练使命。我国民航、军航空管和其他训练系统配备的机长席位已达千个以上，由专业人员扮演的“教员机长”已达千人以上，每年费用已愈 2 亿元。在现在使用的上千个机长席位中，约 60% 是公司在近年内提供的。

公司在攻克高精准度空管地—空通话语音识别和理解关键技术的同时，又从 2017 年起开发了替代“教员机长”的“机器人机长”，已经开始在自己开发的空管模拟训练系统中试用。使用机器人机长，不仅能节省大笔训练人工成本，还可自动模拟不同口音的机长和管制员对话，使训练更加逼真。除以上 5 种在 2018 年批量推广的人工智能新产品外，公司在 2017 年内还集中力量继续完成自 2013 年 10 月开始执行、为期 5 年的国家科技部重大仪器专项“高速高精度结构光三维测量仪器开发和应用”项目（项目总经费7 693万元，国拨3 540万元，企业自筹4 153万元）；完成2015年11月公司定向增发1.7亿元投入，计划3年（至2018年底）完成的项目“高精度三维人脸照相机和三维人脸识别产业化”项目，2017年集中力量开发了两类高精度三维人脸照相机样机和两类高端三维人脸识别产品样机，已在2018年内投入市场。2017年度，为了集中力量开发高附加值的新产品，公司将原有主要业务领域进行了适度收缩，减少了低附加值的系统集成和信息化项目。

（四）2017年年度主要业务概述

1. 定向增发募投两个项目进展顺利，已产生效益

2015年11月公司定向增发4.5亿元，主要投向两个项目：D级飞行模拟机增购及模拟训练中心建设、高精度三维全脸照相机与三维人脸识别系统产业化。D级飞行模拟机培训服务项目计划购置的两台A320D级飞行模拟机，已于2016年通过中国民航局验收颁证并投入培训服务。报告期内，公司四台A320D级飞行模拟机全部投入培训服务，为公司业绩持续增长做出了重要贡献。

高精度三维全脸照相机与三维人脸识别系统产业化项目取得重大进展。报告期内，该项目推进顺利，开发成功两类产品：①重要机关和军工部门高防伪三维人脸识别门禁；②高精度三维全脸库采集系统。

2. 航空及空管业务稳定发展

原有的航空与空管产品持续产生效益，2016年，公司空管相关领域1.5亿元的新签合同分别在2016年确认合同收入9 260万元、2017年确认合同收入2 780万元，余下合同将按进度在以后年度确认收入。受行业波动影响，2017年该领域的新签合同有所下降，使得该领域营业收入较2016年略有降低，下降比例16.41%。

3. 人工智能业务增长迅速

截至2017年底，由于公司多年的技术积淀，人工智能业务相关新产品逐步推向市场，该领域新签合同较2016年增长迅速，其中新产品新签合同金额近3 000万元，主要包括：①高校校园车辆智能管理系统；②基于半三维识别的高校学生宿舍刷脸门禁（四川、北京共两所高校）；③铁路“人、证、票”自助查验通道（成都东站、重庆北站等60个通道）。

同时，该业务领域的发展，也得到了国家发改委和国家科技部的支持，公司申报的国家发改委2018年“互联网+”、人工智能创新发展和数字经济试点重大工程项目“基于三维人脸库的超高准确度人脸识别产业化及应用”已获

批准，国家将给予经费支持 3 000 万元；公司参与申请的 2018 年度国家重点安保项目已获批准，国家将给予经费支持 300 万元。

4. 虚拟现实和增强现实业务进行战略转型

2017 年公司在该业务领域实施了重要的“战略转型”，将 VR、AR 针对专业航空和空管部门的“To B”业务，转变为针对青少年科普的高端训练产品，在四川省科技馆示范应用，取得了很大成功，全国多地希望引进，从而突破了一个巨大的“To C”市场。

5. 信息化业务

公司对业务方向进行了调整，集中力量发展航空和空管、增强现实和虚拟现实及人工智能产业，所以信息化业务较 2016 年有所降低，营业收入下降 58.79%。

四、行业格局与趋势

（一）人像识别进入三维时代，公司有核心竞争优势的三维人脸识别产品应用高潮提前来临

2017 年，苹果公司推出搭载高精度三维人像传感器的手机 iPhone X，成为三维人像识别进入规模应用的里程碑。更重要的是，苹果采用的 TrueDepth 三维传感器，是高精度的三维传感器，能够有效识别仿冒，包括鉴别使用硅胶人皮面具的欺骗和仿冒。苹果公司宣布，经大数据测试，用各种手段欺骗 TrueDepth 高精度三维相机和相应识别软件的成功率只有百万分之一。这一数据在全球安全防范领域引起了极大震动，因为它对高技术欺骗手段的防范能力比现有的二维人像识别和低精度三维识别高出了几个数量级。这一事实已经引起我国国家安全主管部门的高度关注。国家重点机关、重点安全防范单位纷纷开始与川大智胜公司联系，希望使用川大智胜公司将在 2018 年投入市场的高端安防产品，即高精度三维人脸照相和高防伪的门禁系统。

由表 15-1 可见，川大智胜公司开发的三维人脸传感器的测量深度精度远高于国内外同类产品（苹果公司 TrueDepth 除外）。在三维人脸传感器的众多技术参数中，深度精度至关重要，深度精度在 0.1mm 的三维人像，其防伪装能力可以达到苹果公司宣布的错误率百万分之一，识别正确率可超 99.9%，特别适合高端安防和反恐使用，也适合未来的采用三维人脸的新一代身份库和身份证的使用。这就决定了高精度三维人脸传感器和配套建模识别软件拥有数千亿元的巨大市场。

表 15-1 国际国内主要三维人脸传感器的深度精度对比

厂家	美国 Intel	美国微软	美国苹果	中国 奥比中光	中国川大智胜	
三维 传感器 型号	Realsense	Kinect	TrueDepth	—	散斑、 结构光	正弦 结构光
深度精度	1~2mm	2~4mm	未发布 具体数据， 网传 0. 2~0. 3mm	1~3mm	0. 2~ 0. 3mm	0. 05~ 0. 1mm

（二）中央军民融合发展委员会办公室开始大力推进军民航联合空域管理

中央军民融合发展委员会办公室开始大力推进军民航联合空域管理，实现军航民航在信息互联互通的基础上对空域的联合指挥管控，意味着外国大型空管系统将逐步退出中国市场，给中国空管企业带来巨大的发展机遇。川大智胜公司是国内少有的既从事民航空管自动化又从事军航空管自动化的企业，有着20 年开发民航空管自动化经验，又有 15 年开发军航空管自动化系统的经验，在这一变革中机会应当更大。

在军民融合空域管理的大背景下外国产品逐年减少，一方面是保密和安全的需要，另一方面在技术水平上也因没有大数据支持而将被国内企业超越。空管系统的发展趋势是高度智能化，直至空管机器人在一线指挥，管制员监督智能机器人干活。高度智能化必须建立在真实大数据的基础上，川大智胜公司在2017 年开发成功的“地—空通话安全监控”机器人，是建立在超过 40 万小时的真实地—空通话数据和雷达航迹记录的大数据之上的，而外国公司产品没有中国大数据支持，其性能指标将大打折扣。

五、公司发展战略

公司从 2011 年开始实施的“二次创业”战略发展计划已到收获期，历时7 年开发成熟或基本成熟的约 15 种市场需求大、技术门槛高、竞争优势突出的新产品将从 2018 年起投入市场。公司将集中全力完成开发的收尾工作，积极推进示范应用工程和市场推广工作。

抓住技术领先机会，努力开发相关应用产品和市场，争取成为“三维人脸识别”的领军企业。公司已开发成功高精度三维人像传感器，其性能指标优先国内外同类产品（苹果公司 TrueDepth 除外），在此基础上公司会集中力量开发相关应用产品，开拓市场，把三维人像识别产品和应用做到极致。

公司 VR 产品从原有面向航空和空管单位的“To B”市场转向市场巨大的

青少年高端航空训练市场。

公司主要业务模式由原有的项目+产品模式进一步增加服务模式，特别是人工智能新产品采用服务模式推广。为了支持新产品的服务模式推广，公司第六届董事会第六次会议审议通过了《关于投资设立融资租赁公司的议案》，公司将投资 1.7 亿元人民币设立融资租赁全资子公司。

技术转让将成为公司新的盈利模式。公司自 2016 年来已收缩了系统集成和信息化业务，将主营业务领域聚焦到航空与空管、虚拟现实与增强现实、人工智能（二维+三维人像识别、“地—空通话语音识别和理解”、自动无人系统和机器人、智能交通）。公司除原有的产品外，通过 7 年“二次创业”又开发成功了 10 多种市场大、优势突出的新产品，已经超出了独立推广的能力。公司将在自己独资、合资经营新产品新业务外，将部分技术或产品转让给第三方经营，支持受让企业实现产业转型。

六、企业绩效

（一）企业盈利

公司营业收入主要由航空及空管产品与服务、人工智能产品与服务、虚拟现实与增强现实产品与服务、信息化及其他产品与服务收入构成。2015—2017 年，川大智胜空管产品市场占有率居国内厂商首位，企业净利润依次是 3 340 万元、3 890 万元和 4 540 万元。

（二）研发投入

2015—2017 年，川大智胜公司人员总数依次是 795 人、570 人、610 人，研发人员数量依次是 472 人、348 人、392 人，研发人员占比依次是 59.30%、61.05%、64.26%，研发投入金额依次是 6 320 万元、5 570 万元、5 590 万元，研发投入占营业收入比例依次是 24.19%、17.62%、20.97%。

（三）人员培训

公司根据培训工作手册规定的工作流程，有计划地组织全体员工参加培训，不断提高员工的知识技能水平，满足公司可持续发展的需要。公司人力资源部负责组织实施公司级员工培训，各部门负责组织各部门内部的部门级培训。每年初，人力资源部根据公司本年度经营目标和远期战略规划的需要，制订出公司年度培训计划，报分管领导批准后组织实施，搭建公司层面培训资源的共享平台，使各部门可以共享公司培训资源。

2017 年，公司各部门通过内部培训为主、外部培训为辅的方式，将培训渗透到公司各业务部门，涵盖如下内容：

1. 新员工培训

人力资源部针对社会招聘类的员工定期组织入职培训，进行企业文化宣传及公司基本情况介绍。每年 7 月，人力资源部组织当年新入职的应届毕业生集中进行新员工培训，培训内容涵盖公司文化、产品及业务、公司的人力资源、财务、质量、安全等方面的基本办事流程及制度，并进行保密知识宣传等，加强员工对公司的了解与认同，提升员工的文化融入度。

2. 管理培训

2017 年公司组织了全公司中高层管理培训，培训包括企业商业模式创新管理、绩效管理与激励等，进一步厘清管理者的经营理念，提高管理者的管理水平。

3. 技术培训

各部门根据部门年度培训计划，组织覆盖各自业务范围的技术培训，使公司技术人员在完成本职工作的同时，能结合工作实际学习业务知识，不断提高科研、生产的技术水平和能力，从而推动公司整体的发展。

4. 项目管理培训

公司内部每年均对员工进行项目管理办法宣传培训，确保在宣传到位前提下，员工在项目实施过程中严格按照相关要求执行。此外，公司定期组织员工进行项目管理知识技能培训、计算机系统集成项目经理培训以及项目经理后续教育培训，提升员工项目管理知识技能，保证公司项目执行有效性，培训效果良好。

5. 质量管理培训

2017 年度质量部组织了 GJB9001 新版的内审员培训和 CMMI 培训过程域培训。

6. 持证上岗培训

各技术部门严格按照重要岗位持证上岗的相关规定，开展一年一次的岗位培训及两年一次的岗位证书换证培训与考核。

7. 保密培训

公司保密办公室定期对已有涉密人员、新定涉密人员、管理者进行保密培训，同时在公司内部报纸上进行覆盖全员的保密宣传。

七、核心竞争力

2017 年促进公司核心竞争力增长的其他重要事项：

（1）国家发改委组建“虚拟现实国家工程实验室”，公司成为依托企业之一。这样，公司科技创新依托的国家级科技平台达到 3 个，这 3 个国家级创新平台将支撑公司核心竞争力增强。

（2）公司参与开发的“国家飞行流量控制中心系统”获全军科技进步一等奖。

（3）公司董事长游志胜在 2017 年获国家首届创新争先奖。

（4）公司申报的国家发改委 2018 年“互联网+”、人工智能创新发展和数字经济试点重大工程项目“基于三维人脸库的超高准确度人脸识别产业化及应用”已获批准，实施期限为 2018—2020 年，国家补助经费 3 000 万元。

（5）公司新增获准发明专利 11 项、申报发明专利 1 项。

八、企业赶超与创新的组织与政策保障

（一）关于绩效评价与激励约束机制

公司建立了公正、透明、有效的高级管理人员的绩效评价标准和激励约束机制。公司高级管理人员的聘任公开、透明，严格按照有关法律法规的规定进行。公司未来还将探索更多形式的激励方式，形成多层次的综合激励机制，完善绩效评价标准，更好地调动管理人员的工作积极性，吸引和稳定优秀管理人才和技术、业务骨干。公司治理的实际状况与中国证监会发布的有关上市公司治理的规范性文件不存在重大差异。

（二）公司相对于控股股东在业务、人员、资产、机构、财务等方面的独立情况

公司拥有独立的产、供、销体系，公司与控股股东及其控制的其他企业在业务、人员、资产、机构、财务等方面完全分开，具有独立完整的业务及面向市场的自主经营能力。

1. 资产独立情况

公司拥有完整的生产经营所需的产供销系统及配套设施，合法拥有进行生产经营所需要的房产、专用设备、软件著作权、专利权、非专利技术、商标权等资产。公司不存在为股东和其他个人提供担保的情形，亦不存在控股股东占用公司资金、资产及其他资源的情形。公司对各项资产均进行了登记、建账、核算和管理，各项资产产权界定清晰，权属明确。

2. 人员独立情况

公司设有专门的人力资源部门，统筹管理人力资源相关事宜，拥有独立的人事、工资、福利制度，拥有生产经营所需的研发技术人员、工程技术人员及相应的生产技术人员等。公司董事、监事、高级管理人员均严格按照《中华

人民共和国公司法》以及公司章程的有关规定产生和任职；高级管理人员及核心技术人员未从事与公司业务相同或相似的自营业务，未在与公司业务相同或相似的公司服务，未从事损害公司利益的活动。

3. 财务独立情况

公司设立了独立的财务部门，制定了符合《企业会计准则》要求的财务会计制度和对子公司的财务管理制度，能够独立做出财务决策，配备了必要的财务人员，在银行独立开设账户，未与控股股东共用银行账号。公司作为独立的纳税人，依法独立进行纳税申报和履行纳税义务，与控股股东无混合纳税现象。公司独立支配自有资金和资产，不存在控股股东任意干预公司资金运用及占用公司资金的情况。

4. 机构独立情况

公司依照《中华人民共和国公司法》和公司章程设立了股东大会、董事会、监事会等决策和监督机构，建立了符合自身经营特点、独立完整的组织机构。各机构均独立于公司控股股东、实际控制人及其控制的其他企业并依照公司章程和各项规章制度行使职权。公司生产经营场所与股东及其他关联方完全分开，不存在混合经营、合署办公的情况。

5. 业务独立情况

公司具有独立完整的研发、采购、生产、销售系统，不存在依赖或委托控股股东、实际控制人及其控制的其他企业进行产品销售的情况，也不存在依赖控股股东、实际控制人及其控制的其他企业进行原材料采购的情况。

九、人力资源情况

川大智胜软件股份有限公司在2015年的人员构成为博士29人、硕士163人、学士364人、专科毕业161人，中专及以下毕业79人，共计769人，本科及以上学历者占比72.3%。2016年人员构成为博士32人、硕士124人、学士248人、专科毕业95人、中专及以下毕业71人，共计570人，本科及以上学历者占比70.9%。2017年人员构成为博士33人、硕士148人、学士264人、专科毕业100人、中专及以下毕业65人，共计610人，本科及以上学历者占比72.95%。近三年川大智胜软件股份有限公司的人员构成有一定波动，但是本科及以上学历的员工数量占比一直在70%以上，科研人员占比在60%左右。

十、股权激励计划

2017年之前，川大智胜软件股份有限公司股权激励的主要对象为高层管理者。

公司于2017年9月19日召开了2017年第2次临时股东大会，审议并通过了《四川川大智胜软件股份有限公司激励计划（草案修订稿）及其摘要的议案》，该议案决定授予激励对象798.50万份股票期权，其中首次授予激励对象638.50万份股票期权，预留160.00万份股票期权，预留股票期权在股东大会审议通过本激励计划后12个月内授予。2017年11月24日，公司第六届董事会第5次临时会议审议通过《关于调整公司2017年股票期权激励计划首次授予激励对象及授予数量的议案》《关于向激励对象首次授予股票期权的议案》，确定2017年11月24日为首次授予股票期权的授权日，将前述638.50万份股票期权授予118名激励对象。

参考文献

英文文献：

[1] KEUN LEE. Economic Catch-up and Technological Leapfrogging: The Path to Development and Macroeconomic Stability in Korea [M]. London: Cambridge University Press, 2016.

[2] KEUN LEE. Schumpeterian Analysis of Economic Catch-up: Knowledge, Path-creation and the Middle Income Trap [M]. London: Cambridge University Press, 2013.

[3] LEE K, MALERBA F, BELL M. Catch-up cycles and changes in industrial leadership in six industries [J]. Research Policy, Special Issue, 2016.

[4] LEE K, MALERBA F. Toward a theory of catch-up cycles and changes in industrial leadership: windows of opportunity and responses by firms and countries in the evolution of sectoral systems [J]. Research Policy, Special Issue, 2016, 46 (2): 338-351.

[5] GIACHETTI C, MARCHI G. Changes in industrial leadership over the life cycle of the worldwide mobile phone industry [J]. Research Policy, Special Issue, 2016.

[6] GIACHETTI C, MARCHI G. Successive changes in leadership in the worldwide mobile phone industry: the role of windows of opportunity and firms' competitive action [J]. Research Policy, Special Issue, 2016.

[7] TUSHMAN M, ANDERSON P. Technological discontinuities and organizational environments [J]. Administrative Science Quarterly, 1986, 31 (3): 439-65.

[8] CHRISTENSEN C M. The Innovator's Dilemma: When New Technologies Cause Great Firms to Fail [M]. Cambridge of Boston: Harvard Business Review Press, 1997.

[9] PEREZ C, SOETE L. Catching-up in technology: entry barriers and windows of opportunity [M] //DOSI G, FREEMAN C, NELSON R, SILVERBERG G, SOETE L (Eds.). Technical Change and Economic Theory. Pinter Publishers, London, 1988.

[10] VERNON R. International Investment and International Trade in the Product Cycle [J]. The Quarterly Journal of Economics, 1966 (80): 190-207.

[11] FAGERBERG J, SOHOLEC M, VERSPAGEN B. The Role of Innovation in Development [J]. Review of Economics and Institutions, 2010, 1 (2).

[12] BELL M, PAVITT K. Technological Accumulation and Industrial Growth: Contrasts Between Developed and Developing Countries [J]. Industrial and Corporate Change, 1993 (2): 157-210.

[13] LALL S. Competitiveness Indices and Developing Countries: An Economic Evaluation of the Global Competitiveness Report [J]. World Development, 2001 (29): 1501-1525.

[14] FREEMAN C. Technology, Policy, and Economic Performance: Lessons from Japan [M]. London: Printer Publishers, 1987.

[15] Nelson R R. National Innovation Systems: A Comparative Analysis [M]. New York: Oxford University Press, 1993.

[16] MANI S. Changing leadership in IT Services, Emergence of India as the Current World Leader in IT Services [J]. Asialics, Tokyo, Japan, 2013.

[17] SHIN J. Successive catch-up cycles in the semiconductor industry: the case of the memory industry [J]. Research Policy, Special Issue, 2016.

[18] KANG H, SONG J. Innovation and Recurring Shifts in Industrial Leadership: Three Phases of Change and Persistence in the Camera Industry [J]. Research Policy, Special Issue, 2016.

[19] MORRISON A, RABELLOTTI R. Gradual Catch Up and Enduring Leadership in the Global Wine Industry [J]. Research Policy, 2016.

[20] MALERBA F. Sectoral systems of innovation: concepts, issues and analyses of six major sectors in Europe [M]. New York: Cambridge University Press, 2004.

[21] LEE K, LIM C. Technological regimes, catching-up and leapfrogging: findings from the Korean industries [J]. Research Policy, 2001, 30 (3): 459-483.

[22] AMANN E, CANTWELL J. Innovative firms in the emerging market countries [M]. New York: Oxford University Press, 2012.

[23] F MALERBA R, NELSON R. Learning and Catching up in Different Sectoral Systems: Evidence from Six industries [J]. Industrial and Corporate Change, 2011, 20 (6): 1645-75.

[24] AMSDEN A H. The rise of "the rest": challenges to the west from late-industrializing economies [M]. New York: Oxford University Press, 2001.

[25] LANDINI F, LEE K, MALERBA F. A history-friendly model of the successive changes in industrial leadership and the catch-up by latecomers [J]. A Special issue on Catch-up cycles of Research Policy, October 2016.

[26] LEE K, KI J. Rise of Latecomers and Catch-up Cycles in the World Steel Industry [J]. Research Policy, 2016, (46) 3: 365-375.

[27] MATHEWS J A. Strategy and the Crystal Cycle [J]. California Management Review, 2005 (47): 6-31.

[28] LEE K, MATHEWS J A. South Korea and Taiwan [M] //AMANN E, CANTWELL J (Eds.). Innovative Firms in the Emerging Market Economies. New York: Oxford University Press, 2002: 223-248.

[29] GUENNIF S, RAMANI S V. Explaining Divergence in Catching-up in Pharma Between India and Brazil Using the NSI Framework [J]. Research Policy, 2012 (41): 430-441.

[30] CHANDY R K, TELLIS G J. The Incumbent's Curse? Incumbency, Size, and Radical Product Innovation [J]. Journal of Marketing, 2000 (64): 1-17.

[31] JUNG MOOSUP, KEUN LEE. Sectoral Systems of Innovation and Productivity Catch-up: Determinants of the Productivity Gap Between Korean and Japanese Firms [J]. Industrial and Corporate Change, 2010, 19 (4): 1037-1069.

[32] JAFFE ADAM, B TRAJTENBERG. Patents, Citations, and Innovations: A window on the Knowledge Economy [J]. Cambridge, MA: MIT Press, 2002.

[33] HU A G Z, A JAFFE. Patents, Citations, and Innovational Knowledge Flow: The Cases of Korea and Taiwan [J]. International Journal of Industrial Organization, 2003, 21 (6): 63-86.

[34] CAPONE G, MALERBA F, ORSENIGO L. Are switching costs always effective? The moderating role of technological and demand regimes [J]. Long Range Planning, 2013, 46 (4-5): 348-368.

[35] MAZZOLENI R, NELSON R. Public research institutions and economic catch-up [J]. Research Policy, 2007, 36 (10): 1512-1528.

[36] MALERBA F. Sectoral systems of innovation: concepts, issues and analyses of six major sectors in Europe [M]. New York: Cambridge University Press, 2004.

[37] LUNDVALL B. National systems of innovation: toward a theory of innovation and interactive learning [M]. London: Printer Publishers, 1992.

[38] MALERBA F, ORSENIGO L. Innovation and market structure in the dynamics of the pharmaceutical industry and biotechnology: towards a history friendly model [J]. Industrial and Corporate Change, 2002, 11 (4): 667-703.

[39] JENSEN M, B JOHNSON, E LORENZ, B A LUNDVALL. Forms of Knowledge, Modes of Innovation and Innovation Systems [J]. Research Policy, 2007, 36 (5): 680-693.

[40] CANTNER U, KRUGER J J, KRISTINA V R. Knowledge and Creative Destruction over the Industry Life Cycle: The Case of the German Automobile Industry [J]. Economica, 2009 (76): 132-148.

[41] PARK K, K LEE. Linking Technological Regimes and Technological Catch-up: Analysis of Korea and Taiwan using the US Patent Data [J]. Industrial and Corporate Change, 2006, 15 (4): 715-753.

[42] WINTER S. Toward a neo-Schumpeterian Competition in Alternative Technological Regimes [J]. Journal of Economic Behavior and Organization, 2006, 5 (3-4): 287-320.

[43] PENROSE E T. The Theory of the Growth of the Firm [M]. New York: Oxford University Press, 1995.

[44] DAN STEINBOCK. The Nokia Revolution: The Story of an Extraordinary Company that Transform an Industry [M]. New York: Amacom, 2001.

[45] HENDERSON R M, K B CLARK. Architectural Innovation: The Reconfiguration of Existing Product Technologies and the Failure of Established Firms [J]. Administrative Science Quarterly, 1990, 35 (1): 9.

[46] DOSI G. Technological paradigms and technological trajec-tories: a suggested interpretation of the determinants and directions of technical change [J]. Research Policy, 1982, 22 (2): 102-103.

[47] HYO KANG, JAEYONG SONG. Innovation and recurring shifts in indus-

trial leadership: Three phases of change and persistence in the camera industry [J]. Research Policy, 2017 (46): 376-387.

[48] CLAUDIO GIACHETTI, GIANLUCA MARCHI. Successive changes in leadership in the worldwide mobile phone industry: The role of windows of opportunity and firms' competitive action [J]. Research Policy, 2017 (46): 352-364.

[49] KEUN LEE, JEE-HOON KI. Rise of latecomers and catch-up cycles in the world steel industry [J]. Research Policy, 2017 (46): 365-375.

中文文献

[1] 林毅夫. 繁荣的求索：发展中经济如何崛起 [M]. 北京：北京大学出版社，2012.

[2] 曾萍，刘洋，应瑛. 转型经济背景下后发企业创新追赶路径研究综述——技术创新抑或商业模式创新? [J]. 研究发展管理，2015 (6): 1-7.

[3] 毛蕴诗，黄程亮. 创新追赶情景下技术学习推动产品升级的机制研究——以宝钢汽车板升级为例 [J]. 吉林大学社会科学学报，2017 (7): 105-116.

[4] 彭新敏，郑素丽，吴晓波，等. 后发企业如何从追赶到前沿? ——双元性学习的视角 [J]. 管理世界，2017 (2): 142-158.

[5] 吕越，陈帅，盛斌. 嵌入全球价值链会导致中国制造的"低端锁定"吗? [J]. 管理世界，2018 (8): 11-29.

[6] 李跟强，潘文卿. 国内价值链如何嵌入全球价值链：增加值的视角 [J]. 管理世界，2016 (7): 10-23.

[7] 路风. 论产品开发平台 [J]. 管理世界，2018 (8): 106-129.

[8] 王明夫. 不仅是大企业更是产业领袖：国外蓝筹公司启示录 [J]. 中外管理，2004 (10): 52-53.

[9] 吴晓波，朱培忠，吴东，等. 后发者如何实现快速追赶——一个二次商业模式创新和技术创新的共演模型 [J]. 科学学研究，2013 (11): 1726-1735.

[10] 江诗松，龚丽敏，魏江. 转型经济背景下后发企业的能力追赶：一个共演模型——以吉利集团为例 [J]. 管理世界，2011 (4): 122-137.

[11] 张洪石，陈劲. 突破性创新的组织模式研究 [J]. 科学学研究，2005 (4): 566-571.

[12] 洪勇，杨晨晗. 国外技术追赶研究进展——基于共词分析 [J]. 技术经济，2016 (6): 41-49.

[13] 李贵卿. 中韩企业赶超创新比较研究 [M]. 成都：电子科技大学出版社，2016.

[14] 江诗松，等. 转型经济背景下国有和民营后发企业创造能力的追赶动力学：一个仿真研究 [J]. 管理工程学报，2015 (4)：35-48.

[15] 柳卸林，李艳华. 知识获取与后发企业技术能力提升——以汽车零部件产业为例 [J]. 科学学与科学技术管理，2009 (7)：94-100.

[16] 谢永平，党兴华，孙永磊. 知识权力集中度、核心企业治理与网络稳定 [J]. 科学学与科学技术管理，2014 (9)：67-77.

[17] 张彤斌，高铁梅. 知识存量、知识溢出效应和产出空间依赖性对我国高新技术产业产出的影响 [J]. 系统工程理论与实践，2014 (7)：1739-1748.

[18] 张米尔，田丹. 第三方技术源对跨越追赶陷阱的作用研究 [J]. 科学学研究，2008 (2)：322-327.

[19] 范佳凤，林健. 我国民营企业行业领袖为何陷入微利“陷阱”[J]. 科学学与科学技术管理，2005 (11)：150-154.

[20] 林善浪，林玉妹. 转型升级：从产业规模到产业领袖 [J]. 上海城市规划，2012 (5)：13-17.

[21] 亚历山大·布雷姆，埃里克·维亚尔多. 创新管理的演变：国际背景下的发展趋势 [M]. 孙永嘉，陈劲，译. 北京：清华大学出版社，2015.

[22] 曾成桦. 策略之争——对诺基亚、摩托罗拉、三星三家手机业巨头的比较 [J]. 企业管理，2009 (10)：56-59.

[23] 赵芳，叶明海，胡志莹. “感性营销”成就摩托罗拉——析摩托罗拉品牌形象策略 [J]. 同济大学学报（社会科学版），2003 (6)：103-106.

[24] 王予南. 从木材公司到电信集团——诺基亚的成功之路 [J]. 科技与企业，1998 (11)：50-51.

[25] 陈永聪. 有重点的差异——诺基亚的差异化竞争策略 [J]. 商场现代化，2005 (6)：96-97.

[26] 韩先虎. 诺基亚公司技术创新研究 [D]. 上海：华东师范大学，2005.

[27] 沈薇薇. 诺基亚公司的竞争战略分析 [D]. 北京：对外经济贸易大学，2003.

[28] 王兆峰，杨卫书. 基于产权理论的民族文化旅游产业创新研究 [J]. 中央民族大学学报，2009 (2)：16.

[29] 殷群."世界级"创新型企业成长路径及驱动因素分析——以苹果、三星、华为为例 [J]. 中国软科学，2014 (10)：175.

[30] 史丽萍，唐书林，苑婧婷. 组织记忆对在位企业破坏性创新的影响机制研究 [J]. 科技进步与对策，2013 (3)：86-89.

[31] 姚明明，吴晓波，石涌江，等. 技术追赶视角下商业模式设计与技术创新战略的匹配：一个多案例研究 [J]. 管理世界，2014 (10).

[32] 高柏，李国武，甄志宏. 中国高铁创新体系研究 [M]. 北京：社会科学文献出版社，2016.

[33] 郭磊，周燕芳，蔡虹. 基于机会窗口的后发国家产业追赶研究——中国智能手机产业的案例 [J]. 管理学报，2016 (3).

[34] 吴东，吴晓波. 技术追赶的中国情境及意义 [J]. 自然辩证法研究，2013 (11).

[35] 徐厚广. 大国速度：中国高铁崛起之路 [M]. 长沙：湖南科学技术出版社，2017.

[36] 赵小刚. 与速度同行 [M]. 北京：中信出版社，2014.

[37] 本项目组. 中国高铁技术创新经验与启示——原铁道部常务副部长孙永福院士访谈录 [J]. 石油科技论坛，2015 (5).

[38] 马莹，甄志宏. 中国高铁技术创新中的合作与竞争：一个新制度主义视角 [J]. 上海对外经贸大学学报，2017 (4).

[39] 铁道部档案史志中心. 中国铁道年鉴 2009 [M]. 北京：中国铁道出版社，2009.

[40] 齐中熙. 新中长期铁路网规划将如何促进经济社会发展 [N]. 新华社，2008-11-27.

[41] 闫晓苏，李凤新. 我国高速铁路的技术创新之路——基于专利数据的统计分析 [J]. 科学观察，2013 (5).

[42] 杨铁军. 产业专利分析报告 (第 48 册)：高速动车组和高铁安全监控技术 [M]. 北京：知识产权出版社，2016.

[43] 冯灵，余翔. 中国高铁破坏性路径探析 [J]. 科研管理，2015 (10).

[44] 郭琨，等. 个人特征、社交网络信息分享态度和分享行为——一项基于人人网的研究 [J]. 现代情报，2014，34 (1)：159-166.

[45] 刘姝辰. 人人网发展困境探究 [D]. 济南：山东师范大学，2015.

[46] 高蕾. 社交媒体网络公民参与现状与相关因素研究——以大学生使用微博、微信朋友圈为例 [D]. 重庆：重庆大学，2015.

［47］李凯. 社交媒体用户参与度对付费行为的影响研究［D］. 北京：北京邮电大学，2015.

［48］胡爱琴. 网络社交平台对大学生人际关系的影响——以人人网为例［D］. 杭州：杭州电子科技大学，2013.

［49］杨春红. 微信、微博等新媒体及其发展分析［J］. 新闻传播，2015（8）：39-40.

［50］历年 CNNIC《中国互联网网络发展状况统计》报告.

［51］马翊华，郭立甫. 大疆无人机占领国际市场的成功经验与启示［J］. 对外经贸实务，2016（1）：76-79.

［52］佚名. 无人机技术大盘点［J］. 电子世界，2015（16）：12-13.

［53］肖红伟. 通向快乐成功的六把金钥匙：生命快乐成长的教育艺术［M］. 兰州：甘肃文化出版社，2005.

［54］雷世纲. 学习型企业——企业可持续发展的基础：国有企业可持续发展模式［M］. 北京：企业管理出版社，2009.

［55］海纳特. 创造力［M］. 陈钢林，译. 北京：工人出版社，1986.

［56］游敏惠，刘秀伦. 大学生创造力培养与开发［M］. 北京：人民邮电出版社，2004.

［57］张增常，朱元镇. 创造力开发与培养［M］. 北京：中国建材工业出版社，2002.

［58］王迩淞. 工匠精神［J］. 中华手工，2007（4）.

［59］朱凤荣. 制造业工匠精神培育的思考［J］. 毛泽东思想研究，2017（4）.

［60］保罗·威利斯. 学做工——工人阶级子弟为何继承父业［M］. 秘舒，凌旻华，译. 南京：译林出版社，2013.

［61］彭聃龄. 普通心理学［M］. 北京：北京师范大学出版社，2010

［62］耿苗，徐秋杰，于丽娜. 从专利申请看海尔冰箱创新思路［J］. 数字产业，2014（1）.

［63］冷鲜花. 海尔互联工厂：探索大规模定制［J］. 商周刊，2015（1）.

［64］陈莉. 探访海尔冰箱沈阳智能互联工厂［J］. 电器，2015（2）.

［65］马园妍. 利用互联网从制造业变身“智造业”［J］. 互联网周刊，2015（3）.

［66］吴晓波，许冠南，刘慧. 全球化下的二次创新战略：以海尔电冰箱技术演进为例［EB/OL］. 中国科技论文在线，www. paper. edu. cn.

[67] 杨志杰. 海尔的“破坏式”创新 [J]. 宁波经济（财经视点），2016 (9).

[68] 徐娜娜，徐雨森. 资源、创新网络与后发企业逆向创新的协同演化——基于海尔集团的纵向案例研究 [J]. 管理评论，2016 (6).

[69] 郭露. 互联网下企业的开放式创新战略——以海尔集团为例 [J]. 辽宁经济，2016 (6).

[70] 梁海山. 海尔集团创新互联网时代的全球化品牌 [J]. 山东经济战略研究，2016 (8).

[71] 彭满霞. 价值观引导的全面协同创新研究——以海尔集团为例 [J]. 经贸实践，2017 (3).

[72] 张清辉，廖明治. 基于SD的海尔集团“互联网+”技术创新模式研究 [J]. 科技管理研究，2017 (5).

[73] 张腾，张玉利. 迭代式创新关键维度、机制与理论模型构建——基于海尔创业“小微”的多案例研究 [J]. 河南大学学报（社会科学版），2017 (5).

[74] 王水莲，杜莹莹. 海尔、联想、小米开放式创新模式比较研究 [J]. 科技和产业，2017 (8).

[75] 周云杰. 互联网时代创业者资源（ER）平台构建——海尔推进互联网时代人力资源的创新探索 [J]. 中国人力资源开发，2017 (10).

[76] 王露露，徐拥军. 海尔创新平台知识管理模式研究 [J]. 现代情报，2017 (12).

[77] 佚名. 青岛海尔：开放董事会创新激发组织活力 [J]. 董事会，2017 (12).

[78] 吴兴杰. 华为式创新与海尔式创新 [J]. 企业管理，2018 (3).

[79] 梁海山，魏江，万新明. 企业技术创新能力体系变迁及其绩效影响机制——海尔开放式创新新范式 [J]. 管理评论，2018 (7).

[80] 许庆瑞，李杨，吴画斌. 企业创新能力提升的路径——基于海尔集团1984—2017年的纵向案例研究 [J]. 科学学与科学技术管理，2018 (10).

[81] 徐金花，肖小虹. 互联网时代下的组织结构创新设计——以海尔的节点闭环网状组织结构为例 [J]. 农村经济与科技，2018 (11).

[82] 吴画斌，许庆瑞，陈政融. 企业创新能力度量及提升对策——来自海尔集团的案例研究 [J]. 科技进步与对策，2018 (12).

[83] 张敬博，等. 平台组织产品创新网络模式研究——来自海尔平台创

新的案例 [J]. 科技进步与对策，2018 (12).

[84] 谢永珍. 张瑞敏量子思维赋能海尔模式创新 [J]. 董事会，2019 (3).

[85] 周锡冰. 华为与海尔创新方法的核心在哪里? [J]. 中国工业和信息化，2019 (5).

[86] 孙聪，魏江. 企业层创新生态系统结构与协同机制研究 [J]. 科学学研究，2019 (7).

[87] 刘海兵. 创新情境、开放式创新与创新能力动态演化 [J]. 科学学研究，2019 (9).

[88] 王静舟. 创新资源视角下内部创业创新激励研究——以海尔为例 [J]. 经济研究导刊，2019 (9).

[89] 方厚政，崔琳. 大学衍生企业科研人员的股权激励——以川大智胜为例 [J]. 中国人力资源开发，2011 (9): 64-67.

[90] 韩彤. 川大智胜——国内空管产品领域的主力军 [J]. 空中交通管理，2003 (6): 52-53.

[91] 川大智胜 2015—2017 年年报.

[92] 靳艳. "中国制造 2025" 背景下安徽制造业创新路径研究 [J]. 西昌学院学报 (自然科学版)，2018，32 (4): 36-39.

[93] 赵景凡. 基于服务化的河南省制造业企业创新路径研究 [J]. 创新科技，2018，18 (7): 13-15.

[94] 张玺. 浅析四川先进制造业发展路径及措施 [J]. 知识经济，2016 (22): 24，26.

[95] 佚名. 成都：建设国家重要的先进制造业中心 [J]. 中国房地产，2018 (14): 19-25.

[96] 本刊首席时政观察员. 成都 28 条政策力挺先进制造业 [J]. 领导决策信息，2015 (2): 8-9.

[97] 黄浩森，袁宇. 构建产业公地　助推产业生态圈建设——成都制造业发展新思路 [J]. 成都大学学报 (社会科学版)，2018 (3): 40-43.

[98] 裴玉蓉. 成都加快发展先进制造业的对策建议 [J]. 现代商业，2018 (12): 58-59.

[99] 王宁. 河南先进制造业影响因素分析及对策研究 [J]. 黄河科技大学学报，2017，19 (4): 94-100.

[100] 张慧云. 我国先进制造业发展的影响因素研究 [J]. 经济研究导

刊，2012（29）：29-30.

［101］刘会明. 创新型企业核心人才激励机制的构建研究［J］. 全国流通经济，2019（10）：83-84.

［102］马昭平. 知识型企业核心人才的激励措施［D］. 北京：中央民族大学，2013.

［103］王惠. 高科技企业核心人才激励机制研究［D］. 北京：首都经济贸易大学，2008.

［104］张英磊. 制造企业技术人才激励机制研究［D］. 廊坊：河北工业大学，2007.

［105］陈明，封智勇，余来文. 华为如何有效激励人才［J］. 化工管理，2006（3）：32-34.

［106］文婷，等. “智造”时代先进制造业技术技能人才精准培养研究——基于京津冀现代制造业职教集团的分析［J］. 中国职业技术教育，2019（22）：64-67，82.

［107］王志芬. 传统制造业的转型与技能人才的培养［J］. 劳动保障世界，2019（15）：52-53.

［108］于志晶，等. “中国制造2025”与技术技能人才培养［J］. 职业技术教育，2015，36（21）：10-24.

［109］杨炜，程晓民，徐挺. 先进制造业技术人才培养的着力点［J］. 职业技术教育，2006，27（28）：36-38.